솔로계급의 경제학

이 도서의 국립중앙도서관 출판예정도서목록(CIP)은 서지정보유통지원시스템 홈페이지(http://seoji.nl.go.kr)
와 국가자료공동목록시스템(http://www.nl.go.kr/kolisnet)에서 이용하실 수 있습니다.
(CIP제어번호 : CIP2014025411)

청년지성 총서 1

무자식자 전성시대의 새로운 균형을 위하여

솔로계급의 경제학

—

우석훈 지음

한울
아카데미

서문

1.

"그런 이유에서 지금까지 본서의 논의는 독신 기간 동안의 윤리적 행동이 아닌, 자녀 부양 능력을 갖출 때까지 독신 기간을 유지해야 할 의무에 초점을 맞추었다. 그리고 이에 대한 어떤 긍정적 변화를 기대하는 것은 결코 헛된 희망이 아니다. 이러한 신중한 절제의 습관은 나라마다, 또 시대마다 매우 다르게 나타난다는 사실을 우리는 경험을 통해 알고 있다."

— 토머스 맬서스, 『인구론』(1978), 제4권 제14장,
"미래사회 발전에 대한 합리적인 전망"

"게다가 저 아이가 죽는다면, 과잉 인구가 줄어드는 것 아닌가?"

— 찰스 디킨스, 『크리스마스 캐럴』(1843),
오늘의 크리스마스 유령이 스크루지 영감에게 한 대사

오랫동안 경제학에서는 가난에 대한 논의가 그 핵심에 있었다. 사회주의나 공산주의도 가난한 사람에 대한 논의가 기본이고, 역설적이지만 자본주의에 대한 이야기 역시 가난한 사람이 그 중심을 이룬다. 그렇지만 사랑에 대해서 이렇게 공개적으로 논의한 경제학자는 맬서스가 처음이었다. 시골에 사는 부유한 농민들이 더 많은 아기를 낳아야 한다는, 부문적인 인구에 대한 이야기는 중농학파의 시조인 프랑수아 케네 François Quesnay

가 『막심Maximes』(1767)에서 한 적이 있기는 하다. 그렇지만 맬서스에게는 사랑 그 자체가 분석 대상이었다. 맬서스 이후 19세기 초중반, 유럽에서는 사랑을 어떻게 보아야 할 것인가가 호사가들의 파티에서 그야말로 격론의 대상이었다.

'그래도 사랑해야 한다', 이것이 가장 적극적으로 유럽의 가난 현상을 보려고 했던 찰스 디킨스가 『크리스마스 캐럴』을 쓴 동기이다. 맬서스 이후의 수많은 경제학자가 그의 오류를 비판했지만, 디킨스가 보려고 했던 것은 각도가 조금 달랐다. 우리가 서로 사랑하지 않는다면 과연 무엇으로 미래에 대한 희망을 가질 것인가? 디킨스는 그래도 우리는 서로 사랑해야 한다고 역설하며, 돈만 쥐고 수전노로 혼자 늙어가고 있는 스크루지 영감에게 유령들을 보내 마음껏 조롱했다.

2014년, 우리는 다시 한 번 맬서스와 디킨스 사이에 팽팽하게 벌어졌던 세계적 논란 앞에 서게 되었다. 사랑할 것이냐, 사랑하지 않을 것이냐? 결혼할 것이냐, 결혼하지 않을 것이냐? 그리고 아이를 낳을 것이냐, 아이를 낳지 않을 것이냐? 디킨스처럼 낭만적인 크리스마스이브를 화사하고 따뜻하게 보내기 위해서는 조건이 좀 필요하다. 유령들과 황망한 만남 이후에 비로소 잠에서 깨어난 크리스마스 아침, 스크루지는 가난한 사환 밥 크래치트Bob Cratchit에게 오리 대신 만찬에 올릴 수 있도록 커다란 칠면조를 보낸다. 그리고 다음 날 그의 월급도 올려주고, 병으로 죽어가고 있던 밥의 아들 팀의 대부가 되어준다. 현실에서는 보기 드문 기적적인 일이다.

2.

맬서스 이후 200년이 넘게 흘렀다. 그리고 다시 사랑할 것이냐, 사랑하지 않을 것이냐, 이게 초미의 사회적 관심사가 되었다. 청년 솔로는 더 이상 희귀 현상이 아니다. 자발적 솔로든 비자발적 솔로든 그들 스스로 자신들을 솔로계급으로 부르기에 이르렀다. 그리고 누가 분석을 해주지 않아도 이런 현상이 경제 문제와 연관되어 있다는 것을 본인들 스스로 알고 있다. 청년, 특히 비정규직 청년에게 결혼은 유예되며 자연스럽게 연애도 유예된다. 한국 사회가 여기에 대해서 무슨 이야기를 해줄 수 있을까? 그리고 이런 흐름이 과연 어떠한 변화를 만들어낼 것인가? 이 책은 이런 질문들에 나름대로 대답해보기 위한 시도로 준비되었다. 물론 지금 우리가 부딪히고 있는 현실은 맬서스가 인구 폭발을 걱정하던 그 시기와는 정반대의 흐름을 보여주고 있다. 그러나 인구라는 요소가 경제의 장기적 움직임에서 가장 중요한 변수 중의 하나라는 것은 크게 다르지 않다.

과연 우리의 미래는 어떻게 될 것인가? 그리고 눈에 뻔히 보이는 결말의 비극적인 요소를 줄이기 위해서 어떤 노력을 할 수 있을까? 경제학자로서 이런 부분들을 가급적이면 솔직하게 정리해보고 싶었다. 그렇지만 솔직히 이 작업은 쉽지 않았다. 그리고 고통스럽기까지 했다. 제인 오스

틴의 『오만과 편견』(1813)이 얼마나 기막힌 제목이었던가, 몇 번씩 다시 생각해보게 되었다. 이 말처럼 근대를 잘 설명해주는 말이 또 있을까? 우리는 오만하거나 편견에 사로잡혀 있거나, 아니면 그 둘 다이거나…….

'솔로 문제를 솔로가 정리하는 게 맞을까, 솔로가 아닌 사람이 정리하는 게 맞을까?' 같은 사소한 것부터 '너희가 어찌 나의 마음을 아느냐?'라는 좀 더 근본적인 문제에 이르기까지, 한 발 한 발 나아갈 때마다 부딪히지 않는 것이 없을 정도였다. 그렇지만 더 많은 사람을 만나고, 더 많은 인터뷰와 데이터 작업을 하면서, 몇 번이나 그만두고 싶은 상황을 헤쳐 나와 어쨌든 한 바퀴를 돌았다. 한 바퀴? 여러 바퀴를 돌고 또 돌아도 부족한 것이 당연하겠지만, 나의 능력은 여기까지라고 인정하지 않을 수가 없었다. 가격과 거래량과 같은 기본적인 경제 변수와는 상당히 이질적인 자료들에서 유의미한 정보를 얻어내는 것이 쉽지 않았다. 지금의 상황은 어떤가, 그 기본적인 이해를 시도하는 데만도 많은 힘을 써야 했다. 왜 내가 이런 무모한 시도를 했을까, 이렇게 많은 후회와 함께한 작업은 이번이 처음인 것 같다.

3.

이 책은 2부 4장 구조이다. 복잡하지 않게, 최대한 단순하게 구조를 만들었는데, 작업 마지막 순간까지도 4장을 넣을지 말지 고민을 많이 했다. 3

장의 '완화'로 끝을 내고, 4장의 '적응'을 빼는 것이 작업 분량도 훨씬 줄이고 서술도 용이했을 테지만, 어쨌든 이 4장은 나의 양심과 같은 것이다. 대책을 세우지만 '결국 잘 안 될 거야'라는 이야기를 하지 않을 수 없었다. 일반적으로 공무원들이 작성하는 정부보고서 등에는 이 4장과 같은 내용은 들어가지 않는다. 3장에서 모든 이야기를 끝내고, '이렇게 하자' 그리하여 '오, 필승 코리아!', 이렇게 마무리하는 게 기본 패턴이다. 기껏 분석을 다 하고서 보고서에 이 책의 4장과 같은 내용을 넣으면, 그 연구과제는 '불량' 처리된다. '그래봐야 정부나 우리 모두 잘 못 할 거야', 그렇게 보고서를 마무리하는 연구원을 그냥 내버려둘 공무원은 없다. 불량 처리하기 전에 연구원을 어떻게든 괴롭혀서 듣고 싶지 않은 이야기를 아예 없애버리는 게 지금까지 한국에서의 연구 관행이다. 그러나 공무원이 시켜서 어떤 일을 하는 상황, 나는 더 이상 그런 상황에 있지 않다. 나의 무능은 어쩔 수 없다고 치더라도 나의 양심과 반하여 글을 쓸 이유는 없다.

한국의 공무원들은 '적응' 문제를 다루지 않지만, 국제협약, 특히 환경협약에서는 마지막에 적응 문제가 포함된 보고서를 작성한다. 대표적으로 기후변화협약은 대응과 적응이라는 두 축을 모두 이용한다. '인류가 기후변화를 줄이기 위해 최선을 다하겠지만, 아마 잘 안 될 거야, 그러니까 지구의 온도가 올라가면 어떻게 적응해야 하는지 그 이야기를 같이 해야지' 하는 의미이다. 이는 UN 차원에서 진행하는 일이라 가능하다. 한국에서 이런 식으로 어떤 중요한 이야기를 했다가는 정말로 경을 칠 정도로 곤혹스러운 상황에 처한다.

어쨌든 이런 이야기까지 포괄적으로 해보자는 것이 나의 양심이었다. 그러나 이 같은 나의 오만으로, 작업 과정에서 정말 많은 고생을 했다. 다시는 이런 무모한 방식으로 서술하는 구조를 설정하지 않겠다고 나 자신과 수없이 약속했다. 편한 길을 놓고 무모하게 일을 벌였다가, '와, 정말 죽을 뻔했다'는 깨달음을 얻었다. 『88만원 세대』를 준비할 때 난 아직 30대였다. 이제 나도 50대를 바라보는 나이가 되었다. 그때에 비하면 경험은 다소 늘었을지 모르지만, 그때처럼 밤을 새기도 어렵고, 그때만큼 긴 시간 동안 집중력을 유지하기도 어려워졌다. 작업 기간은 끝없이 길어지고, 출판사에 약속한 기한을 몇 년(!)을 넘기게 되었다.

무능과 양심 사이에서 이만큼 번민한 것은 나도 처음인 것 같다. 양심을 지키기 어렵다면 할 수 있는 능력 범위 내의 일만 하면 된다. 기계적 해법 외에 내놓을 게 없다면 양심을 잠시 잊으면 몸이 좀 더 편해진다. 그러나 이 책 작업은 그럴 수 없는 아주 곤혹한 상황으로 나를 내몰았다.

4.

무자식자, 유자식자. 이 책 작업을 하면서 새로 만든 말들이다. 좀 더 고상한 말을 사용하고 싶었는데, 원래 쓰이던 단어의 본래 의미를 생각하다 보니 결국은 이런 유치찬란한 단어들이 되었다. 솔로계급은 내가 만든 말은 아니다. 여기서의 계급이라는 단어에는 지위ranking라는 의미보다는 집단이라는 의미를 조금 더 두는 뉘앙스 차이가 있다. 클래스class, 이것은 우리가 익숙하게 사용하는 3반, 4반이라고 할 때의 의미이다. 솔로계급이라는 단어는 솔로 클래스, 즉 솔로들이 다니는 솔로 반이라고 하는 편이 원래의 의도에 더 가까울 것이다.

조금 딱딱하게 표현하면 나는 연구 초창기부터 지금까지 주체의 문제에 관심이 많았다고 할 수 있다. 인간이라는 존재는 좀 더 능동적으로 그리고 좀 더 적극적으로 아무도 예상하지 못한 새로운 변화를 만들 수 있는 주체라는 생각을 여전히 한다. 그런 점에서 장 폴 사르트르Jean Paul Sartre의 영향을 나도 모르는 사이에 많이 받은 것 같다는 생각을 문득 했다. 우연적이고 우발적인 인간의 집단 행위의 가능성, 어쩌면 나에게는 실존주의의 피가 아직도 흐르고 있는지도 모르겠다. 냉전은 끝났고, 세상은 자본주의로 수렴되었다. 그렇다면 현 상황에서 모든 역사가 종료한 것인가? 그렇지는 않아 보인다. 영광스럽고 번영된 미래를 우리 모두가 꿈꾸었는지는 모르겠다. 그러나 지금의 상황이 공평하거나 형평성이 지켜진다고 보기는 어렵다. 그리고 지금 우리가 만들고 있는 이 국가가 정의로운 것인지도 모르겠다. 그러나 '결국은 잘 안 될 거야'라고 손 놓은 채 미래의 모습을 더 긍정적이고 밝게 희망하는 일을 멈추고 싶지는 않다.

그런 점에서 나는 실제로 존재하는 존재, 실존에 대한 사르트르식 믿음을 여전히 가지고 있는 듯하다. 그렇지 않고 모든 것이 이미 결정되어 있다면, 아니 경제적인 요소에 의해서 결정되어 있다면, 정말로 그렇다면 무슨 재미로 살아갈 것인가? 지금보다는 나은 세상을 만들고 싶은 희망, 그것은 우리 모두의 가슴속에 뛰고 있어야 하는 것 아닌가? 우리가 공부하는 것은 여전히 더 나은 미래를 희망하기 때문이 아닌가? 우리가 독서하는 것은 인간에 대한 애정을 아직도 가지고 있기 때문이 아닌가?

수년간 무자식자들과 함께 살아가게 될 미래에 대해 쓰면서 가졌던 무거운 고민을 이제는 내려놓고, 그 고민을 독자 여러분에게 넘기고자 한다. 무자식자이든 유자식자이든, 우리 모두는 단단한 뼈와 뜨거운 피로 만들어진 평등한 존재이다. 그리고 독자 여러분이 우리의 미래에 대해 잠시라도 고민하는 순간, 그것이 우리 모두의 실존이 될 것이다.

이 긴 기간 함께 작업을 해주신 전우진 씨에게 각별한 감사를 드린다. 그리고 계속해서 파트너로 삽화 작업을 함께하고 있는 김선정 씨에게도 감사의 마음을 전한다. 오랜 기간 아낌없는 조언을 해주신 조한혜정 선생님에게도 깊은 감사를 드린다. 그리고 인터뷰 과정과 자문 과정에서 세세하게 자신의 생각을 펼쳐준 수백 명의 청년에게도 깊은 고마움을 전하며, 그들 개개인의 삶에 축복이 있기를 기원한다. 삶은 그 자체로 우리 모두에게 축복이다.

차례

제 1 부

무자식자 시대의 등장

|제1장| 돈, 명예 그리고 섹스

1-1
상부와 하부, 딱딱 들어맞지는 않는다

토대base와 상부구조superstructure라는 용어는 마르크스주의 경제학에서는 상당히 성공한 개념이다. 비주류 경제학 혹은 좌파 경제학에 익숙하지 않은 사람이라도, 사회과학이나 심지어 문화이론을 조금만 접해본 사람이라면 이미 들어본 적이 있는 용어일 것이다. 우리말로는 상부구조와 하부구조라는 용어로 더 많이 알려져 있지만, 원래 용어는 토대와 상부구조이다.

토대는 기초라는 의미이며, 사회과학에서는 경제를 의미한다. 경제를 어떤 의미로 이해하든 돈과 상품, 매매 혹은 투자와 같은 것들에 관한 이야기이다. 상부구조는 경제가 아닌 사회의 나머지 부분, 법이나 제도 혹은 종교와 문화 등을 한마디 용어에 다 때려 넣은 것이다. 경제를 전혀 모르는 사람이라도 이 정도 되면 두 용어의 사용법에 대해서 어느 정도 감이 잡혔을 것이다. 좀 거칠게 이야기하면 돈을 버는 것에 관한 게 토대이고,

그 외의 나머지 돈을 쓰는 법에 관한 게 상부구조라고 말할 수 있을 것이다. 돈을 왜 쓰느냐 혹은 어떻게 쓰느냐, 여기에 대해서 아주 논리적이고 합리적인 이유를 댈 수 있지만, 근본적으로 소비는 경제적 합리성 외에도 문화나 '패턴'의 영향을 많이 받는다.

인간이란 도대체 어떤 존재인가? 성 아우구스티누스Aurelius Augustinus의 인간에 대한 설명을 잠시 생각해볼 필요가 있다. 430년에 사망한 그는 『참회록』이라는 저술로 정말로 유명해진 사람이다. 그 시절이면 고구려의 장수왕이 맹활약하던 시점이고, 중국에서는 『삼국지』의 바로 그 삼국시대가 끝나고 위진남북조 시대라고 불리던 시기이다. 그는 인간의 속성을 세 가지로 구분했는데, 돈에 대한 사랑, 명예에 대한 사랑 그리고 살에 대한 사랑, 즉 성욕이 그것이다. 수도사의 분석치고는 지나칠 정도로 세속적으로 보이기는 하지만 어쨌든 금전욕, 명예욕, 성욕, 이 세 가지가 사람을 움직이는 힘이라는 게 성 아우구스티누스의 이야기이다. 복잡한 이론으로 설명된 것도 아니고 신 앞에 참회하는 고백적인 느낌으로 인간 존재의 나약함을 절절하게 이야기했다. 오, 신이여, 우린 이렇게 나약하고 타락한 존재이나이다! 이 설명은 직관적이고 감각적으로 인간이라는 존재가 과연 무엇을 추구하느냐를 잘 보여준다. 결국 돈, 섹스 그리고 관직이라는 세 가지 요소만 있으면 인간 행위를 어지간히 설명할 수 있지 않느냐, 이렇게 이해할 수 있다. 물론 그렇게 간단한 이야기는 아니다.

성 아우구스티누스의 이 짧은 구절을 다시 우리에게 생각해보라고 가지고 온 사람은 앨버트 허시먼Albert Hirschman이라는 경제학자였다. 그는 아우구스티누스를 인용하면서 돈과 섹스는 인간을 파멸로 이끌지만, 명예욕은 인간을 자극하여 고결하게 해줄 수 있다고 지적한다. 이는 중세에 어떻게 사람들이 좀 더 나아질 수 있다고 생각했는지 그 단면을 잘 보여준다. 돈이 얼마나 인간을 치졸하게 만드는지 통쾌하게 묘사한 셰익스피어의 『베니스의 상인』을 생각해보라. 당시는 모든 경제학자가 자연적 현상으로 생각하던 이자마저도 종교의 이름으로 금하던 시기가 아닌가! 말을 타는 고위급 군인들이 갖춰야 할 덕목이 바로 기사도 정신 아닌가. '젠틀gentle'한 남자들의 에티켓인 젠틀맨십, 이런 명예욕 위에 세워진 가치들이 이 시기에 전성기를 만났다. '레이디 퍼스트'.

남자들의 명예를 중심으로 사회를 움직이고 통제하려던 중세를 경제적으로는 봉건주의라고 부른다. 그 시대를 사는 대부분의 사람은 시민이라는 현대적 지위가 아니라 농노라는 신분이었다. 농사짓는 노예인 농노를 소수의 귀족이 재산으로서 소유하는 봉건주의가 토대 혹은 하부구조이고, 그를 통제하고 지켜내는 중세의 종교가 상부구조였다고 하면 설명이 쉽다. 허시먼의 이야기를 조금만 더 들어보자. 이렇게 신분과 종교에 묶여 있던 사람들에게 돈에 대한 억압적 사유를 풀어주면서 생겨난 새로운 경제 시스템이 바로 우리가 자본주의라고 부르는 체제가 된다. 오랫동안 종교의 이름이든 혹은 윤리의 이름으로 돈을 버는 것을 죄악시하던 사회적 압박을 풀고, '명예를 얻고 싶다면 돈을 벌라'는 간편한 메시지가 사회를 움직이면서 경제적으로 대성공을 거둔다. 이 상황에서 토대는 자본주의가 되고, 상부구조는 개인들의 돈에 대한 욕구와 그 시스템을 유지하기 위한 법률 등 사회통제 장치가 될 것이다. 어쨌든 그럴듯한 설명이고, 이런 일련의 설명은 20세기 초 사회주의가 등장할 때까지 순조롭게(!) 사회를 이끌었다. 그러나 누가 보더라도 현실사회에서의 사회주의는 토대와 상부구조가 딱딱 맞아 돌아가지는 않았던 것 같다. 토대와 상부구조라는 용어로 조금 더 이야기를 전개하면, 현실 사회주의의 붕괴는 경제적 토대에 문제가 생겼기 때문일까, 아니면 사회주의에 적합한 상부구조에 문제가 생겼기 때문일까?

사회주의 국가들의 생산력은 미국이나 유럽, 심지어는 아시아의 한구석에 떨어져 있던 일본에 비해서도 현저히 뒤쳐졌고, 그 사회를 통제하려다 보니 결국 공산당 중심의 지독할 정도의 권위주의적인 통제가 이루어진 것 아닌가? 인간은 이상을 구했으나, 그 이상과 현실이 잘 맞았던 것 같지는 않다. 집단 생산방식이라고 할 수 있는 사회주의를 토대라고 하면 그에 조응하는 상부구조를 과연 인간의 지혜로 디자인할 수 있을까?

경제가 자연스럽게 발전하면 그에 조응하는 상부구조가 생겨나 결국은 조화롭게 될 것이라는 19세기의 경제적 낙관주의는 지금 우리의 사유에도 많이 남아 있다. 그렇지만 21세기, 그러한 낙관적 역사관에 잘 맞지 않는 일도 많이 생겨난다. 인간의 경제는 점점 발전해서 더 많은 생산력을 보여줄 것이고, 그에 따라 한 번에 그리고 단기간에 역사가 발전하지는 않더라도 점차 이상적인 사회로 갈 것이라는 낙관주의가 최소한 새로운 기술의 등장과 관련해서는 어느 정도 들어맞았다고 할 수도 있겠지만, 기계적으로 토대의 변화가 새로운 상부구조를 이끌어낸다고 보는 것은 좀 어려울 것 같다. 세상이 늘 그랬는지는 모르겠지만, 어쨌든 우리가 풀어가는 문제보다 많은 문제가 생겨나고 얽히는 게 우리의 현실 아닌가 싶다.

'시간이 지나면서 점점 나빠지기만 할 것이다.' 지구 생태에 관한 질문이 처음으로 그 낙관론을 대규모로 흔들었다. 그리고 풍요의 시대 한쪽에서 갑자기 튀어나온 청년 솔로의 문제, 이것도 경제적 낙관론에 정면으로 맞서는 질문이다. 좋아질 것인가? 아니, 점점 더 나빠질 것 같아!

1-2
아버지들의 경제학

돈과 명예 그리고 성으로 사람을 설명하는 것이 과연 '모든' 인간에게 유효한 설명인지, 아니면 남성들에게만 유용한 설명인지는 한번 생각해볼 필요가 있을 것 같다. 인간이 인간으로서 존재하기 시작한 순간부터 당연히 유성생식을 하는 포유류로서 여성의 중요성은 최소한 절반은 되었을 것 같다. 그렇지만 인간의 역사에서 여성을 중심에 놓거나 혹은 그 중요성을 살펴보면서 뭔가를 설명하려고 한 시도는 거의 없었던 것으로 보인다. 경제학에서는 그런 경향이 특히 강했다. 노동자 혹은 무직자인 룸펜을 '자식밖에 없는 사람'이라는 의미의 프롤레타리아proletaria라고 부른 카를 마르크스Karl Marx도 남성의 시각, 즉 가장의 시각에서 경제 현상을 주로 보여주려고 했던 것 같다. 제2차 세계대전을 주 공간으로 활동했던 메이너드 케인스Maynard Keynes의 거시경제학 역시 가정house-hold을 기본 단위로 한다. 합리적인 개인을 전제로 한 기존의 미시경제학을 사회 혹은 국가 단위로 다시 조명한 거시경제학에서 개인은 소비자라는 위상을 가지게 되고, 이들이 바로 정부와 대비되는 개인들의 집합인 가정이다.

하나의 가정에는 아빠도 있고, 엄마도 있고, 자녀들도 있을 것이다. 가정은 나름의 생활의 단위이며 경제적인 공동체이기도 하다. 그리고 가족을 구성하는 식구들의 이해관계와 선호가 모두 같지는 않을 것이다. 그것을 대표하는 결정자가 바로 아빠들의 시각 아닌가? 아빠와 엄마 그리고 자녀들로 구성된 핵가족nuclear family이 분석 개념으로 등장한 것은 20세기이다. 그 이전에는? 할아버지들의 아들들이 서로 가까운 곳에 모여 사는 대가족제도가 당연한 것 아니었는가? 지금 우리의 인식에는 핵가족이야말로 가족의 전형적인 모습으로 각인되어 있지만, 이건 불과 100년도 지나지 않은 일이다.

노벨경제학상 수상자이자 지금 표준 경제학 교과서로 사용되는 경제원론의 원형을 만든 폴 새뮤얼슨의 대표 모델인 '세대 간 중첩 모델'은 어떻게 부모가 자식에게 재산을 물려주는가를 살펴보면서 시간의 흐름에 따른 경제 역학을 설명한다. 아버지가 장자에게 재산을 물려주는 가부장 모델에 대한 은유가 강하다. 주류 경제학에서도 오랫동안 그리고 여전히 경제적 주체는 아빠라고 보는 성향이 있다.

경제적 인간homo oeconomicus이라고 부르든 혹은 경제적 합리성이라고 부르든 경제학에서 설정하는 개인이 아주 보편적 인간의 유형은 아니다. 자신만 생각하며 양보를 모르고 불법과 편법 사이를 오가는 판단을 종종 내리는 탈윤리적인 경제적 인간은, 아내와 자식을 위해서는 어떻게든 돈을 벌어야 하는 서글픈 요즘 한국의 직장인 아빠와 많이 닮아 있지 않은가? 남성은 윤리적일 수 있고, 시민도 윤리적일 수 있다. 그러나 한국에서 아버지인 노동자에게 윤리적이어야 한다는 사회적 요구는 약하다. 마음은 편치 않더라도 불의에 눈을 감고, 정규직과 비정규직 사이에서 어떻게든 정규직의 이익을 높이고, 사회의 변화에 대응하지 않으려는 모습, 그야말로 산업화 시대에 경제생활을 시작해 후기 산업 혹은 탈산업화 시대에 가장으로 살아남아야 하는 이 모습이야말로 한 세기 전에 등장한 경제만을 생각하는 그 특수한 인간 모델인 경제적 인간과 유사한 것 아닌가?

인간 사이에는 차이점이 많다. 그런데 그 차이점들을 다 무시하고 경제적 인간이라는 보편성 하나로 접근하는 것은 타당한 일인가? 경제학은 이 질문에 대해 어차피 인간은 자신의 경제적 이익만을 도모하는 존재라서, 성별이든 연령이든 혹은 결혼했든 안 했든, 이 차이점들을 생각할 필요가 없다는 전제를 가지고 있다. 인간이라는 존재가 돈 앞에서는 어차피 다 거기서 거기라는 것 아니겠는가? 자본주의 사회에서 성을 포함해서 인간이 필요로 하는 모든 것은 돈만 내면 살 수 있는 상품일 뿐이고, 우리가 알아야 할 모든 것은 가격 하나 아닌가? 너희는 싸다, 비싸다, 그것만 판단하면 돼! 그 속에서 인간이 할 수 있는 일이라고는 결국 더 많은 상품을 구매해서 자신의 행복을 최대로 하기 위해 더 많은 돈을 버는 것! 단순하지만 감각적이고 그 어떤 설명보다도 명쾌하다. 인간은 어차피 다 같은 속물들일 뿐이다, 아기들 키우느라 눈치 보며 살아야 하는 아버지들에게 이 이상 과학적이고 이상적인 설명의 틀은 없을 정도이다. 수백 년 전 중세를 거치면서 기사도 같은 멋들어진 이름으로 만들어낸 윤리도 어차피 자신의 어두운 면을 감추기 위한 위선에 불과할 뿐이지 않은가! 국가가 다르든 민족이 다르든, 똑같은 하나의 경제적 동기로 거의 대부분의 인간 행위를 설명할 수 있다.

남성과 여성이 경제적으로 다를 수 있는가? 기본적으로 경제학에서는 남성과 여성을 구분하지 않는다. 물론 경제적 동기 면에서는 남성과 여성이 같을 수는 있지만, 현실의 경제 구조 내에서는 국가별로 평균적 소득이 다르고 경제생활의 양상도 많이 다르다. 그렇지만 어차피 돈이 필요한 것은, 그것도 아주 많이 필요한 것은 마찬가지 아닌가? 그걸 굳이 구분할 필요가 있을까? 여성이 대부분의 국가에서 참정권을 얻은 것은 1945년 제2차 세계대전이 끝난 이후의 일이다. 놀라울지 모르지만 누구나 선진국이라고 믿어 의심치 않는 스위스에서도 여성은 1970년대 이후에 투표권을 얻었다. 여성들이 자신의 권리를 가진 정치적 주체로 인정된 지 아직 1세기도 지나지 않은 것이다. 법률적 권한만큼 지금 여성들이 경제적 권한을 가지고 있을까? 일부 '젠더경제학'을 제외하면 남성과 여성의 차이는 아직도 경제학에서 중요한 이론적 지위를 가지고 있지 않다는 점을 생각해 볼 필요가 있다.

젠더 외에 '아버지'에 비해 상대적 약자로 거론되는 또 다른 집단은 미국의 경우에 주로 유색인종, 유럽에서는 외국인 2세이다. 인종 문제는 젠더 문제보다도 훨씬 까다롭다. 미국 백인 중에서도 메이저를 의미하는 WASP White Anglo-Saxon Protestant라는 단어는 가난한 백인과 부자 흑인 사이의 미묘한 문제 등을 내포한 복잡한 문화적 개념인 동시에 정치적 개념이다. 전통 코커소이드Caucasoid에게서만 발현된다는 블루 아이를 거론하지 않는 것이 다행일 정도이다. 여기에 젠더 문제까지 결합되면 얼마나 분석이 어려워지겠는가? 이들의 사회적 · 정치적 핸디캡은 경제적 분석을 점점 복잡하게 만든다. 그냥 알아서들 잘하면 될 거 아니냐고 간단히 말하는 것은 도덕적으로 옳지 않고 분석적으로도 타당하지 않다.

한국에서는 아직 본격적인 인종 문제는 시작되지도 않은 셈이지만 문제의 양상은 이미 험악해지기 직전이다. 이와 관련해 베이비시터로 대변되는 보육 등 서비스 산업 일각에서는 현황 파악도 관리도 불가능할 정도로 새로운 문제점이 계속해서 등장하는 중이다. 그렇지만 한국에서는 인종 문제가 조금 변형되어 지역 문제로 나타난다. 지역 문제는 유신 이후 군부독재를 거치고 민주화 과정을 겪으면서 사람들의 정서적 · 문화적 갈등 문제만으로 치부하기에는 너무 심각해졌다. 그리고 이 문제를 어떻게 접근해야 할지 아직까지도 적당한 이론적 입구를 찾지 못하고 있다. 어느 나라나 경제의 지역 편차는 존재하기 마련이라서, 넉넉한 지역과 그렇지 못한 지역 사이에 정치적 의미가 담긴 지역감정이 생기기 마련이다. 그러나 한국은 다른 어떤 나라도 겪지 못한 서울로 향하는 수도권 집중화까지 생겨나면서 문제가 더욱 복잡해졌다. 그냥 알아서 각자도생 各自圖生하라는 아버지들의 시각으로 이 문제가 풀릴 것인가? 수 년 동안 지방에 공장 많이 짓고 아파트 많이 지으면 된다는 식으로 해석된 '균형 발전' 개념을 들이댔지만, 문제가 풀려나가는 기미는 전혀 없다.

이렇게 기존의 시각으로는 풀리기도 어렵고 심지어는 해석하기도 어려운 질문 위에 청년경제의 문제와 청년 솔로의 문제가 얹힌다. 아버지들의 시각으로는 답답하고도 어려운 문제이다. 새롭게 사회에 데뷔할 청년들이 사회에 진출하면서 맞게 될 구조적 문제에 솔로 현상이 결합된다. 가난을 일종의 경험이라고 생각하면서 좀 참고, 아버지가 되는 것은 남자라면 참고 견뎌야 하는 문제이니 그냥 결혼하라고 말한다. 1인당 국민소득의 눈으로 보면, 더 가난했던 시절에 취직도 하고 결혼도 했던 아버지들의 입장에서 지금의 청년 솔로 문제는 도저히 이해되지 않을 이야기로만 보인다. 생각해보자. 중세에 농노들이 무슨 경제적 여유가 있어서 결혼을 하고 그렇게 많은 아이를 낳았겠는가? 한국의 사정은 달랐는가? 구한말과 일제 그리고 6·25 전쟁을 거치면서 탄생한 아이들이 지금 한국 사회를 형성하고 있는 것 아닌가? 그러나 이 질문을 뒤집으면, 그 시절은 아직 농경사회였고 사람 수 자체가 농기구나 토지와 같은 경제적 자산이 아니었던가? 그런데 지금은?

돈에도 별로 관심 없고, 권력에는 정말 아무런 관심이 없고, 심지어 섹스에도 관심이 없는 사람들이 등장했다. 일본의 우치다 다쓰루內田樹의 『하류지향』은 권력에 정말로 관심이 없고 돈으로도 삶의 동기를 찾지 못하는 히키코모리引き籠もり를 비롯한 일본의 신세대가 아버지의 눈에 어떻게 비치는지를 잘 보여준다. 사회적 존경을 받을 생각은 아예 한 적도 없는, '자기계발'을 죽어라 강조했던 일본에서 등장한 이 새로운 인간형의 등장에 아버지의 나라를 넘어 할아버지의 나라에 가까웠던 일본의 지식인들은 경

악했다. 그렇지만 할아버지들과 아버지들의 눈에 무기력해 보이기만 하는 하류지향 젊은이들의 모습이 전부가 아니었다. 연이어 등장한 '초식남', 이 건 한국이 걷게 될 길이기도 하고 많은 선진국이 만날 가능성이 높은 미래 의 모습이기도 하다.

아버지의 눈으로 본 아버지들의 경제학이 지금의 경제적 번영을 만들 었다고도 할 수 있다. 그러나 이번에 우리가 만난 문제는 좀 어렵기도 하고 그 파장이 심각하다. 봉건주의에서 자본주의 그리고 사회주의 사이의 몇백 년을 중심으로 생각하는 우리가 겪어보지 못한 장파동의 변화이다. 어쨌든 모계사회에서 부계사회로 넘어온 후 혹은 지금과 같은 가족의 형 태를 가진 이후 한 번도 생겨나지 않았던 색다른 종류의 변화이다.

1-3
다시 생각해보는 『인구론』

공식적인 경제학에서 섹스의 문제는 오랫동안 그저 수많은 선호 중 하나 로 다루어졌지만, 그렇다고 이 문제가 학문의 영역에서 완전히 소외되어 있던 것은 아니다. 무엇보다도 애덤 스미스Adam Smith 이후로 가장 중요한 경제학자 중 한 명으로 이해되는 토머스 맬서스Thomas Malthus가 이 문제를 정면으로 다루었다. 맬서스라는 이름은 기억하지 못해도, "식량은 산술급 수적으로 증가하지만 인간은 기하급수적으로 증가한다"라는 『인구론』의 결론을 들어보지 않은 사람은 없을 것이다. 맬서스의 이야기를 요약하면, 어떠한 일이 벌어지더라도 인간의 성욕은 너무나 강렬한 것이라서, 결국 식량이 없어지거나 전쟁이 벌어져 인구의 숫자를 조절하는 지경에 이른 다는 것이다.

맬서스의 초기 작업과 후기 작업은 결이 조금 다른데, 『인구론』은 초기 작업이고, 경제학자로서의 맬서스의 후기 작업들은 케인스의 유효수요론과 맥락을 같이한다. 아마 경제학자 중에서 섹스의 문제를 맬서스만큼이나 직설적이고 정면으로 다룬 사람은 그전에도 없었고 그 후에도 없었을 것이다. 어쨌든 이 흐름 속에서 인구경제학이라는 경제 분과가 생겨났고, 생태학 특히 무리의 개체 수를 중심으로 모델링 작업을 하는 수리생태학도 맬서스의 영향을 크게 받았다. 인간은 언젠가 석유 등 자원의 고갈 문제로 경제를 운용하는 데 상당한 어려움을 겪을 것이라는 결론을 낸 〈로마 클럽 보고서〉의 도넬라 메도우즈Donella Meadows 역시 '신맬서스주의'로 분류되기도 한다.

그렇지만 대부분의 경제학자는 맬서스의 이론이 틀렸다는 것을 증명하는 데 많은 시간을 보냈다. 인간이 무분별하고 과도하게 섹스를 해서 인구 조절에 실패한다는 데 관심을 기울인 학자는 드물었고, 대부분은 아무리 인류가 늘어나더라도 결국 경제는 그 규모와 속도를 따라잡을 수 있다는 것을 증명하는 데 초미의 관심을 두었다. 인구가 늘어나더라도 그보다 빠른 속도로 생산이 늘어날 수 있는 기술 발전의 가능성을 증명하는 것이 맬서스와 그의 후계자들의 접근이 틀렸다는 것을 증명하는 방법이었다. 어쨌든 20세기 경제학은 화학농업과 유전자 조작으로 대표되는 영농기술의 개선, 그리고 심해유전의 개발 등 채굴기술의 발달로 앞으로 인구가 더 늘어나더라도 별 문제가 없을 것이라고 가르친다. 그러나 말은 그렇게 하면서도 한국은 물론이고 중국까지 출산제한정책을 실시한 것도 사실이다. 한편으로는 기술의 발전에 대한 유토피아적 몽상을 가지고 있으면서, 또 한편에서는 인구의 폭발적 증가에 대한 두려움을 품고 있었던 것 아니겠는가?

좌파든 우파든, 경제학 내부에서 성의 문제를 금기시하거나 아니면 완전히 논외로 하는 와중에도 성에 대한 담론은 20세기 이후에 꾸준히 퍼져 나갔다. 성의 에너지가 무의식 속에서 억압되고 투사된다는 프로이트식의 정신분석학은 철학과 인문과학에서 성에 대한 논의의 장을 열기 시작했다. 그러나 가장 적극적으로 이를 과학 한가운데로 가지고 온 분야는 다윈 이후 자연에 대한 생명의 적응 과정을 연구하던 생물학이 아니겠는가? 시스템으로서의 생명체의 모든 존재 이유를 유전자 차원으로 환원시킨 이후, 우리는 생명체는 자신의 유전자를 더 많이 확장시키기 위해 존재한다는 매우 기초적이며 직접적인 동기 위에 많은 이론을 세우게 되었다. 꿀벌은 왜 여왕벌에게 모든 것을 바치면서 봉사하지? 간단하지. 그 편이 유전자를 확대시키는 데 더 유리한 전략이니까! 유성생식을 하는 생명체의 존재 이유 역시 섹스를 통한 유전자 확대의 확률적 가능성을 높이는 것이라고 이해되었다. 인간 역시 섹스를 하는 유성생식 포유류이므로 인간의 행위도 마찬가지로 설명할 수 있다고 풀어나가는 유행 속으로 우리는 들어가게 되었다.

　　유전자의 성공적 번식, 즉 메이팅mating과 출산으로 모든 것을 설명하면, 논리적으로는 돈과 명예 모두 유전자 번식을 위한 도구의 위치로 가게 된다. 어떤 배우자를 만날 것인가, 어떤 결혼생활을 할 것인가, 그리하여 자신의 유전자를 얼마나 퍼뜨릴 수 있는가에 대한 메이팅 전략이 존재의 주 전략이 되고, 돈을 버는 것과 같은 경제활동 혹은 사회의 리더가 되기 위한 사회적·정치적 활동 등은 메이팅과 출산의 보조전략으로 이해된다. 결국 돈을 많이 버는 것이나 사회적으로 유명한 사람이 되려는 것은 그 편이 출산의 확률을 높이고 더 우수한 유전자를 확보해 자신의 유전자, 즉 자기 자식의 생존 및 성공의 확률을 높이기 위해서라는 게 이 이론의 설명이다. 유전자 차원의 단위 생존 전략을 인간과 같은 복잡한 생명체의 전략으로 그대로 환원시킬 수 있느냐는 질문은 차치하고, 이 직관적인 설명은 사회적으로 대성공을 거두었다. 인류 역사상 지금만큼 사람들이 공적인 자리에서 과학의 언어로 섹스를 칭송하고 메이팅 전략의 중요성을 이야기했던 적이 있었을까? '영광과 풍요'라는 말로 자본주의를 이끌어나 갔던 미국도 막스 베버Max Weber가 지적했던 것처럼 청교도 위에 세워진 경제라서 이 정도까지 공적인 자리에서 섹스에 대해 논하지는 못했다.

전 세계적 차원에서 『인구론』 시절의 맬서스가 맞았는지 틀렸는지 확인하기에는 아쉽게도 좀 이른 시점이다. 인간은 여전히 팽창 중이고, 맬서스가 '식량'이라는 은유로 표현한, 요즘 식으로 말하면 자원과 생태 등 경제 시스템의 외부 조건에 성공적으로 적응해나갈 수 있을지 아직은 미지수이다. 그렇지만 OECD의 일부 국가들의 그야말로 개별 국가 차원에서 맬서스나 진화심리학도 예측하거나 상상하지 못했던 사건들이 벌어지는 중이기는 하다. 청년들의 솔로 현상, 이것은 여성의 권위가 상승해서 모계사회로 이동할 것이라는 일부의 이야기와는 차원을 전혀 달리하는 이질적 현상이고 기이한 현상이다. 인간의 사랑이 가지고 있는 강렬한 힘을 생각했던 맬서스는 비록 가난하더라도 사람들은 결혼을 하고 출산을 멈추지 않을 것이라고 생각했는데, 비록 부분적이나마 이 현상은 정지했다. 인류가 기아로 멸망하는 것보다는 차라리 원치는 않더라도 전쟁 같은 시스템 조절 과정의 하나인 사회 현상이 벌어지는 것이 낫다고 극단적인 생각을 했던 맬서스도 지금 우리가 보고 있는 솔로 현상에 대해서는 예견하지 못한 듯싶다.

『인구론』의 맬서스가 과연 우리의 솔로 현상을 보았다면 무슨 이야기를 했을까?

"뭐가 문제란 말이냐. 전쟁 같은 비극적 방법이 아니라 알아서들 조절을 하겠다는데 말이다!"

섹스와 번식 등 최신의 유전자gene 이론으로 무장한 유전자 전문가들이 누누이 지저한 '결국 생명 현상은 유전자 번식에 다름 아니다'라는 명제, 이것이 지금 인간에게서 정지한다. 인간이라는 존재는 사실 우주와 비견될 정도로 복잡하고도 복잡한 존재 아닌가? 그 복잡한 심경을 누가 알겠는가? 어쨌든 우리는 섹스를 뛰어넘는 경제적 동기가 존재하고, 실제로 섹스와 메이팅을 배제한 경제적 행위가 대규모로 그리고 구조적으로 존재할 수 있다는 것을 보고 있다. 초식남 현상을 뛰어넘어 무성애, 에이섹슈얼asexual이 이미 문화 현상으로 등장할 정도이다. 한국도 예외는 아니다.

1-4
이게 다 신자유주의 때문이란 말인가

책의 앞머리에 계속해서 이론적인 이야기를 해서 독자 여러분에게 송구스럽지만, 이 시점에서 또 다른 개념 하나를 끌어들이지 않을 수 없다. 더욱 미안한 것은 이 용어가 광범위한 사용에도 불구하고 그 내용이 명확하지 않다는 치명적 단점을 가지고 있다는 점이다. 무슨 뜻인지 명확하지도 않으면서 각자의 이해대로 말하는 전형적인 '동문서답'이라고나 할까? 오죽하면 고 노무현 대통령이 "내가 '좌파 신자유주의'를 하면 안 될까?" 하고 말했겠나? 역설적이지만 자신이 신자유주의자라고 말하는 사람은 거의 없다. 영국 수상이었던 마거릿 대처Margaret Thatcher는 대처주의, 미국 대통령이었던 로널드 레이건Ronald Reagan은 레이건주의, 심지어 신자유주의 경제학의 태두라고 모두가 생각하는 밀턴 프리드먼Milton Friedman은 경제학 내에서는 통화론자라고 부른다. 마르크스주의나 케인스주의 혹은 제도학파 경제학, 심지어는 독일의 프리드리히 리스트Friedrich List 등의 역사학파 같은 단어들이 나름대로 명확한 의미나 기본 모델을 가지고 있는 것에 비해서 신자유주의는 정리된 분명한 정의가 없다. 기껏해야 1990년대 월 가의 금융전문가와 워싱턴의 경제관료들이 '암묵적으로' 동의했다는 의미에서 '워싱턴 컨센서스'라는 별칭 정도를 가지고 있다. 경제학계 내부에서는 신자유주의가 경제학의 주류라는 의미로 '신고전학파'라는 표현을 더욱 선호한다. 그럼에도 신자유주의라는 용어는 경제학계 외부에서 유행하면서 1980년대의 대처와 레이건의 시대를 거쳐 1990년대의 세계화, 그리고 2008년 글로벌 금융위기까지를 관통하는 일련의 흐름을 지칭하는 용어로 사용된다. 그렇다고 신자유주의에 반대하는 경제학자들이 냉전시대인 1960~1970년대에 폴 스위지Paul Sweezy 등의 마르크스주의 계열 경제학자들처럼 완전히 학계 바깥으로 내몰렸는가? 신자유주의에 반대하는 대표적인 학자들인 조지프 스티글리츠Joseph Stiglitz나 폴 크루그먼Paul Krugman 역시 노벨경제학상을 수상했다. 마찬가지 흐름에서 언젠가는 장하준 역시 '사다리 걷어차기'라는 테제로 노벨경제학상 후보가 될 것이다.

경제근본주의, 경제환원주의, 그 이름이 무엇이든 우리는 신자유주의가 의미하는 바를 알고 있다. 그리고 우리가 목격한 모든 나쁜 것에 이 이름을 붙인다. 민영화도 신자유주의 때문이고, 공공의료를 무너뜨리고 영리병원으로 전환하게 하는 의료관광에 대해서도 이 이름을 붙인다. 비정규직이 양산되는 것도 신자유주의 때문이고, 보육에 대한 적절한 복지체계가 아직도 마련되지 않은 이유도 신자유주의 때문이라고 한다. 편리해서 좋기는 한데, 이렇게 모든 문제의 원인을 하나로 돌리는 것은 분석을 너무 엉성하게 만들고 대책을 너무 뭉뚱그려 만들게 하는 단점이 있다. 지난 몇 년 동안, 한국에서는 신자유주의의 반대말을 '복지'라고 바로 이해했다. 그러나 복지만 늘리면 모든 문제가 해결되는가? 그렇게 간단할 리가 없지 않은가? 지난 10여 년간 한국의 모든 경제적 문제는 "이게 다 신자유주의 때문이다"라고 말하면, 맞든 틀리든 진단에서 대안까지의 일관성을 어느 정도는 확보할 수 있었다. 그러나 솔로 현상은 그렇지 않다.

자, 우리의 문제를 좀 정형화해서 살펴보자. 한국에서는 출산율이 지난 10년 동안 눈에 띄게 떨어졌다. 이 문제만 놓고 보면 오히려 간단한 문제일 수 있는데, 공교롭게도 같은 기간 사람들이 더 오래 사는 현상이 동시에 벌어졌다. 출산율 저하와 기대수명 증가는 별개의 사건이다. 이 두 가지가 동시에 일어난 것은 우연일 뿐이고, 그 자체로는 아무런 인과관계가 존재하지 않는다. 아이를 덜 낳았더니 사람들이 더 오래 살게 되었다, 이런 건 아니다. 그렇다면 사람들이 더 오래 살게 되었더니 젊은 사람들이 아이를 덜 낳게 되었다, 이건 좀 따져볼 일이다. 그러나 신자유주의 때문에 사람들의 기대수명이 늘어났다, 이건 아니다. 어쨌든 한국 사회에서는 이 두 문제를 합쳐서 '저출산 고령화'라고 부른다. 결합성은 있지만 인과성은 없는 두 사건이 하나의 사건처럼 간주되었다. 그리고 결국은 결혼을 했는데 아기를 낳지 않는 부부, 특히 여성에게 표적을 돌리는 경향이 나타났다.

잠깐 통계를 보자(〈표 1-1〉 참조). '당해 출산된 첫째 아이/전년도 여성 초혼 건수'라는 수치를 살펴보면, 1997년과 1998년 등 특별한 이변이 있었던 몇 해를 제외하면 1981~2012년 이 수치는 0.89~1.02의 값을 갖는

표 1-1 여성 초혼 건당 출산순위별 출생아 수

출산 순위별	1아	2아	3아	4아	출산 순위별	1아	2아	3아	4아
1983	0.99	0.86	0.34	0.20	1998	0.90	0.74	0.15	0.02
1984	0.95	0.66	0.21	0.10	1999	0.94	0.69	0.14	0.01
1985	0.99	0.70	0.18	0.06	2000	0.96	0.69	0.15	0.01
1986	0.95	0.6	0.15	0.05	2001	0.93	0.68	0.13	0.01
1987	0.96	0.66	0.12	0.04	2002	0.90	0.62	0.12	0.01
1988	0.95	0.70	0.11	0.03	2003	0.96	0.64	0.12	0.01
1989	0.93	0.70	0.10	0.03	2004	0.97	0.65	0.11	0.01
1990	0.94	0.72	0.11	0.02	2005	0.92	0.63	0.10	0.01
1991	1.02	0.78	0.12	0.02	2006	0.94	0.68	0.11	0.01
1992	0.98	0.80	0.13	0.02	2007	0.97	0.74	0.13	0.01
1993	0.96	0.77	0.14	0.02	2008	0.86	0.72	0.13	0.01
1994	0.98	0.81	0.14	0.02	2009	0.87	0.69	0.13	0.01
1995	0.97	0.8	0.15	0.02	2010	0.94	0.68	0.17	0.01
1996	0.94	0.76	0.15	0.02	2011	0.89	0.64	0.18	0.02
1997	0.83	0.77	0.16	0.02	2012	0.91	0.70	0.18	0.02

그림 1-1 여성 초혼 건당 출산순위별 출생아 수

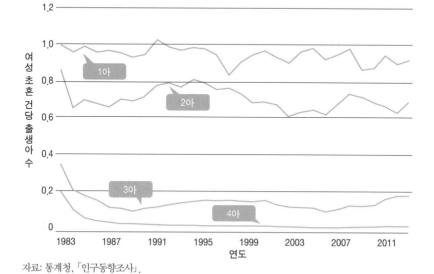

자료: 통계청, 「인구동향조사」.

다. 몇 가지 예외를 제외하고 해석한다면, 사회적으로 전년도의 결혼 수치가 다음 해의 첫째아이 출산을 통계적으로 어느 정도 설명한다는 말이다. 즉, 한국에서 결혼을 결심하고 실제로 결혼한 사람은 대부분 첫째 아이를 낳는다고 할 수 있다. 그렇다면 아이를 점점 덜 낳는 것이 문제가 되는 것 아닌가? 셋째 아이는 1981~1989년 사이에 통계적으로 하락했지만, 그 후에는 첫째 아이와 둘째 아이의 통계 수치 변동 폭과 비슷하게 움직인다. 이를 종합해보면, 최소한 1990년대 초반 이후 결혼한 사람들이 아이를 아예 안 낳거나 현저히 덜 낳는 경향은 관찰되지 않는다. 물론 베이비붐 세대가 그랬던 것처럼 5~6명씩 아이를 낳는 일은 이제 거의 없지만, 결혼한 부부들의 출산이 출산율을 걱정해야 할 만큼 극적으로 단기간에 급격히 줄어든 일은 없었다.

"아이를 안 낳아서 걱정이야"라고 할아버지들이 혀를 끌끌 차면서 했던 말은 "결혼을 안 해서 걱정이야"라는 말로 바뀌는 것이 통계적으로는 타당하다. 가임여성 전체를 기준으로 총 출산 아이 수를 계산하는 출산율은 낮지만, 이것이 곧 결혼한 부부의 출산율 자체가 떨어졌다는 말은 아니다. [가임여성 = 결혼한 가임여성 + 결혼하지 않은 가임여성], 이 간단한 통계적 기준을 생각하면 노무현 시절부터 사회적으로 '아기 좀 낳으세요'라고 했던 이야기들은 좀 남사스럽기는 하지만 '결혼 좀 하세요'라고 바꾸는 게 옳았을 듯싶다. 만약 출산율이 그렇게 중요한 변수라면 말이다.

자, 이 정도 살펴보면, 사람들이 그토록 걱정하는 출산율과 관련된 최근의 주된 흐름은 결혼한 사람들이 아이를 덜 낳는 변화가 생긴 것이 아니라 결혼 자체를 아예 하지 않는 변화가 나타난 것이라고 할 수 있다. 참고로 최근 결혼하지 않은 상태에서 아이를 낳는 혼외 출산은 2% 내외로 아직까지 주요 변수는 아니다. 너무 뻔한 결론 같아 보이지만, 현재로서는 인구구조 변화의 가장 큰 변수는 결국 결혼 혹은 동거라고 할 수 있다. 남녀의 결혼이라는 눈으로 보면, '젊은 사람이 결혼을 하지 않는다'는 명제가 된다. 출산과 가임여성의 눈으로 좁혀서 본다면, '결혼 적령기의 여성들이 결혼을 하지 않아서 문제가 된다'는 명제로 바뀐다. 메이팅의 눈으로 보면, 남성이든 여성이든 결혼을 위한 기대치를 조정하지 않는 '미스매칭'으로 보이기도 한다.

남자의 눈으로 보든, 여자의 눈으로 보든 혹은 남자와 여자가 결합해서 만드는 가족의 눈으로 보든, 결혼이라는 제도에 일정한 변화가 일어난 것은 확실하다. 그렇다면 이 일련의 사건이 신자유주의라고 불리는 지난 10여 년간의 경제 흐름과 관련이 있는 것일까? 만약 그렇다고 하면, 경제적 힘이 문화적 힘이나 정치적 힘에 우선하여, 결국에는 '마지막 순간'에 모든 것을 결정하는 것을 암묵적으로 인정하는 것이다. 마르크스는 이를 토대와 상부구조라고 말했지만, 경제가 지닌 사회 요소로서의 우선성을 인정할 수 있을까? 그렇다고 한다면, 돈이 사회의 많은 부분을 설명한다는 경제결정론 혹은 경제근본주의의 시각에 빠질 위험성이 있다. 그럼에도 한국에서 젊은 청년들이 더 이상 결혼을 하지 않는 것을 신자유주의 때문이라고 말할 수 있을까?

이 가설은 다음과 같이 구상될 수 있다.

① 신자유주의로 인해서 비정규직 등 고용의 안정성은 물론이고 노동의 질이 떨어져서 개인의 경제생활이 불안정해졌다.

② 대처와 레이건 경제의 기본 특징이었던 감세정책으로 인해 적절한 복지 확충이 이루어지지 않아 청년들의 삶이 더욱 어려워졌고, 보육과 육아 등의 비용이 개인에게 전가되었다.

③ 대학의 영리화에 의한 대학 서열화 및 학벌 현상의 심화, 그리고 이에 따른 사교육비가 급증했다.

④ 기타 등등 신자유주의로 인해서 발생하는 상상할 수 있는 온갖 폐해가 발생하여 청년들의 삶은 한국에서 지옥과 같아졌다.

⑤ 그리하여 한국의 많은 청년은 더 이상 결혼을 하지 않게 되었다.

경우에 따라서 여기에 몇 가지 전망치나 통계들을 집어넣어 복잡하게 서술할 수도 있고, 아니면 마침 그 시기에 정부를 구성했던 대통령의 탓으로 돌려 "이게 다 노무현 때문이야" 혹은 "이게 다 이명박 때문이야"라고 단순명쾌하게 명제를 구성할 수도 있다. 결국 정부가 경제정책을 잘 못했고, 그로 인하여 가난해지거나 불안해진 청년들이 결혼을 하지 않는다는 이야기인 셈이다. 어떤 명제를 집어넣든, 누구에게 책임을 묻든, 이게 다 돈 때문이라는 이야기가 된다.

그러나 이렇게 단순할까? 이 질문을 거꾸로 뒤집어보자. 현 상태에서 복지 지출만 엄청나게 늘리면 청년들이 갑자기 더 많이 결혼하고 이미 결혼한 부모들이 갑자기 더 많은 아이를 낳을 것인가? 그래봐야 복지 지출을 스웨덴 수준으로 늘릴 수는 없다. 이미 어느 정도 연구가 진행된 미국의 경우, 우리가 신자유주의라고 부르는 흐름이 발생하기 시작한 1980년대 이전에 이미 솔로 현상이 진행되기 시작했다. 단순히 신자유주의 때문에 새로운 사회적 흐름이 나왔다는 명제를 통계적으로 검증하기란 쉽지 않다. 그리고 무엇보다도 신자유주의와는 전혀 다른 사회민주주의를 대표하는 스웨덴은 솔로 비율이 가장 높다. 물론 스웨덴 솔로가 경험하는 삶의 여유로움은 한국이나 일본과는 비교하기도 어려울 정도일 것이다. 게다가 스웨덴도 최근 낮아진 출산율 때문에 많은 정책적 노력을 시작했지만 극적으로 개선되는 모습을 보여주고 있지는 않다. 지금 우리가 스웨덴 수준으로 복지 비중을 갑자기 높이기는 경제적으로나 정치적으로도 어렵지만, 그렇게 한다고 해도 솔로 현상이 전적으로 해소될 것이라고 기대하기 쉽지 않다.

신자유주의라고 부르는 현상과 함께 부의 격차가 더욱 심해진 것이 사실이다. 일본식 표현으로는 '격차사회', 한국식으로는 '양극화'라고 부르는 현상이 벌어졌다. 미국에서는 월 가 점령운동인 OCCUPY 운동과 '99 : 1', 나인티나인ninety nine이라는 상징적 표현이 등장했다. 저개발국가나 개도국이 아니라 경제 발전이 어느 정도 완료된 시점에서 다시 빈곤 문제가 전면적으로 제기되었다고 해서 일본에서는 이를 '신빈곤' 현상이라고 부른다. 한국도 예외는 아니다. 하우스 푸어나 렌트 푸어 등 빈곤을 의미하는 '푸어Poor'를 사회적으로 사용하는 데 점점 익숙해지고 있다.

이러한 신빈곤 현상이 새롭게 사회에 데뷔하는 청년들이 결혼이나 출산을 기피하도록 촉진시켰을 가능성은 높다. 그러나 과연 이 경제적 흐름이 이 모든 현상을 '촉발'시킨 단일 요소일 것인가? 그건 너무 쉬운 설명이다. 솔직히 지난 10년 동안 우리는 한국의 대부분의 경제 문제를 "이게 다 신자유주의 때문이야"라고 간편하게 설명하는 데 익숙해져 버린 것인지도 모른다. 이런 손쉬운 접근들이 아주 틀렸다고 하기도 어렵다. 우리가 당면한 많은 경제적 문제는 민영화와 같은 절차들을 정지시키고 경제의 공공성과 일정 수준의 복지를 확보하면 해결될 수 있기 때문이다. 그러나 솔로 현상은 그렇게 단순하지 않다. 문화, 젠더, 인구, 여기에 생태 문제까지 복합적으로 얽혀 있다.

신자유주의라는 요소만 개입되었다면, 복지국가 등 신자유주의와는 다른 방식으로 경제를 운용할 정부로 바꾸면 된다. 선거에서 이기면 해결된다. 그러나 청년 솔로 현상은 정권을 바꾸어도 당분간은 해결되기 어렵다고 생각한다. 그만큼 인간의 행위는 복잡하고 단선적이지 않기 때문이다.

적어도 청년들의 솔로 문제에 대해서만큼은 모든 경제적 문제를 신자유주의라는 만능의 칼로 재단하던 지금까지의 습관을 버리고 그다음 시대에 대한 상상 혹은 좀 더 복잡한 방식의 사유를 할 필요가 있을 것이다. 돈만 생기면 결혼도 하고 아기도 낳고? 그렇게 단순하게 행위 할 20대는 대한민국에는 없을 듯싶다. 결혼은 혼자 하는 것이 아니다. 그리고 결혼만이 행복도 아니다.

1-5
남성과 여성의 비대칭성

존 롤스John Rawls가『정의론』을 만들면서 아직 태어나지 않은 영혼들 사이의 계약에 관해 이야기한 적이 있다. 그래서 그의『정의론』을 신계약론이라고 부르기도 한다. 20대에 이 이야기를 워낙 감동적으로 읽어서, 그 이후로 종종 만약 내가 태아의 영혼이라면 어떠한 식으로 판단했을까 생각해보는 습관이 생겼다. 독자 여러분과 지금 이 질문을 나누어보고 싶다.

만약 여러분이 남성이라면 다시 태어나도 남성으로 태어나는 선택을 하겠는가, 아니면 여성으로 태어나는 선택을 하겠는가? 그 반대로, 만약 여성이라면 다시 여성으로 태어나는 선택을 할 것인가, 아니면 남성으로 태어나는 선택을 할 것인가? 물론 어떤 선택을 했다고 하더라도 현실이 바뀌지는 않는다. 그러나 집단적으로 이런 질문을 해보는 것 자체가 사회에 대한 새로운 이해를 도와준다. 무엇보다도 자신이 원하는 것이 무엇인지 조금 더 객관적으로 생각해볼 기회가 될 수 있다. 존 롤스의『정의론』

이 과연 자본주의 경제가 조금 더 정의로워지도록 도왔는지는 모르겠지만 그 책을 읽은 많은 독자에게 소위 자아 성찰의 기회를 제공한 것만은 사실일 것이다.

솔로에 대한 연구를 하면서 나는 나 자신에게 끊임없이 '내가 만약 지금 여대생이라면 과연 결혼을 선택할 것인가?'를 질문했다. 물론 어느 정도는 위선적인 질문이다. 나는 남성이고, 결혼을 했고, 아기도 있다. 또다시 태어난다고 해도 나는 남성으로 태어나기를 선택할 것 같다. 그리고 결혼을 하고 아기를 낳는 선택을 할 것 같다. 그러나 모두가 지금 자신의 탄생을 선택한 것이 아니듯이, 실제로 어떻게 될지는 아무도 모른다. 존 롤스의 『정의론』이 바로 이런 내용이다. 태아들의 영혼은 어떤 세상을 만들지 계약할 수 있지만 실제로 자신이 누구의 몸에서, 즉 어떤 신분으로 태어날지는 미처 모른다는 것이다. 그 상황에서 계약을 하기 때문에 최악을 서로 피하는 방식으로 계약을 하지 않겠느냐는 것이다. 어쨌든 내 선택과는 달리 지금 내가 여성이고 대학생이라면? 그리고 나머지 사정들은 지금과 같다고 한다면?

꽤 많은 고민을 해봤는데, 내가 지금 여대생이라면 아마도 나는 결혼하지 않고 솔로로 남는 편을 선택할 것이다. 물론 한국이 아닌 다른 나라에서라면 선택이 바뀔지도 모르지만, 적어도 한국의 현재 노동조건에서 결혼을 선택하지는 않을 것 같다. 데이터를 보면 30대 초반의 한국 여성은 남성에 비해서 평균 소득이 30~40% 낮다. 평균을 내니까 그렇게 되는 것인데, 실제로는 소득이 그대로 유지되는 경우와 아예 소득이 없는 경우 두 가지로 나뉜다. 결국은 출산 시기가 여성의 소득 분기점을 결정한다. 물론 아주 부잣집 남자와 결혼하거나 아니면 아주 잘나서 '출산의 덫'에 빠지지 않는 경우가 없지는 않을 것이다. 그러나 곰곰 생각해보면 나는 특출한 능력이 있는 사람은 아니다. 출산휴가를 잘 보장해주는 튼튼한 직장에 다니거나 아니면 남편이 진짜 가사와 육아에 잘 참여해주는 편이라면 조금 나을 수는 있다. 그러나 지금 대학생 나이라고 할 때 7~8년 후의 한국을 생각해보면, 한국의 평균적인 직장들이 유럽의 많은 국가처럼 3년씩 출산휴가를 줄 것 같지는 않다. 게다가 지금의 내 개인적 양심과 정치적 선호를 그대로 가지고 있다면, 내가 여성이 되더라도 좌파의 삶을 살아갈 것이다. 설령 적당한 직장에 들어간다고 하더라도 좌파로서 추가적인 핸디캡을 안고 살아갈 것이다. 이 상황에서 전격적으로 결혼을 하고 출산을 하겠다고 결심할 정도로 나는 강한 사람도 아니다. 아마도 나는 솔로로 살아가는 편을 선택할 것 같다. 그게 내가 내린 잠정적 결론이다.

평등이라는 개념이 있다. 보수들은 절대 안 쓰는 표현이다. 그들은 결과가 아니라 '기회의 평등'이라는 의미에서 '형평성equity'이라는 표현을 훨씬 선호한다. 그렇지만 젠더의 문제에 대해서만큼은 이례적으로 '성 평등'이라는 표현을 직접 쓴다. 멀리 갈 것도 없이 여성가족부의 영문 이름이 Ministry of Gender Equality and Family이다. 남녀가 평등해질 수 있을까? 이런 표현 자체가 현실적인 차이의 존재를 의미한다. 평등이나 형평성 같은 정치적 뉘앙스가 강한 용어 대신에 조금 더 기술적인 용어로 '비대칭성'이라는 표현을 쓸 수 있을 것이다. 국제 외교에서 한국과 미국의 관계가 전형적인 비대칭성을 가진 관계이다. 아무리 공정하고도 평등한 대화를 한다고 해도 현실은 그렇지 않다. 조직 내에서 더 우월한 위치에 있는 상관과 부하직원이 대화를 할 때, 어떻게 이야기해도 비대칭성은 존재할 수밖에 없다. 위계hierarchy라는 표현은 직접 지시할 수 있을 정도의 권력관계를 의미하지만, 비대칭성은 그보다는 약한 의미의 권력관계 정도로 이해할 수 있을 것이다. 이 용어가 편한 점은 반드시 어느 한쪽이 더 우월한 위치에 있지 않은 경우에도 사용할 수 있기 때문이다. 식당에 손님이 갔다고 생각해보자. 식당 주인이 선택할 수 있는 전략도 있고, 고객으로서 손님이 선택하는 전략도 있다. 과연 어느 쪽이 우월한가? 그것은 선택의 조건에 따라 다르다. 그러나 음식을 팔아야 하는 식당 주인과 나름대로 자신이 지불한 비용에 대해서 적절한 서비스를 받아야 하는 손님 사이의 관계가 대칭적이지는 않다. 사거나 말거나 혹은 팔거나 말거나, 그렇게만 의사결정을 하면 되는 완전경쟁 아래에서의 일반적인 상품 시장과 식당업은 많이 다르다.

남성과 여성은 많은 경우 같아 보이지만, 수많은 경제활동에 보이지 않는 비대칭성이 존재한다. 이는 남성이 유리한가, 여성이 유리한가 하는 기계적인 잣대로 계측하거나 설명하기가 어렵다. 비대칭성이라는 표현은 윤리적인 판단이나 어느 한쪽에 더 많은 비중을 두는 편파성을 피해 갈 때 유리하다. 어쨌든 경제적인 면으로만 보면 한국에서는 여전히 여성이 여러 가지로 불리한 점이 많다. 평균 소득이 불리하고, 고위직 진출 기회는 아직까지 OECD의 일반적인 국가 수준에 비해서는 많이 미흡하다. 반면에 국방의 의무 면에서는 남성이 불리하다.

경제활동을 하는 여성의 경우는 그래도 낫다. 전업주부의 노동을 어떻게 처리하느냐, 이 문제는 오랫동안 경제학 내에서도 GNP 국민총생산에 대한 논의에서 단골 메뉴로 등장할 정도로 젠더 문제의 핵심 사항이다. 집에서 일하는 여성들의 가사노동을 국민경제 차원에서 어떻게 처리할 것인가, 이 질문은 여전히 해결되지 않았다. 결론적으로 현재의 GNP 계정에서 이 문제를 처리하기란 쉽지 않다. 환경을 포함시켜서 Green GNP를 계산하자는 문제가 처리되지 않는 것처럼, 통상적인 시장 거래에 잡히지 않는 서비스 제공을 부가가치로 계산하는 데는 여러 가지 기술적인 문제가 있다. 일부에서는 여성들의 비지급 노동에 대해서 국가가 직접 임금을 지불하자는 주장을 제기한다. 그러나 전 세계적으로 이 방향으로 급속한 정책적 전환이 발생할 것으로 보이지는 않는다.

전업주부에게 경제적인 인센티브가 발생하지 않는 한, 여성들이 경제적으로 취업을 선택하는 것을 부당하다고 말할 수도 없고, 불합리하다고 말할 수도 없다. 어린이들에게 엄청난 인기를 끌었던 뮤지컬 영화 〈메리 포핀스〉(1964)의 첫 장면이 여성들의 정치적 권리를 위하여 중산층 여성들이 피켓을 들고 집회에 나가는 장면 아니었던가? 그 이후로 시간이 많이 흘렀고, 더 이상 여성들의 경제적 활동에 외형적으로 장애를 가하는 장치는 많이 사라졌다.

그럼에도 남성과 여성의 삶이 현재 총체적으로 동등하다고 말할 수 있는 사람은 없을 것이다. 우리가 지금 관심을 두고 있는 솔로와 가족 관계 문제에서 가장 핵심에 놓인 출산과 육아에 대한 부담을 남녀, 즉 부부 사이에 어떻게 나눌 것인가의 문제, 그리고 분담에 대한 극심할 정도의 비대칭성을 이야기하지 않을 수 없다.

남성의 가사노동 분담률이 가장 높은 나라는 덴마크로 43.99%이다. 스웨덴, 노르웨이는 40%가 넘고, 미국도 37.36%로 낮지 않다. OECD 평균은 31.97%이다. 멕시코는 23.17%로 낮은 편이지만, 한국보다는 높다. 일본은 17.90%로 아주 낮지만, 한국은 그보다도 낮은 16.52%이다. OECD 국가의 절반 수준이다. 이 정도로 남자들이 집안일을 하지 않는 나라로는 12.82%를 기록한 인도가 있다.

영화 〈실미도〉(2003)에서 빛바랜 흑백사진의 실루엣으로만 등장한 어머니라는 존재는 강인찬(설경구 분)에게 아들이라는 지위를 만들어준다. 사회적으로 어머니는 모든 선이자 모든 동기이며, 거부될 수 없는 목표이다. 그러나 사회적으로 조작된 강렬한 모성애는 OECD 평균의 절반 정도로만 남자들이 집안일을 하기 위해서 만들어진 신화가 아닌가? 농경사회를 거쳐 IMF 경제위기에 이르기까지, 희생하며 모든 것을 내어주는 어머니의 이미지는 정형화되었고 오랫동안 콘크리트처럼 굳어져 있다. 그러나 직장에 나가서 정규직이든 혹은 비정규직이든 경제활동을 해야 하는 어머니는 이제 물리적으로 그런 역할을 하기가 어렵다. 그리고 육아와 출산에 관한 가사노동의 일부를 사회가 나누거나 아버지가 나누어야 한다는 점은 현재 주어진 구조에서는 당연한 이야기 아닌가?

이러한 일련의 변화는 남성과 여성의 사회적·정치적 지위가 좀 더 동등해지고 평등해지면서 생겨난 것이라고 할 수 있다. 이 변화는 세계적으로는 1980년대 초중반, 한국에서는 IMF 경제위기 이후 21세기의 등장과 함께 맹위를 떨쳤던 신자유주의라는 경제적 흐름보다 더 깊고 더 오래된 흐름이다. 신자유주의 때문에 자본주의가 여성들의 노동력이라도 더 빼앗기 위해 여성의 경제적 진출이 본격화되었다고 보는 것은 무리이다.

한국의 솔로 현상의 주요한 첫 모티브는 어쨌든 여성의 경제활동 참여가 전면화되면서 시작되었다. 계약이라는 표현을 빌리면, 아빠와 엄마 사이의 계약으로 시작되는 가정에서 공평하게 나뉘어야 하는 것이 출산과 육아에 대한 부담이다. 그렇지만 기존의 사회적 과정에서 이러한 서비스 노동은 가사노동의 연장선에서 여성들에게 좀 더 육중하게 부담되었고, 이걸 공평하게 혹은 최소한 서로가 이해할 수 있는 선에서 나누는 재계약 과정은 없었다. 대가족 체계에서 핵가족이 전면화된 것은 20세기 현상이다. 일하는 아빠와 아기 키우는 엄마, 그렇게 1950~1960년대 중산층의 풍요를 지탱하던 전형적인 모습이 바뀌었다. 그렇지만 가사노동에 대한 조정은 한국에서는 이루어지지 않았다.

『정의론』의 존 롤스가 이야기했던 영혼들의 계약이라는 비유를 여기에서 우리식으로 한번 사용해보자. 결혼을 앞둔 남자와 여자는 어떻게 계약을 맺게 될까? 여성과 남성이 특히 출산에 대해서 가지는 불안감과 각오는 비대칭성의 전형이라고 할 수 있다. 아직 해보지 않은 결혼, 그러므로 아직 맞지 않은 출산에 대해서 남자와 여자가 맺을 수 있는 계약이 있을까?

남자는 약속하지 않고, 여자는 약속을 제안할 수도 없고, 설령 약속을 한다고 하더라도 그 약속을 믿을 수가 없다. 결혼에 계약 조건을 내걸기가 쉽지 않고, 그것이 지켜질 것이라는 제도적 장치도 없다. 유럽에서 흔히 보는 요일별 식사 당번과 아기 돌보기, 이걸 한국에서 여자가 남자에게 계약 조건으로 내거는 것은 여자가 상상을 초월할 정도로 예쁘거나 돈이 엄청나게 많거나, 즉 다른 면에서 여성이 유리한 쪽으로 비대칭적인 경우에만 발생할 수 있는 것 아닌가?

여성의 취업이 일반화되면서 자연스럽게 출산과 육아에 대한 새로운 계약이 이루어져야 했는데, 한국에서는 이 과정에서 성별 비대칭성으로 인해서 불균형이 생겨났다. 결국에는 유럽의 많은 경우가 그렇듯이, 남편과 아내가 요일별로 요리와 그 외의 가사를 번갈아 하는 등의 문화적 변화가 동반되는 것이 옳았을 것이다. 그러나 한국에는 이러한 변화가 너무 늦었다. 혹은 여성의 경제적 활동이 너무 빨리 온 것일 수도 있다. 그 과정에서 소위 슈퍼우먼 신드롬이 나타났다. 육아와 경제생활을 동시에 완벽하게 하는 여자, 그러나 이건 마치 엄마 친구 아들 '엄친아'처럼 남성의 상상에서만 존재한다.

게다가 이런 새로운 변화에 맞춰 사회적 제도와 회사 복지 체계 등의 변화가 동시에 진행되는 것이 이상적이라고 할 수 있는데, 마침 신자유주의라는 흐름을 타면서 발생한 회사 복지와 국가 복지 사이의 심각한 불균형이 역시 여성들에게는 매우 불리하게 작용했다. 국가 복지는 출산과 육아에 적합한 새로운 체계로 아직 전환되지 않았고, 주로 남성, 특히 아버지를 중심으로 1970~1980년대에 만들어진 회사 복지 역시 새로운 경제 주체로 사회활동에 참여하게 된 여성들에게는 아직 낯설고 때때로 적대적이기까지 하다.

솔로 현상을 연구하면서 고소득 전문직 여성들과 꽤 많은 인터뷰를 했다. 일반적 시각으로는 '슈퍼맘'에 해당한다. 그들이 주로 호소하는 불만은 턱없이 짧은 출산휴가였다. 교사와 같이 특수한 직업을 제외하면 선진국 수준의 2~3년의 육아휴직을 쓸 수 있는 경우는 거의 없었고, 1년의 출산휴가를 온전히 쓸 수 있는 직종도 매우 드물었다. 많은 경우, 고소득 직종에 종사하는 여성들도 3개월의 법정 휴가를 겨우 사용했다. 출산 이후에 좀 더 길게 쉬기 위해서 출산 직전에 겨우 휴가에 들어가는 경우가 많았다. 상대적으로 고소득인 금융권에 종사하는 여성들의 경우도 크게 다르지 않았다. 전형적인 전문직인 회계사나 변호사도 사정은 마찬가지였다. 출산휴가 3년을 국가 기본시스템으로 전환하려고 하는 유럽 국가들에 비해서 한국의 출산휴가 구조는 아직은 비인간적이라고 할 수밖에 없다.

이 과정에서 아주 비극적인 사건을 목격했다. 동료로 일하던 어떤 전문직 여성이 출산 마지막 순간까지 일을 하다가 출산휴가에 들어갔다. 그렇게 태어난 아기는 며칠 살지 못했다. 격무를 견디면서 올린 성과로 큰 상을 받았지만, 누구도 축하해줄 수 없었다. 출산 전에도 충분한 휴식이 필요하다는 것을 한국 사회는 아직 이해하지 못하는 것 같다.

그나마 정규직은 상대적으로 여건이 나은 편이다. 학력이나 능력과는 상관없이 노동 전반에 퍼져 있는 비정규직의 경우, 짧은 계약 기간 내에 출산과 관련해 거의 아무런 배려도 받을 수 없다. 오히려 계약 기간 중에 임신과 출산과 같은 노동 내용과는 상관없는 개인의 사정으로 더는 노동을 할 수 없게 되면, 오히려 개인에게 귀책사유가 생겨난다. 형식적으로는 비정규직이라도 출산 기간 중에는 계약 기간이 정지된다. 원래 자리로 복직할 수 있는 최소한의 제도적 안정 장치는 마련되어 있다. 그러나 이 안전 장치가 현실에서 작동하는 일은 거의 없다. 여성 비정규직 중에서 가장 상층부라고 할 수 있는 박사급 연구원이나 연구교수의 경우도 문제가 다르지 않다. 국회와 같은 정부기관의 계약직 공무원들도 사정은 마찬가지이다. 단순 노무직에서 비정규직까지, 여성에게 출산은 경제생활과 가정생활 사이에서 한 가지만을 선택하게 하는 현실이다.

이런 구조에서 비정규직 여성이 출산을 결심하는 것은 그야말로 마르크스가 '상품의 위험한 도약'이라고 불렀던 바로 그 위험성만큼이나 중대하고도 무모하다. 팔릴지 안 팔릴지도 모르지만 일단 물건을 만들어서 시장에 내놓아야 하는 생산의 무정부성을 마르크스는 이렇게 불렀다. 1~2년의 단기 계약을 하는 비정규직 여성에게 출산은 자신의 경제적 운명을 건 위험한 선택이다. 현실은 '시궁창'인데, 왜 출산하지 않느냐는 질문은 그야말로 '하는 소리'이다. 2013년 8월 기준으로 남성의 26.54%가 비정규직인 반면 여성은 40.61%가 비정규직이다. 거의 절반에 육박하는 여성 비정규직 비중을 생각하면 지금의 출산율도 비정상적으로 높다는 생각이 들 정도이다.

그렇다고 국가가 적절한 방식으로 출산의 부담을 효율적으로 덜어주는 것도 아니고, 남편이 적극적으로 육아와 가사노동에 참여하는 새로운 계약이 사회적으로 생겨난 것도 아니다. 이 상황에서 여성들이 자발적으로 솔로를 선택하는 것은 어쩌면 지극히도 합리적이고 경제적인 판단일 수도 있다.

지난 10년을 돌아보면 청년 솔로를 향해 가는 첫 번째 요인은 젠더 비대칭성에서 나온 것으로 보인다.

1-6
남아당자강, 그러나 현실은 시궁창

성룡이 주연을 맡았던 기념비적인 영화로 〈취권〉(1978)을 거론할 수 있을 것이다. 이 영화를 처음 봤을 때 나는 이게 누구의 이야기인지 알지도 못했다. 후일에 본격적으로 영화 작업을 하면서 이 영화를 다시 분석하게 되었는데, 이 영화의 주제가는 영화 〈황비홍〉(1991)의 주제가로 잘 알려진 「남아당자강男兒當自强」이었다. 남자는 스스로 강해져야 한다! 게다가 〈취권〉의 주인공이 '비홍', 바로 그 황비홍이었다. 일제 침략기에 일본에 맞서서 영웅적 활약을 했던 무술인 황비홍, 그가 영화 〈취권〉의 술주정뱅이 스승에게 무술을 배운 비홍이었다.

남아당자강, 남자는 스스로 강해져야 한다는 것을 요즘 이야기하면 지독하게 가부장적인 발상이라고 사방에서 돌이 날아올 것이다. 물론 일제 식민지 시대의 이야기이다. 황비홍에서 이소룡의 스승으로 알려진 엽문에 이르기까지, 1990~2000년대에 이르기까지 스스로 강해져서 일본 제국주의와 싸웠던 강한 중국 남자들의 이야기는 끝없이 만들어지고 끝없이 소비되었다. 그 기간에 중국의 가상의 적이 일본에서 미국으로 바뀌어 나갔다. 영화 〈스파이 게임〉(2001)을 기점으로 할리우드에서도 오랫동안 가상의 적이었던 소련 대신 테러와 중국이 새로운 적으로 설정되기 시작한다. 어쨌든 사회주의 경제를 경험한 중국의 여성은 한국과 일본의 여성과는 다른 경제적 운명을 가지고 있다. 연령별로 여성들의 경제활동 참가 경향을 살펴보면, 한국과 일본은 출산을 기점으로 여성들이 가정으로 돌아가는 전형적인 M자를 보인다. 싱가포르 여성들은 20대에 출산을 계기로 가정과 육아로 돌아간다. 그렇지만 중국 여성들은 출산 후에도 경제활동에서 배제되지 않는다. 중국의 개방정책 이후로 중국에서도 여성들의 지위가 완화되는 경향이 보인다. 1986~2000년에 여성의 가사노동이 남성의 1.91배에서 2.53배로 늘어난다. 물론 절대적 가사노동 시간은 4시간 37분에서 3시간 35분으로 한 시간가량 줄어들기는 한다.

그동안 한국에서는 어떤 일이 벌어졌을까? 2000년대 들어와서 대법원이 전두환의 과외금지에 대해 위헌 판결을 내린 후 공교육은 끊임없이 무너져 갔다. 외고와 과학고 도입 이후 자립형 사립고에 이르기까지 특목고가 대거 도입되면서 교육에서의 격차 현상은 더욱 심화되었다. 심지어는 경쟁을 초등학생 단계로까지 내리는 국제중학교까지 도입되었다. 명분은 복잡하지만 그 실체는 일찍 경쟁을 시킬수록 부자들에게 유리하다는 현실적 이유 때문이 아닌가? 아무리 학원 등 사교육을 투입한다고 해도 이제 충분히 자란 고2~고3 시기의 경쟁보다는 중학교 수준에서의 경쟁이 부자들에게 유리하고, 그보다는 역시 초등학교 단계가 훨씬 더 확실하다는 것 아닌가? 가난한 집 학생들과의 경쟁을 피해서 외국으로 자식들을 보내던 부자들에게 좀 더 간편하고 확실한 방법을 제공하기 위해서 고안되었다는 것이 국제중학교의 진짜 취지가 아닌가? 한국 경제를 망친 가장 큰 주범을 하나만 꼽으라면 전경련도 아니고, 삼성도 아니고, 《조선일보》도 아닌 헌법재판소를 꼽겠다. 그들은 사교육이 어떤 식으로 장기적인 효과를 만들어낼지 생각해보지 못했던 것 같다.

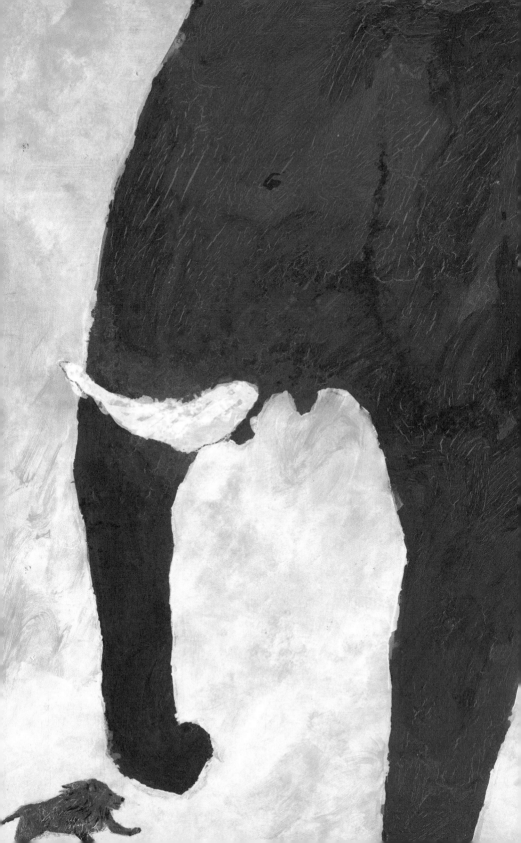

그 결과 한국의 고등학교는 부자들에게나 가난한 사람들에게나 공통적으로 지옥과 같아졌다. 스위스 등 공민교육을 도입한 나라들의 취지는 최소한 재산상의 평등은 만들지 못하더라도 교육 단계, 즉 출발 단계에서의 평등, 즉 형평성을 만들자는 것이었다. 결과적으로 공교육을 통한 시민교육 과정에서 개인들이 지불해야 할 비용을 사회화하는 효과가 나타났다.

내가 대학을 졸업할 즈음 곧 등록금이 100만 원을 넘어갈 것이라는 살벌한 소문이 돌았다. 그리고 파리에서 대학원으로 진학할 때, 연간 등록금을 5만 원 정도 냈다. 나는 그때 프랑스어가 짧아서 계약금 같은 것만 낸 줄 알았다. 언제 등록금을 내라고 할지 몰라서, 준비했던 돈을 1년 동안 그냥 가지고 있었다. 아무리 옛날이라고 해도 문화적으로 나는 연간 5만 원이라는 등록금을 도저히 상상하지 못했다. 무상이라는 사실은 알고 있었지만, 그래도 도서관 이용료 등 이런저런 명목으로 그보다는 많이 받을 것이라고 생각했다. 이 문화적 충격을 주변 사람들에게 이야기하면, 사람들은 프랑스는 부자 나라라서 그렇다는 간단명료한 즉답을 던지고는 했다. 그러나 곰곰 생각해보면, 그 시절 프랑스는 1인당 국민소득이 2만 달러가 안 되었다. 프랑스가 2만 달러 수준의 국민소득을 달성한 것은 그보다 10년이나 지난 후의 일이다. 우파 정부를 거치면서 프랑스도 대학 등록금이 많이 올라 최근에는 30만 원 정도이다.

더 놀라운 일은 최근 독일에서 벌어졌다. 주별로 50~80만 원 정도 하는 대학 등록금이 작센 주를 마지막으로 무상으로 전환되었다. 한국이 반값 등록금을 버거워하는 동안에 명실공히 무상등록금이 새로운 제도로 등장한 것이다. 독일의 앙겔라 메르켈Angela Merkel 총리는 보수 정당인 기독교민주당을 이끌고 있다.

한국의 근대화 과정에서 공교육이 붕괴했고, 한국은 세계에서 가장 고비용의 교육체계를 형성했다. 소득 대비 대학 등록금은 미국보다 높다. 가장 높은 고등교육 비용을 지불하면서도 그 단계까지 들어가는 비용은 미국과는 또 전혀 다른 사교육체계로 들어간다. 다른 분야는 모르겠지만 최소한 교육만큼은 한국이 세계에서 가장 고비용-저효율 체계 아닌가? 이 비용과 압박감은 부모에게 그대로 전가된다. 얼마나 들어갈까? 간단한 계산을 해보자.

많은 엘리트 부모가 중학교와 고등학교, 즉 중등교육 과정에서 자녀에게 교육비로 지출하는 비용은 월 평균 100만 원이 넘는다. 그 돈을 학원이나 교재비로 지출하지 않고 6년간 은행에 정기적금으로 넣어둔다면 1억 원 정도가 될 것이다. 그리고 대학 입학 이후 들어가는 등록금과 용돈 및 주거비 등을 현실적으로 계산해보면 4년제를 기준으로 다시 1억 원 정도가 필요하다. 출산과 육아를 제외하고, 중등교육과 고등교육에 부모가 지불해야 할 돈을 간단하게 계산해도 2억 원은 가뿐히 넘어간다.

여기에 출산과 육아 비용을 더해볼까? 지금 부모들이 지불하는 베이비시터 임금을 기준으로 하면, 가장 현실성 있는 수치는 월 160만 원 정도이다. 자신의 부모에게 육아 도움을 받는다고 할 때, 딸이 어머니에게 용돈 명목으로 지불하는 돈은 80~100만 원 정도 된다. 적게 잡아도 월 150~200만 원이 육아에 들어간다. 자신이 직접 육아를 할 경우에는 본인의 임금 손해분이 100만 원 이상 추가로 발생한다. 결혼과 출산 그리고 초등교육까지 평균적으로 지불되는 돈이 다시 대략 1억 원이다.

대학을 졸업한 부모의 경우 최소한 자식에게 자신과 동일한 출발점을 제공한다고 할 때, 고등교육까지 약 3억 원의 돈이 필요하다. 3억 원을 쓰거나 아니면 3억 원만큼 자녀에게 미안해하거나. 물론 이 돈을 줄일 수는 있지만, 그걸 잘하는 일이라고 서로 권하는 사회적 분위기는 아니다. 다다익선, 한국 중산층이 자녀에게 들어가는 돈에 대한 기본 철학 아닌가?

여기에 한국 주택의 평균 비용인 2억 5,000만 원을 더해보자. 5억 5,000만 원이 나온다. 그리고 그 비용은 어지간한 회사원이 평생 모을 수 있는 최대 예금치인 6억 원에 거의 근접한다. 냉정하게 따지면 평생 일하는 사람이 자신과 자신의 배우자만을 위해서 온전히 쓸 수 있는 돈이 평생 5,000만 원인 셈이다. 승용차 구입비용과 유지비도 채 안 된다. 그렇다면 노후 보장은 할 수 있는가? 지금의 국민연금으로는 노후 생활이 어렵다는 것은 누구나 알고 있지 않은가?

간단한 셈법으로도 한국에서 국민의 평균적 삶은 전혀 견적이 안 나오는 삶이다. 그나마 이 계산도 정규직에 60살까지 정년을 보장받는다는 것을 전제로 한 것이다. 대학을 나온 여성이 결혼을 앞두고 한 번쯤은 이와 비슷한 계산을 해볼 것인데, 남편의 월급으로는 전혀 견적이 안 나온다. 평생 소득에서 필요지출들을 제하고 나면 아마 예상 예금 총액 자체가 마이너스로 나올 것이다. 평생 벌어서 자기 혼자 먹고살기도 쉽지 않은 게 지금 한국 경제에서 익숙한 표준 패턴이다.

남아당자강, 스스로 강해질 수만 있다면, 즉 유럽의 표준적인 교육체계로만 전환할 수 있더라도 중고등교육 단계에서의 2억 원을 줄일 수 있다. 그러나 지금 자녀를 둔 어머니 누구에게든 물어보라. '사교육 걱정 없는 세상'과 같은 시민단체에서 활동하는 매우 특별한 철학과 교육관을 가진 경우를 제외한다면, 한국에서 남자는 스스로 강해지지 못한다고 대답할 것이다.

이 지옥과 같은 중등교육 단계를 거치는 동안 한국에 사는 부모나 자녀나 아무도 행복하지 않다. 그리고 이것이 앞으로도 개선되기 어려운 현실이라는 것을 결혼 적령기인 20~30대들이 알아채는 데는 어떤 수고도 필요하지 않다. 자기가 출발했던 조건만큼을 자기 자녀에게 주고 싶다는 생각은 기본적인 사유일 것이다. 80%를 넘어선 대학입학자들, 그들이 자녀당 3억 원씩의 매몰비용을 감당할 수 있을까? 2012년 대선에서 셋째 자녀의 대학 등록금을 무료로 해준다는 공약이 내걸린 적이 있다. 첫째 자녀와 둘째 자녀의 고등교육까지 각 3억 원, 셋째 자녀의 중등교육까지 2억원, 도합 8억 원을 미리 쓰면 셋째의 대학 등록금 5,000만 원 정도를 주겠다는 이야기다. 설득력이 높은 공약은 아니었다.

이런 비용 구조 등을 고려하면 지금 한국의 중산층 자녀가 중산층으로 재생산될 가능성은 없다. 중산층들도 출산을 미루기 위해서 결혼을 뒤로 미루는 상황, 그것이 이기적이거나 합리적이지 않다고 말할 권리는 아무에게도 없어 보인다. 결혼과 출산을 둘러싼 세대 간 갈등은 점점 더 '세대 전쟁'의 양상을 띨 가능성이 높다.

1-7
꼰대와 '기생' 솔로, 엇나간 세대 전쟁

2013년 추석 연휴는 유난히 길었다. 일부 언론에서 10대와 20대 들이 더는 고향에 가지 않는 현상을 다루었고 사회적 논의는 팽팽했다. 추석을 즈음해 벌어지는 지금까지의 명절 논의는 여성의 가사노동, 즉 젠더 문제에 집중되었는데, 2013년은 세대 간의 갈등 양상이 보이기 시작했다. 어른들은 추석 때 내려오지 않는 10대와 20대에게 불만을 느끼기 시작했고, 청년들은 생기는 것이 아무것도 없는 추석 연휴의 귀성을 그냥 번거로워하는 정도가 아니라 피할 수 있으면 피하는 경향을 보였다. 학교 성적에서 취업 유무, 여기에 결혼 시기까지 꼬치꼬치 물어대는 어른들의 질문 공세는 하루 이틀 된 일이 아닌데, 이게 어느 날 갑자기 문제가 되는 것일까?

어쨌든 2013년의 추석은 해마다 있던 추석 경제라고도 부를 수 있는 추석 특수가 거의 없다시피 한 해였다. 백화점과 대형마트 그리고 재래시장의 경기는 얼어붙었고, 유일하게 특기할 만한 매출액 증가를 보여준 곳은 홈쇼핑이었다. 이 통계의 해석은 어렵다. 워낙 불경기였기 때문에 추석에도 별도의 매출 증가가 없었다고 해석할 수도 있다. 불경기임에도 해마다 발생했던 추석 특수가 나타나지 않은 것은 추석의 경제적 의미가 현저히 떨어진 것이라고 해석할 수도 있다. 그리고 후자는 추석의 경제적 영향력이 하락한 이유로 추석을 즈음하여 촉발되는 세대 간 갈등이 주요하게 작용했을 것이라는 가설 하나를 세우는 가느다란 근거가 된다. 불황만이 이유라면 경기와 관련하여 가장 민감하게 변동하는 수치 중의 하나인 해외여행이 급증했다는 것이 잘 설명되지 않는다.

인천공항 이용객 수를 기준으로 하면, 2003년 추석 연휴에 해외로 출국한 사람은 15만 명이었다. 2008년 글로벌 금융위기 때에만 출국 인구가 줄었고, 그 외에는 매년 꾸준히 늘어 10년 후인 2013년에는 70만 명이 넘었다. 추석은 해외 출국자의 기록적인 수치를 보여주었다. 환율에 따른 효과는 별로 없이, 계속해서 추석 기간에 해외에 간 사람이 늘었다고 보는 게 맞을 것이다. 명절로서의 추석의 의미는 계속해서 줄어드는 중이다.

일부에서는 명절로서의 추석이 갖는 가치를 보존해야 한다고 말한다. 그렇지만 추석 때 나타나는 민족 대이동이 언제부터 생겨났겠는가? 한동네에 대가족이 살던 시절에는 지금처럼 이동을 하지도 않았을 것이고 기술적으로도 불가능했다. 지금 우리가 기억하는 고향에 찾아가는 명절은 유신 경제에서 농촌을 해체시키고 공업 지역에 노동력을 단기간에 공급하는 과정에서 식구들이 뿔뿔이 흩어져 살면서 생겨난 것 아닌가? 고유의 역사적 전통이 아니라 유신 경제의 쓸쓸한 뒷모습이라고 보는 게 더 타당할 것이다.

지금 50대는 한국 경제의 가장 큰 수혜자들이라고 할 수 있지만 그들도 불안한 것은 마찬가지이다. 자산의 80% 이상이 부동산 형태인 상황에서, 이미 빠져나갔어야 했는데 그러지 못한 중산층 50대의 불안감은 상상 초월이다. 이들이 자신을 지키려는 힘은 다른 어떤 세대도 보여주지 못했을 정도로 강렬하다. 그들이 은퇴를 앞두고 있을 때, 한국에서는 앞당겨지기만 하던 정년이 처음으로 늦춰졌다. 한국의 의사결정자가 대부분 50대이고, 국회의원 등 정치인의 주축도 50대이다. 대변자도 튼튼하고 동원할 수 있는 돈도 있다. 한국에서 특정 연령에 가장 강한 힘이 등장했다면, 단연 지금의 50대라고 할 수 있다. 은퇴를 앞두고 있는 이들의 불안감에 대해서는 이미 한국 사회에서 충분하다 싶을 정도로 다루어졌고, 그들을 위로하는 책이나 정책은 차고 넘친다.

경제라는 눈으로 보면 세대 간 갈등은 사안에 따라 훨씬 더 복잡한 양상을 보이겠지만, 세대 간 전쟁의 양상을 보일 정도로 극렬하게 지금의 50대와 20~30대가 맞부딪히는 곳은 그들이 부모-자식 관계로 만나는 바로 집 안 아니겠는가? 결혼해서 성공하고 행복한 가정을 만든 아버지와 어머니, 즉 부모 세대는 많은 경우 그들의 자식들을 새로운 부모로 만들어야 자신의 의무와 함께 삶의 존재가 완성된다고 철석같이 믿고 있는 듯하다. 어떻게 보면 아무것도 아닌 일이지만, 집 안에서 벌어지는 세대 간 갈등이야말로 누구도 말릴 수 없는 전쟁의 양상을 띨 수도 있는 것 아닌가?

이 양상을 가장 극적으로 보여준 나라는 일본이라고 할 수 있다. 기생 싱글parasite single, 일본에서 유행한 이 용어는 아주 현실적이지만 생각보다 잔인한 용어이다. 부모의 집에서 얹혀사는 싱글, 어쩌면 이 문제가 솔로 현상 중에서는 가장 먼저 사람들 눈에 가시적으로 띈 개념일지도 모른다. 흔히 싱글족이라고 표현할 때는 은연중에 돈을 좀 가지고 있는, 즉 구매력이 있는 솔로를 염두에 둔다. 전문직을 염두에 둔 개념이다. 그리고 솔로라는 약간은 중립적인 표현은 그가 나이가 많든 적든, 이혼을 했든 안 했든 개별적인 차이에는 별로 관심을 두지 않는 용어이다. 싱글과 솔로, 유사한 개념이지만 뉘앙스 차이는 확실하다. 조금 더 럭셔리한 느낌이 있는 싱글이라는 용어에 '기생'이라는 수식어가 달리는 순간, 어감이 확 변한다. 순식간에 우리는 고소득 전문직에서 '부모 등골을 빼먹는', 그야말로 '등골 브레이커'로 전락한 은둔형 외톨이 청년에 대한 슬픈 이야기로 내몰린다. 문화적으로 풍성하며, 자신의 삶에 충실하기 위해서 소비와 여행을 즐기는 풍부한 지급 능력을 갖춘 전문직 솔로들이 있는 반면, 또 다른 한편에는 부모와의 삶을 감당할 수밖에 없는 힘겨운 솔로들도 존재한다.

통계상의 1인 가구 수치에는 부모와 함께 사는 솔로들은 제외된다. 해석도 어렵고, 통계 분석은 더욱 어렵다. 지금 현재 부모와 같이 산다고 해서 이들이 영원히 솔로일 것이라고 생각할 근거는 별로 없다. 실제로 결혼 자금을 모으기 위해서는 부모와 동거하는 편이 훨씬 더 유리할 수도 있다. 개개인의 자금 내역 등을 모두 조사하기 전에는 그게 단순 동거인지, 저축형 동거인지 알기도 어렵고, 안다고 해서 그들의 미래를 개별적으로 예상하기도 어렵다.

한국에서는 결혼과 관련하여 관습적으로 남자 쪽에서 준비해야 할 것과 여자 쪽에서 준비해야 할 것이 정해져 있다. 그러나 그건 어디까지나 관습일 뿐이다. 남자는 살아야 할 집을 마련하고 여자는 그 집을 채울 혼수를 마련하는 것, 이건 세계적으로도 전례가 없는 문화이다. 이런 결혼 문화는 압축성장이라고 불리는 고도성장기의 풍요 속에서 더욱 강화되었다. 그러나 이제 그 풍요의 시대가 끝났고, 각종 이름으로 불리는 '푸어 시리즈'가 오히려 일반화되는 신빈곤의 시대이다. 여기에 맞추어서 관습이 변화하는 것이 맞지만, 경제적 실체보다 늦게 바뀌는 문화와 제도의 속성상 앞으로도 이 관습은 한동안 남아 있을 것이다.

집 안에서의 세대 갈등은 우선적으로는 집에 있는 자식들과 부모들 사이의 갈등으로 나타난다. 빨리 결혼해서 독립하라는 부모와 신혼집 전세금이라도 마련해달라는 아들, 혼수를 준비해달라는 딸, 이들 사이의 잠재적 갈등은 당장은 평화로워 보일지라도 언제 터질지 모르는 잠재적 폭탄과 같다. 자식과 부모 사이에는 언제나 협력과 갈등이 잠재되어 있지만, 같이 살 것인가 말 것인가를 둘러싼 지금과 같은 사회적이며 동시에 개별적인 갈등이 존재한 적은 없었다.

'수저 하나만 들고'라는 표현이 있다. 정말로 사랑하는 두 사람이 결혼이든 동거든 하나의 결합체로서의 삶을 수저 하나만 들고 시작할 수 있기 위해서는 두 가지 해법이 있다.

첫째, 많은 경제학자가 이상적으로 생각하는 완전고용을 달성하는 것이다. 모든 경제적 주체가 고용되어 있는 상태 혹은 더 나아가 노동력 부족 상태, 이 상태에서는 높은 임금을 보장하지는 못하더라도 경제적인 의미의 안정성은 노동자에게 확보된다. 1979~1980년 경제위기로 최초로 한국 경제가 실업이라는 것을 경험하기 전까지 한국 경제는 사실상 완전고용 상태로 운영되었다. 그리고 1980년 이후 경제가 다시 출발하기 시작하여 1997년 IMF 경제위기를 맞을 때까지 한국 경제는 구조적 실업이라는 것을 몰랐다. 농촌을 억지로라도 해체시켜 공업 분야에 노동력을 공급해야 했던 한국에서는 노동력 부족이 문제였고, 경제학자들이 이론적으로만 배웠던 완전고용은 현실에서 구현되고 있었다. 지금의 50대 이상 부모들이 결혼하고 자식을 낳았던 시기에는 완전고용이라는 시대적 배경이 있었다.

둘째, 결혼한 부부가 수저 하나만 들고 있어도 문제가 되지 않는 복지 국가 모델이다. 그러나 정치적 성향을 이유로 부모 세대 이상은 대체로 강화된 복지 혹은 보편적 복지를 반대한다. 완전고용의 시대를 살았고, 자수성가의 꿈을 향해 달렸던 그 시절의 판타지가 그들에게 남아 있다는 것은 충분히 이해할 수 있다. 반면에 지금의 20대와 30대가 일반적으로 지지하는 정치 성향은 유신세대라고도 할 수 있는 50대 이상에 비해서 보편적 복지에 좀 더 우호적이다. 출산에 대한 기계적 지원은 조금씩 강화되는 경향이 있지만, '수저 하나 들고'와는 아직은 거리가 좀 멀다.

한국에서 복지의 강화는 지연되고 있다. 물론 기계적으로 복지를 늘린다고 해서 당장 결혼이 많아지고 출산율이 늘어날 것이라고 보기는 어렵다. 복지가 늘어난다고 해도 현 상황에서 청년을 위한 대책과 50대를 위한 대책이 경쟁한다고 하면, 어쨌든 50대를 위한 대책이 선택될 가능성이 높다. 사회 전체적으로는 자기 세대에게 올 경제적 지원을 높이기 위해서 각각의 세대가 복지 등 경제적 지원을 둘러싸고 경쟁하는 양상이 벌어질 것이다. 이것이 조금 더 강화되면 세대 전쟁의 양상을 보일 가능성이 아주 높다. 대표적인 것이 청년농업직불금이다.

세계적으로 농업이 위기이고, 그 핵심적인 현상이 청년들이 더 이상 농업으로 들어오지 않는 것이다. 그러다 보니 기존에 특정 작물 중심으로 지원되던 직불금의 형태를 바꾸어야 한다는 논의가 시작되었다. 한국의 쌀직불금 같은 것이 대표적이다. 어쨌든 새로 농업에 진입하는 청년들에게는 월급 형태의 직불금을 일정 기간 지원하자는 것이 청년농업직불금 논의의 핵심이다. 아무래도 나이 먹은 사람이 새로 농업을 시작하는 것보다는 젊은 사람이 시작하는 것이 농업과 농촌을 지키기 위해서는 유리하지 않겠는가? 이 논의는 EU와 일본에서는 어느 정도 합의가 되어 시행 직전이다. EU에서는 40세 이하, 일본에서는 자국의 특징을 감안하여 45세 이하로 결정되었다. 최대 5년까지 지원이 가능하다.

같은 제도가 한국에서도 정책적으로 논의되고 있는데, 한국에서는 청년농업을 떼어버리고 귀농직불금의 형태로 논의가 진행되고 있다. 그게 그거 아니냐 하겠지만 효과는 전혀 다르다. 이런 형태로 바뀌면 제도의 실제 수혜자들은 50대 은퇴자들이 될 가능성이 높다. 30~40대는 아직 도시에서 경제활동 중이기 때문에 직업이나 경제적 기반을 버리고 귀농을 하는 선택을 내리기가 쉽지 않다. 그리고 도시의 20대에게 농업은 아직은 문화적으로 너무 먼 이야기이고 현실적인 대안으로 받아들기가 쉽지 않다. 이 상황에서 귀농직불금이 전격 도입되면 그 수혜자는 은퇴를 했거나 아니면 은퇴를 앞두고 있는 50대들이 될 가능성이 높다. 20~30대에게 주는 지원금이지만, 한국에서는 50대 이상에게 주로 지원해주는 방향으로 논의가 진행되고 있다. '유자가 회수를 건너면 탱자가 된다'는 이야기의 전형적인 사례이다.

이 논의를 지켜보면서 발견한 한 가지 특이한 사항은 현재 의사결정권을 가진 많은 사람이 50대라는 점이다. 물론 그렇게 하면 안 되지만, 자신이 해당할 수도 있는 일에 더 관심을 기울이고 적극적으로 되는 게 사람 아니겠는가? 반면에 공무원과 공직자를 비롯해서 20대들이 의사결정을 직접 내릴 수 있는 가능성은 거의 없다. 그리고 아직 초급 간부의 위치에도 가지 못한 30대의 경우도 마찬가지이다.

이렇게 정책 하나하나가 조금씩 수정되거나 왜곡되는 과정을 거치면서 한국의 자산은 계속해서 청년들에게 불리한 방향으로 전개되고 있다. 무슨 엄청난 일이 벌어졌을 때만 언론에서 다루어지는데, 대개 언론에 나올 때는 이미 바꿀 수 없거나 혹은 너무 많은 사회적 파장이 일어난 경우이다. 많은 일이 아무도 모르는 사이에 조금씩 바뀌는데, 이런 작은 것들이 모여서 청년들에게 점점 불리한 경제가 형성되고 있다고 할 수 있다. 아직은 세대 전쟁이라고 이름 붙일 정도로 격렬하게 벌어지는 일은 아니지만, 한국 경제의 위기가 심화되면서 조만간에 전쟁의 형태를 띨 것으로 예상된다. 아마도 첫 번째 벌어지는 세대 전쟁이라면, 도무지 노후를 보장할 수 없는 형태로 전개되는 국민연금에 대한 청년들의 대규모 탈퇴나 거부가 아닐까 한다. 연금 붕괴는 국민경제의 하단부를 형성하는 복지 시스템을 붕괴시킬 위험이 있다. 그렇지만 민간 보험이 있는데 굳이 국민연금을 들어야 할 이유를 정부가 만들어내지 못한다면, 청년들이 국민연금 자체를 거부할 위험은 점점 커져갈 것이다.

집안에서 시작된 출가하지 않는 자녀와 부모 사이의 개별적인 세대 전쟁은 사회 전체적으로 한정된 자원, 특히 예산을 둘러싼 갈등으로 증폭될 가능성이 높다. 그 과정에서 50대 이상의 정책적 결집도가 더욱 강화될 것이다. 그리고 이러한 변화가 그 어느 때보다도 복지 지원이 필요한 청년 솔로들의 독립을 지체시키는 힘이 된다. '빈곤의 악순환'의 전형적인 형태이다. 돈이 있어야 자식을 결혼시킬 수 있다고 생각하는 부모들의 집단적인 정책적 선호가 국가를 움직인다. 자식 세대의 경제적 문제를 더 나쁘게 만들고, 그러면 그럴수록 한 푼이라도 더 비싼 돈을 받고 아파트를 팔 수 있어야 한다고 믿는 부모들은 '집값 올리기' 정책에 대한 지지를 강화한다.

내 문제를 풀 것인가, 우리의 문제를 풀 것인가, 이건 자본주의 경제가 가지고 있는 근본적인 질문이다. 개인들의 개별적 합리성을 어떻게 시스템 전체의 합리성으로 전환시킬 수 있을 것인가, 이 역시 시장경제에서 반드시 부딪히는 질문이다. 내 자식을 결혼시키기 위해서는 다른 청년들에게 더 비싼 월세를 받거나 누군가에게 비싼 돈을 받고 집을 팔아야 한다고 믿는 부모가 있다. 그리고 그들의 자식도 또 다른 부모에게는 그저 수탈의 대상일 뿐이다.

세대 문제와 관련해서 현재 우리가 부딪히고 있는 딜레마를 가장 명확하게 보여주는 것은 대통령 직속으로 설치된 청년위원회라고 할 수 있다. 2012년 대선 과정에서 나온 논의 중에는 대통령 청년특보를 설치해야 한다는 의견도 있었다. 대통령의 막강한 권한을 생각하면 의미 있는 이야기이다. 그러나 현실적으로는 청와대 외곽조직인 자문조직으로 역할이 크게 완화된 청년위원회가 생겼다. 그렇다면 청년위원회의 위원장은 누가 맡는 게 좋을까? 청년이 맡는 게 좋을 것이라는 논의가 있었지만, 결국은 한 벤처 회사의 50대 CEO가 청년위원장이 되었다. 청년이 자신의 목소리를 갖기 위해서 50대에게 호소해야 하는 것이 한국의 정책 현실이다.

추석과 설날을 민족 명절로 잘 보존해야 한다는 나이 많은 사람들의 목소리와 어쨌든 집에 가고 싶지 않다는 젊은 사람들의 목소리, 여기에 명절 가사노동과 관련된 여성들의 목소리, 이 모든 것이 어우러져 1년에 몇 번 펼쳐지는 풍경, 아름답다!

1-8
유자식자와 무자식자 그리고 세습 자본주의

마르크스가 『자본론』을 집필하면서 가장 고심했던 것 중의 하나가 혁명의 주체를 설정하는 일이었다. 누가 새로운 사회를 만들어낼 것인가? 『자본론』의 세계에서 가난의 대명사인 노동자와 농민은, 그러나 위상이 전혀 다르다. 생산수단의 눈으로 본다면 조금이라도 농지를 가지고 있는 농민은 스스로 생산수단을 소유한 것이다. 그래서 공장이나 기계 등 생산의 수단을 전혀 가지고 있지 않고 자신의 노동만을 자본가에게 파는 노동자와 농민은 그의 이론 세계 내에서는 전혀 다른 위상을 가지고 있다. 유럽의 토지귀족을 일컫는 '융커junker'와 소규모 자영농의 경제적 위상은 전혀 다르지만, 『자본론』의 세계에서는 그런 소농을 노동자와 같은 위치에 놓기 어렵다. '노동자여!', 이 표현에서 농민은 배제될 수밖에 없다. 노동자와 농민을 하나의 계급으로 묶을 방법이 마땅치 않다. 게다가 그 시절 이미 룸펜 혹은 산업예비군이라는 이름을 가지고 있지 않았던 실업자들은 또 어떻게 이론적으로 처리할 것인가? 이들을 묶어서 하나의 계급으로 만들고 싶다는 욕구는 이해가 가지만 그 방법이 만만치 않다.

이런 고민 속에서 마르크스가 고안해낸 말이 프롤레타리아proletariat이다. 이 말에는 생각보다는 좀 복잡한 역사적 기원이 있다. 프롤레스proles라는 단어는 라틴어로 자식을 의미하는 말로, 로마 시절 용어이다. 로마에서 노예는 군인이 될 수 없었고 시민만이 군대에 갔다. 그러한 시민을 대상으로 재산조사를 했는데, 이게 요즘의 인구조사의 기원이 된 바로 그 센서스이다. 이때 재산이 없는 시민들은 재산 목록에 다른 재산은 없고 오직 자식들의 이름만 줄줄이 등재되었다. 갑옷을 비롯한 무기를 병사들이 직접 구매해야 하는 로마의 군대 체계상 자식만 있는 사람들은 가난하기 때문에 군인이 될 수가 없었다. 그렇게 자식만 있고 재산은 없는 시민을 의미하는 프롤레스가 마르크스에 의해서 역사적 주체로 명명된 바로 그 프롤레타리아이다. 우리는 '무산자' 혹은 '무산계급'으로 이 용어를 번역하지만 원래 용어의 뉘앙스를 살린다면 '유자식자'에 가깝다. 자식 외에는 아무것도 없는 사람, 이것이 150년 전에 너무너무 가난해서 시스템을 뒤엎을 수밖에 없다고 혁명의 주체로 마르크스가 명명한 바로 그 사람들이다. 150년, 인간의 역사로 치면 그리 오래된 것도 아니다. 로마 시절 이래로 지난 세기 초반까지, '가진 건 자식밖에 없다'라는 말은 역사적으로 가난을 상징하는 말이었다. 부자 형 옆 동네에서 살던 흥부도 자식 외에는 아무것도 가진 게 없는 가난한 존재였다.

『자본론』이후 150년이 지났다. 핵가족이 전면에 등장했고, 결혼과 출산에는 극적인 변화가 왔다. 스웨덴에서 한국까지, 대부분의 OECD 국가가 청년 솔로 현상에 대한 고민을 시작했고 여전히 뾰족한 답을 잘 못 찾고 있다. 프랑스처럼 약간 완화시킨 나라가 있고, 그렇지 못한 나라가 있다. 스웨덴처럼 청년 솔로들도 충분한 경제적 지위와 사회적 관계를 누리는 나라가 있고, 일본이나 미국 혹은 한국 솔로들처럼 특별한 해법 없이 그저 '부모에게 얹혀사는' 존재로 조롱이나 받으면서 "어서 결혼해라"라는 지탄의 대상이 되어 사는 나라도 있다. 그렇지만 현재까지의 흐름은, 조금 빠르거나 늦은 차이가 있지만, 청년 중 상당 비율이 점점 더 솔로 대열에 합류하고 있다는 것에서는 큰 차이가 없다. 만약 마르크스가 이 상황을 예견했다면, 아마 대부분의 사람이『자본론』을 읽으면서 넌더리를 치는, 게다가 이론적으로 방어하기도 어려운 잉여가치와 착취 혹은 이윤율의 경향적 저하의 법칙 같은 개념보다는 결혼율과 출산율 같은 인구 관런 변수들을 좀 더 핵심 장치로 다루었을지도 모르는 일이다. 그리고 "만국의 노동자여, 연대하라"라는 공산당 선언이 아니라, "만국의 청년이여, 서로 사랑하라"라는 청년애정당 선언을 했을지도 모른다. 그리고 그가 그렇게 증오했던 자본주의라는 경제체제가 붕괴해야 하는 이유로 가족 해체나 출산 급감과 같은 다른 이유를 댔을지도 모른다. 대표적인 사색형 경제학자인 갤브레이스John K. Galbraith가 '풍요의 시대'라고 불렀던 1960~1970년대, 바로 그 케인스 경제학이 만들어낸 '영광의 30년'을 뒤따른 시대가 솔로 시대 아닌가? 점점 많은 사람이 혼자 살아가다가 노년의 고독을 어떻게 감당할 것인가 고민하기 시작한다. 그리고 적지 않은 비율의 여성이 폐경을 앞두고 출산을 해야 하는 것인지 현실적이면서도 동시에 존재론적인 고민을 하게 된다. 유럽과 미국의 경우에 솔로 현상의 기점을 1970~1980년대로 잡을 수 있을 것이다. 산업화의 시기가 늦은 한국의 경우는 그보다 20여 년 늦은 2000년대 초반이라고 할 수 있다. 약간의 시간적 격차가 존재하고 양상의 차이가 있지만, 이제 선진국 경제에서 솔로 현상은 보편적이라고 할 수 있다.

솔로 현상에 대해서 일반적으로 가질 수 있는 시각은 두 가지로 수렴된다.

첫째, 결혼해라, 무조건! 대형 교회와 연계해서 결혼 캠페인을 대대적으로 펼쳤던 조지 부시George Bush의 시각이 이것이다. 낮은 출산율에 대한 강조도 기본적으로는 이 시각과 크게 다르지 않다.

둘째, 솔로도 엄연한 하나의 삶의 방식이며, 그 자체로 존중받을 필요가 있다. 결혼하고 출산하라는 이야기가 폭력적이라고 생각하는 사람들에게 취할 수 있는 입장은 약간 적극적으로는 존중, 조금 수동적인 방식으로는 무관심이 있을 수 있다. 어느 쪽을 택하든 전통적 좌우 대립과는 차별적이다. 중요한 질문은 결국 시스템을 사람에게 맞출 것인가, 아니면 사람을 시스템에 맞출 것인가로 요약된다.

국민연금이 대표적인 골칫덩어리이다. 자기가 낸 돈을 자기가 받는 것이 아니라 현 세대가 전 세대의 삶을 보장하는 방식으로 디자인되어 있기 때문이다. 거시경제학이라는 새로운 틀을 만들어낸 케인스 시대에 디자인된 국민연금은 풍요의 시대를 이끈 경제적 안정장치이다. 일반 중산층의 가정에 세탁기와 냉장고가 들어가기 시작한 1950년대 이래 사람들은 물질적 풍요에 익숙해졌다. 그리고 그 핵심에 연금 제도가 있다. 경제가 끊임없이 고속으로 성장하고, 인구도 지속적으로 늘어나는 시절에 상상한 제도이다. 그러나 성장의 속도가 떨어지고, 인구 증가가 정체되기 시작하면서 연금 체계에 결정적 문제가 생겨난다. 여기서 우리는 딜레마에 부딪힌다. 국민연금만 떼어놓고 생각하면, 더 많은 청년이 솔로 대신 결혼을 선택하고 더 많은 자녀를 출산하는 것이 도움이 된다. 청년 솔로 현상에 대해서 많은 사람이 본능적으로 느끼는 공포는 국민연금의 붕괴 시나리오와 관련되어 있다. 이유 있는 불안감이기는 하다.

이 시점에서 우리는 경제와 인간을 바라보는 근본적인 철학적 질문에 부딪힌다. 제도가 먼저인가, 인간이 먼저인가? 인간이 만든 제도는 기본적으로 인간이 편하기 위해서 만들어진 것 아닌가? 스웨덴의 사례로 보면 국민의 절반 가까이가 이미 솔로다. 한국, 일본, 미국은 서로 양상은 조금 다르겠지만, 현재의 속도로 솔로화가 진행되면 청년의 솔로 비율이 절반에 가깝게 될 가능성이 높다. 그리고 이미 많은 사람이 전통적인 가족과는 다른 방식의 삶을 살고 있다. 사람들의 변화에 제도를 맞추는 게 맞지, 제도에 맞추어서 사람을 바꾸는 것이 과연 옳은 것인가, 그런 철학적 질문 앞에 서게 된다.

청년 솔로의 급증으로 케인스 시대에 디자인된 복지 시스템과 강력한 시장주의에 기반을 둔 신자유주의, 서로 대치하고 있는 두 축 모두 위기를 맞게 되었다. 복지국가의 장기적 운용의 기반인 연금 제도에 위기가 올 뿐 아니라, 구매력이 떨어진 청년 솔로의 전면적 등장으로 소비자들의 구매력에도 위기가 닥친다. 지난 10여 년, "열심히 일한 당신, 떠나라!"라는 광고 문구로 대표되는 소위 '마케팅 사회'에도 위기가 왔다. 소비가 침체하는 초기에는 광고비를 늘리는 등 마케팅을 늘리면 효과가 있지만, 장기 침체 시기에는 오히려 광고비용을 줄인다. 광고를 해도 판매가 늘지 않을 때 계속해서 광고비를 늘릴 수는 없다.

그렇다면 이 변화가 자본주의가 아닌 또 다른 형태의 경제 시스템으로 전환시킬 만큼 강력한 것일까? 그렇게 보이지는 않는다. 인구가 줄어든다고 하더라도 그것은 어디까지나 내국인 중심 혹은 민족국가의 시선으로 본 것이기 때문이다. 아직도 전 세계적으로는 충분한 인구가 존재한다. 1960~1970년대 노동력 부족 문제에 봉착한 유럽 국가들이 적극적인 외국인노동자 이민정책으로 문제를 완화시킨 것을 생각해보자. 시스템 내부에서 문제를 풀지 못하면 언제든지 시스템 외부 자원을 활용하는 것이 자본주의 시스템의 본성 아닌가?

솔로 현상을 가장 낙천적인 시각으로 바라보는 사람들은 생태주의자들일 것이다. 인구가 줄면 궁극적으로는 많은 생태 문제가 해소되거나 최소한 완화된다. 사람들은 더 적은 에너지를 소비할 것이고, 인구의 증가에 따라 급증하던 토건 문제 등 많은 문제가 적어도 현재의 조건보다는 나아질 것이다. 바라보기에 따라서는 궁극의 생태적 정책이 바로 솔로 현상일 수도 있다. 물론 그 과정에서 수많은 삐걱거림과 신빈곤의 긴 터널을 지나게 되겠지만, 산을 깎아내려서 지은 골프장과 해안가에 늘어선 수많은 고층 주상복합아파트를 보면서 느꼈던 생태주의자들의 가슴 아픔은 완화될 것이다. 시각을 조금 돌리면 청년 솔로 현상은 자원 집약적이며 환경 파괴적으로 전개되어온 자본주의 시스템의 내재적 적응 과정으로 볼 수도 있다. 즉, 지구가 그 자체로 하나의 자기조절적 메커니즘이라는 대지의 여신 가이아Gaia의 또 다른 숨겨진 메커니즘으로 보지 말라는 법은 없다.

맬서스가 『인구론』에서 펼쳐 보여준 심각한 우려를 생각한다면, 그는 경제학자 중에서는 유일하게 지금의 솔로 현상을 축복으로 받아들일 수 있을 것이다. 늘어난 인구를 부양능력이 감당할 수 없기 때문에 결국은 전쟁이 터질 것이라는 그의 우려를 생각한다면, 전쟁 없이 알아서 인구가 감소하는 지금의 흐름은 궁극의 위기이기는커녕 오히려 다행스러운 일이라고 할 수도 있는 것 아닌가!

마르크스의 프롤레타리아를 유자식자로 번역한다면, 청년 솔로는 무자식자로 표현할 수 있을 것이다. '무자식이 상팔자', 지금 돌이켜보면 이 말이야말로 지독할 정도의 경제적인 은유였다. 선택했든 선택하지 않았든 무자식자가 될 사람들은 차고도 넘친다. 그중에는 현재 '솔로 이코노미'라는 표현이 염두에 두고 있는 전문직 솔로도 있을 것이다. 어쨌든 충분한 구매력을 갖춘 전문직 솔로, 이들은 마케팅의 대상이자 미래 경제의 중요한 수요의 근원이며 강력한 소비자로 인식되고 있다. 무자식자 중 이들과 대칭을 이루는 또 다른 끝에는 빈곤형 솔로가 존재한다. 자기 한 몸 가누기도 어려워서 출산은 물론이고 결혼 자체를 포기한 솔로들, 그야말로 케인스의 시대에서 하이에크의 시대로 이어지는 풍요의 시대를 살면서 주류 계층들이 한 번도 진지하게 생각해보지 못한 일들이 벌어지고 있는 것이다. '영광과 번영!Glory and prosper!', 미국 보수들이 가장 사랑하는 이 표현에서 '번영'은 물질적 풍요만이 아니라 다산을 기원하는 중의적 표현 아닌가? 돈을 많이 벌고 이 돈을 자기 자식에게 물려주는 것이 행복이라는 미국식 가족주의 한가운데를 뚫고 정말 기이한 현상이 '유령'처럼 선진국 사이를 배회하는 것 아닌가?

한국으로 눈을 돌려보자. 1960년대의 산업화를 기점으로 잡으면 50년 정도가 지났는데, 그동안에 세습이 한국 자본주의의 특징 중 하나로 자리를 잡게 되었다. 주요 재벌들은 이제 3대 세습으로 넘어가는 중이고, 언론사, 대학 등 교육재단, 심지어는 대형 교회들까지 세습이 이루어진다. 한국의 주요 기구들의 소유권은 세습으로 이전되는 것이다. 일본과 비교하면 지역구 세습 현상까지는 한국에서 벌어지지 않았는데, 정치권력도 점차적으로 세습화의 양상을 보이고 있다.

한쪽에서는 분명히 세습을 통해서 돈과 명예를 물려주는 명확한 흐름이 생겨난 반면, 다른 한쪽에서는 아예 결혼과 출산을 거부하는 ― 혹은 거부당한 ― 흐름이 공존한다. 솔로계급이라는 표현은 누가 만든 말이 아니라 결혼과 출산을 거부했거나 혹은 거부당한 사람들 내에서 자연스럽게 퍼진 개념이다. 무자식자와 세습자가 극단적으로 병존하는 이 상황, 이것이야말로 이제는 한국적인 경제 현상이 아닐까 싶다. 현상만을 놓고 보면 신분제 사회였던 중세로 한국 경제가 복귀하는 중이라고 해도 이상하지 않을 정도로 결혼과 출산이 허용된 계급과 그렇지 않은 계급으로 나뉘는 중이다. 중세에는 신의 명령이 국왕의 명령보다 강했다. 지금 한국에서는 경제적 권력이 국가 법률보다 강하다는 것, 그 정도가 차이일 것이다.

애플의 스티브 잡스Steve Jobs가 사망한 후 이사회가 그의 후계자를 정하는 과정을 보면서 혼돈에 빠진 한국의 어린이가 많았다. 2세를 넘어 3세로, 재벌들이 자식에게 부모가 가진 모든 것을 넘겨주는 것을 지켜보는 데 익숙해진 많은 어린이는 스티브 잡스에게는 자식이 없느냐고 되물었다고 한다. 세습이 상식이 된 나라에서 세습하지 않는 것은 오히려 충격이 되어버리는 아이러니가 발생했다.

　자식에게 뭔가 물려주기 위해서 열심히 사는 사람들, 그리고 자신의 비극적 상황을 물려주지 않기 위해서 자식을 낳지 않기로 결심한 사람들, 그 기묘한 변증법 속에서 한국 자본주의는 점점 세습 자본주의로 달려가고 있다. 아주 먼 훗날, 지금의 한국 사회는 기업권, 종교권, 언론권, 학원권 그리고 정치권으로 나뉜 세습제 사회인 한국형 카스트 제도가 형성된 초기 단계로 분류될지도 모른다. 지금 한국에서 상속되지 않는 것이 도대체 뭐가 있겠는가? 그리고 상속받지도 못하고 상속할 것도 없는 사람, 그들이 청년 솔로다. 인도의 카스트와 한국형 카스트의 차이점은 소작농과 하인들로 구성된 최하위의 수드라 계급이 상속되지 않는다는 점 아닐까? 무자식자, 미천한 신분을 상속받을 자식이 없다.

제1부

무자식자 시대의 등장

|제2장| 앞으로 어떻게 될 것인가

2-1

결혼은 늘어나지 않는다

청년 솔로라는 상황은 그 자체로 확정적인 상태가 아닌 '임시적'인 것이다. 경제 주체의 속성과 관련해서 변하지 않는 것들이 있다. 젠더는 아주 예외적인 경우를 제외하면 변하지 않는다. 인종도 변하지 않고, 출생지도 변하지 않는다. 부자와 가난한 사람, 이건 변할 수 있다. 중산층, 이것도 언제든 변할 수 있는 개념이다. 누군가는 중산층으로 올라가기도 하고, 아주 예외적이지만 최상의 계층으로 올라갈 수도 있다. 혹은 몰락하기도 한다. 솔로는 개별적으로는 아주 유동적이며 임시적이다. 누구나 언제든 결혼할 수 있고, 이혼 혹은 배우자의 사망 등으로 다시 솔로가 될 수도 있다. 지금 솔로가 늘어난다고 해서, 이들이 모두 평생 솔로일 것이라고는 아무도 말할 수 없다. 그렇지만 평균적으로는 이야기할 수 있다.

앞으로 솔로 혹은 솔로계급은 어떻게 될 것인가? 구조적으로 증가한다

혹은 감소한다, 그것이 첫 번째 질문일 것이다. 나는 적어도 세 가지 이유로 솔로 현상이 감소하지는 않을 것이고, 같은 이유로 결혼이 늘어나지는 않을 것이라고 예상한다.

1) 아기에게 미안해요: 출산 푸어, 출산에 따른 비용의 문제

중산층이 자신과 같은 정도의 출발점, 즉 대학을 졸업한 상황에 자신의 2세를 올려놓고 싶다면, 앞에서 살펴본 것처럼 한 명당 3억 원 정도가 소요된다. 실제로 3억 원을 쓰거나 아니면 그만큼 미안해하거나.

이 비용은 가상의 평균적 비용이라서 실제로 모든 부모가 이만큼의 비용을 지불해야 한다는 것을 의미하지는 않는다. 그렇지만 직접 계산을 해서 알고 있든 몸으로 느끼고 있든, 이 비용은 솔로들이 결혼과 출산을 생각할 때 느끼는 심리적 중압감의 크기라고 할 수 있다.

"아기한테 미안해서 결혼 못 하겠어요."

내가 만난 많은 20대 솔로가 결혼을 포기한 이유로 아기한테 미안하다는 이야기를 했다. 모두가 출산과 육아에서 최상급의 기준에 맞춘 비용을 지불할 필요는 없다. 그렇지만 그 비용은 자신이 감당하기가 어려울 것이고, 그로 인해서 아기한테 못 할 일을 하는 것이라는 심적 부담감이 생각보다 큰 것 같았다.

출산 과정에 들어가는 돈은 일반적인 추정보다 높아 보였다. 저출산과 의료보험 수가 등의 문제로 많은 산부인과 병원에서는 이미 어느 정도 대응체계를 갖추었다. 출산보다는 훨씬 돈이 되는 부인 특수 질환 전문으로 특화하면서 산과라고 불리는 분야는 일종의 사양산업으로 간주되고 있다. 큰 대학병원의 산과는 그야말로 형식적으로 유지되고 있고, 이미 부인과 특수 진료 쪽으로 전환하는 중이다.

약간의 품질 개선을 위해서 엄청나게 많은 비용을 지불하는 경우를 '하이엔드 현상'이라고 부른다. 특히 2000년대 초반 이후 한국과 일본, 중국을 중심으로 강화되었던 문화적 속성을 가진 상품들의 럭셔리 현상과 결합되면서, 순우리말로는 '명품', 국제적으로는 럭셔리 굿luxury good에서 발생하는 이 하이엔드 현상은 출산 시장에서도 예외 없이 나타났다. 출산 병원을 고를 때부터 이 하이엔드를 따라갈 것인가, 그렇지 않은 범용제를 선택할 것인가라는 갈등을 겪는다.

병원에서도 이러한 유행에 따라 양수검사 등 건강보험의 대상이 되지 않는 수많은 검사를 상품으로 개발해놓고 있다. 그 검사의 유의미성과는 상관없이, 그런 검사를 하지 않으면 아직 태어나지도 않은 태아에게 무엇인가 당연히 해주어야 할 것을 해주지 않는 것 같은 죄책감을 느끼게 만든다.

"고민 많이 했는데, 저도 결국 양수검사 했어요."

출산 전문 여성 전문의에게 직접 들은 이야기이다. 크게 필요하지 않고 심지어는 위험할 수도 있다고 의사 본인도 충분히 잘 알고 있었지만, 그야말로 먹고살아야 하는 문제에 해당한다고 할 수 있다. 안경 낀 안과의가 라식수술을 시술할 때 환자가 느끼는 불안감과 같은 이야기이다. 이러한 특수 검사들의 안정성과는 상관없이 고가일수록 반드시 해야 하는 것처럼 느껴지는 하이엔드 현상은 출산 과정에서도 트렌드로 자리 잡았다. 물론, 임신 과정에서의 심한 마케팅 압박도 만만치 않다.

점점 출산이 줄어들면서 수지를 맞추기가 어려워져 아예 산부인과의 산과 기능을 없앴거나 구색 맞추기용으로만 남겨놓은 종합병원, 그리고 하이엔드 현상을 따라 고가화·전문화한 여성용 병원을 내건 각종 추가 상품들로 도배된 병원, 이미 그렇게 분화되었다.

산후조리원도 마찬가지이다. 시장 자체가 줄어들어 고가를 표방하는 곳들은 몇 달 전에 예약하지 않으면 자리가 없고, 좀 더 저렴하면서도 기본적인 서비스를 제공할 수 있는 곳들은 운영이 어려워져 상당수가 이미 문을 닫았다. 조사를 위해서 방문해본 산후조리원들이 문을 닫은 지 몇 달이 지난 상황을 보면서 아연실색했다. 고가의 하이엔드로 나아가거나 아니면 문을 닫거나, 그런 변화가 여기에서도 관찰되었다.

보험 상품도 출산 마케팅 대열에 합류한다. 평생 한 번, 많아야 두 번 정도인 산모들의 불안에 기댄 유아 보험 상품들이 줄을 서 있다. 전형적인 불안 마케팅인데, "나는 이거 안 해도 될 거 같아요"라고 자신 있게 선택할 수 있는 산모를 거의 만나보지 못했다. 보편적 의료에 따른 의료비 상한제 같은 제도가 이미 자리 잡고 있다면 필요 없는 보험 상품들이다. 그러나 현 시점에서는 극단적인 일의 발생을 아예 제외할 수가 없어서 "그딴 거 필요 없다"고 자신 있게 말하기가 어렵다. 유럽 대부분의 국가에서는 이 정도 문제를 공공의료를 통해 기본적으로는 방어해주는데, 한국의 현실은 아직 그렇지 않다.

출산이 끝나면 육아 비용이 본격적으로 지출되는 시점이 온다. 이제는 1세 미만의 영유아에게 월 20만 원이 지원된다. 어린이집 보육에 대한 지원이다. 아기가 크면서 지원 금액이 점점 줄어들게 디자인되어 있다. 물론 이 돈으로 육아 비용을 감당하기에는 턱없이 부족하다. 기본적으로는 어린이집에 가는 비용만큼만 정부에서 지원하는 방식이기 때문이다.

육아 용품 분야에서도 출산과 마찬가지로 하이엔드 현상이 벌어지는 것은 마찬가지이다. 고가의 수입산 유모차는 상징적 사건일 뿐이다. 유모차가 커지니까 그걸 넣고 다닐 차가 필요해진다. 그것도 충분한 트렁크 공간이 확보되는 더 큰 차가 필요해진다. 그뿐만 아니다. 유모차를 옮기기 위해서 엘리베이터가 있는 아파트로 이사를 가야 한다. 그리고 근사한 유모차에 어울릴 법한 더 비싼 패션이 필요해진다. 럭셔리 유모차를 구입하는 순간, 하이엔드로 가는 지름길에 올라탄 것이다. 안 사도 그만인 것을 '머스트 해브 아이템 must have item'으로 전환시키는 육아 마케팅은 거의 예술의 경지이다.

실제 현장에서 내가 조사해본 바로는, 그렇다고 해서 해당 업체들이나 마케팅 기관들이 엄청난 이윤을 누리는 것은 아닌 것처럼 보인다. 유명한 육아전문 잡지의 편집장이 다음과 같은 이야기를 해주었다.

"1990년대 후반, 출산율이 줄면서 업체의 장기적 전망이 어둡다는 걸 알았어요. 좋은 시절은 끝난 거죠. 그러다 보니 남은 업체들은 살아남기 위해서 고가, 고급화 전략을 쓸 수밖에 없었던 거죠."

출산과 관련된 많은 업종에서 하이엔드 현상이 일어나는 것처럼, 육아 역시 마찬가지였다. 육아 시장은 출생하는 전체 아기의 수가 줄어드는 것을 태어난 개별 아기들에게 더 비싸고 많은 물건을 사게 하는 방식으로 위기를 극복하고 있었다. 출산율 감소와 함께 자녀 한 명당 더 많은 돈을 쓰게 하는 현상의 클라이맥스는 '식스 포켓 six pocket'이다. 외가와 친가의 조부모 그리고 부모를 합쳐 아기 한 명에게 돈을 쓰려고 하는 여섯 개의 돈

주머니가 있다는 의미이다. 하이엔드 현상의 특징이 일단 돈을 쓰기로 마음을 먹으면 그 상한선은 존재하지 않는다는 것 아니겠는가? 출산율이 아무리 줄어도 출산 시장 자체가 줄어들지 않게 하는 마케팅 방식은 여전히 존재한다.

공업 용어를 쓴다면, 원단위basic unit라는 표현을 빌릴 수 있을 것이다. 아기의 전체 숫자는 줄어들어도 아기 한 명당 지출 원단위를 높이는 것이 출산 및 육아업체의 생존 전략이다. 일종의 보육 원단위 상승 전략이라고 할 수 있다. 원단위가 높아지면 당연히 사회적으로 평균 육아비도 상승한다. 그리고 이렇게 상승한 원단위는 출산의 새로운 진입 장벽으로 작용한다. 갈수록 태산이다.

2) 너무 천천히 가는 정부 대책

출산율 저하와 관련해서 한국 정부가 아무 일도 하고 있지 않다고 말하기는 어렵다. 그러나 지금 한국 정부의 출산정책과 육아정책은 너무 천천히 가고 있다. 출산휴가와 육아휴가를 합쳐, 유럽의 OECD 국가들은 대체적으로 3년을 쉴 수 있게 해주는 게 정책 목표이다. 그 기간에 먹고살 수 있을 정도의 보조금이 지급된다. 반면에 현실적으로 한국의 여성들이 쉬는 것은 법정 출산휴가 3개월 정도가 사실상 거의 전부이다.

교육 공무원같이 출산을 경계로 3년간 육아휴직을 낼 수 있는 경우가 한국에도 있기는 하다. 그렇지만 아주 예외적이다. 1년을 쉴 수 있으면 정말 '판타스틱'한 경우이다. 전문직 여성이라고 표현하는, 누구나 부러워할 고액 연봉을 받는 여성의 사정도 크게 차이가 없어 보였다. 방송계 등 대표적인 여성 전문직은 물론이고, 금융계 중간간부, 변호사, 회계사도 내가 만나본 바로는 3개월 이상 쉬는 사람이 거의 없었다. 아유미 팩으로 유명해진 어느 중소기업의 여성 간부가 1년 출산휴가를 얻는 것을 보기는 했다. 여러 가지 의미로 특별한 경우였다. 그 기업은 '가족친화형, 문화친화형 기업'을 표방하고 있었다.

저출산 고령화 대책이라는 이름으로 정부에서 뭔가 하기는 한다. 그렇지만 종합적으로 본다면 그 속도도 너무 느리고, 지원 규모도 OECD 일반 수준과는 아직은 거리가 좀 멀다. 경제정책과 관련해 방향에 대한 논의도 중요하지만, 금액의 규모와 속도에 대한 논의 역시 중요할 수밖에 없다. 이걸 우선순위라는 다른 방식으로 표현하기도 한다. 무엇을 먼저 할 것인가, 이런 의사결정은 주어진 예산 혹은 '한정된 자원'으로 어떻게 실제적인 영향을 줄 것인가라는 도구적 방법론의 질문이 될 수밖에 없다.

현재 한국에서 결혼과 출산에 관련된 정부정책은 토건, 즉 집값을 떠받히기 위한 정책에 우선순위가 밀리고, 수출을 주도하는 대기업들에 대한 지원정책에도 밀린다. 그렇다면 노인 대책에는? 노인 빈곤 문제도 중요하지만 정책은 미흡한 실정인데, 출산 및 육아 대책은 이 노인 대책보다도 우선순위가 밀린다. 정부에서 아무것도 안한다고 말할 순 없지만, 지금 사태의 심각성을 완화시키거나 결혼에 대해서 판단을 바꿀 극적인 요소는 없어 보인다.

결국은 규모의 문제이다. 평균적인 중산층 수준에서 고등교육까지 교육시키기 위해서 3억 원이 든다고 가정할 때, 3명의 아이를 출산할 계획이라면 9억 원이 필요하다. 출산 시기를 겹치게 하면 5,000만 원 정도 줄일 수 있다. 지난 대선의 공약이었던 셋째 자녀의 대학 등록금 지원까지 염두에 두면, 추가로 5,000만 원 정도를 줄일 수 있다. 시장에서의 비용평가로 이 정도가 나오는데, 국가가 해줄 수 있는 지원은 금액으로는 많이 부족하다. 지금의 정책이 과연 솔로 상태인 청년들의 결혼 혹은 출산에 대한 판단이나 행동을 바꿀 정도로 충분히 의미가 있는 것인가, 그렇기는 어렵다고 생각한다.

지금의 정책 방향이 맞더라도 그 속도는 너무 느리다. 새로 생기는 아파트의 성공적인 분양과 새로 태어날 신생아의 육아 중 어느 쪽에 정부 고위관료, 특히 경제관료의 눈이 가 있겠는가? 여전히 사람보다는 시멘트, 아기보다는 대형 건물과 도로에 한국 경제의 방향이 맞추어진 것 아닌가?

저출산이라는 이름의 육아정책이 한국에 아주 없는 것은 아니지만, 그 속도는 문제 해결에는 턱없이 부족할 정도로 느리다. 그래서 최소한 4~5년간 정부정책에 의해서 의미 있는 출산 및 육아 대책이 나오고, 그것 때문에 "이제는 아이 낳아도 좋을 것 같아"라고 생각을 바꿔 결혼을 하는 솔로는 거의 없을 듯싶다.

3) 게토화되는 빈곤형 솔로 남성: 강화되는 여성 혐오주의

미국을 비롯해서 신자유주의 경제 운용을 강화한 국가에서는 예외 없이 신빈곤 현상이 등장하고 있다. 일본과 한국은 여기에 토건 현상이 더해진다. 한국에서는 구체적으로 뉴타운과 4대강으로 상징되는 토건 현상이 덧붙여져 청년 빈곤 현상이 더욱 강화되었다. 그리고 여기에 하나 더 추가되는 것이 남성과 여성 사이의 젠더 비대칭성이다. 이 과정에서 청년, 특히 그중에서도 여성들에게 더 심각한 문제가 발생하고 있다. 같은 신빈곤의 문제지만, 남성과 여성에게 전개되는 양상은 같지 않다. 여성에게 특별히 남성 혐오증이 더욱 증가하는 현상은 나타나지 않지만, 남성, 특히 가난한 솔로 남성 사이에서의 여성 혐오증은 더욱 강화되는 듯이 보인다.

흔히 '일베'로 지칭되는 20~30대 남성 청년들을 중심으로 발생한 사회 현상에 대해서는 다각도의 해석이 가능할 것이다. 빈곤형 청년들의 극우화는 한국에서만 나타나는 현상은 아니다. 그러나 지금과 같은 여성 혐오주의의 등장은 한국 청년 극우의 특징이라고 할 수 있다. 21세기에 벌어지는 빈곤 현상은 극우화라는 정치적 흐름과 연결된다. 독일의 네오나치즘이 대표적이고, 프랑스에서도 장 마리 르펭Jean Marie Le Pen이라는 정치인을 중심으로 세력을 구축한 국민전선FN: Front Nationle이 있다. 동구권에서 몰려온 노동자들에게 일자리를 빼앗겼다고 생각한 스위스에서도 청년극우와 전문직 극우 현상이 벌어졌다. 스위스의 대표적 극우 정당을 형성하는 세 개의 축은 전문직, 빈곤 청년 그리고 농민이다. 취리히의 엔지니어 등 고소득 전문직을 중심으로 기본 세력이 형성되고, 여기에 일자리를 박탈당했다고 느낀 청년들 그리고 이탈리아 계열인 티치네시Ticinesi 중심의 농민당이 연합해서 현재의 극우파 정당을 형성하고 있다. 농민이 가세하지 않았다는 소소한 차이점을 제외하면 일베 현상은 스위스 극우 정당의 기본 구성과 거의 닮아 있다. 고소득 전문직이 극우파 정당의 핵심을 형성하는 흐름이 유사하다.

그렇지만 유럽의 극우파에게서 여성 혐오증은 잘 관찰되지 않는다. 그들의 인종주의는 한국의 지역감정과 유사하다. 자본주의에 대한 극단적 칭송도 유사하다. 그렇지만 유럽 극우파들은 남성 우월주의 정도로 번역할 수 있는 마초적 문화 성향을 보일지라도, 이것은 지금 한국의 빈곤형 청년들이 보여주는 여성 혐오주의의 양상과는 다르다. 그리고 이 성향은 30대 초반과 20대에게서만 발생하는 것이 아니다. 10대 중후반인 고등학생으로 내려갈수록, 즉 연령이 낮아질수록 오히려 더 강하게 나타난다.

남성연대 상임대표였던 성재기의 한강 다리 투신 이후 빈곤형 남성 청년들의 반응에 대해서 샘플 인터뷰를 한 적이 있었다. 가난한 20대들만이 아니라 30대 초반 전문직 남성에게서도 강한 여성 혐오주의 양상을 관찰할 수 있었다. 30대 남성 솔로들의 여성 혐오증도 결코 약하다고 보기는 어려웠지만 이건 어느 정도 이해가 가는 상황이다. 어쨌든 비슷한 연령대의 여성 솔로에게서는 그만큼 강한 남성 혐오주의가 잘 관찰되지 않았다.

이 연구 과정에서 초반에 예상하지 못했던 아주 강렬한 문화 현상을 발견했다. 남자 고등학생들의 여성 혐오주의에 대해 이전에는 별로 생각하지 못했다. 그런데 남자 고등학생들 사이의 여성 혐오주의가 상당히 강하게 느껴졌다. 내가 이 사건을 충격적으로 받아들인 것은 외고나 자사고 등 특목고 혹은 일반 고등학교 학생들에게서만 이런 현상이 발생한 게 아니었기 때문이다. 최고 학교 중의 하나인 어느 자사고에서 여성에 대한 강한 반발심을 가진 남학생들을 만났을 때는 별로 놀라지 않았다. 지나친 경쟁주의 속에서 여학생들을 자신의 적으로 간주하는 일이 발생할 가능성이 높다는 것을 추론하는 것은 어려운 일이 아니기 때문이다. 그렇지만 이들과는 전혀 다른 방식의 문화를 가지고 있을 것이라고 생각했던 대안학교 남학생들에게서 상상하기 힘들 정도의 강한 여성 혐오증이 관찰되면서 정말 많이 놀랐다. 30대보다 20대, 그리고 이들보다는 10대들에게서 더 강하고 보편적인 여성 혐오증이 나타났다. 이건 정말로 진지하게 고민해야만 하는 문제이다. 지금까지 우리는 시간이 지나면서 인권, 생태, 젠더 등 많은 문제가 해소되어갈 것이라고 생각했다.

1980년대 대학생들, 즉 지금의 40대와 50대 초반에 비하면 지금의 20대는 계급의식이 완화된 대신 인권에 대한 감수성이나 성 소수자에 대한 관용성이 더욱 높아졌을 것이라는 게 연구자들의 일반적인 작업가설이다. 그리고 동시에 문화적 다양성에 대한 욕구가 높아지고, 이런 현상은 앞으로도 강화될 것이라고 생각해왔다. 그야말로 군사정권과 싸우면서 역시 자신을 일종의 군인인 '전사'와 동일시하면서 생겨난 마초적 성향 및 획일주의와 2000년대의 문화적 배경은 다를 것이라고 많은 사람이 생각했다.

상당 부분은 이 가설과 유사하게 진행되어온 것 같지만, 빈곤형 남성들에게서 나타난 여성 혐오 현상은 성 평등과 젠더 문제에 대해 다른 방식으로 접근해야 할 필요성을 만들었다. 자본주의가 만들어내는 빈곤이 계급 갈등을 초래하는 게 초기 양상이지만, 한국에서는 이와는 좀 다르게 젠더 갈등을 만들고 있다.

가난한 남성들에게서 여성 혐오주의를 한 축으로 하여 '게토화' 현상이 나타나고 있는데, 이 흐름은 10대로 내려갈수록 더 강해진다. 일종의 경향성이 있다고 할 수 있다. 앞으로 여성의 경제활동은 점점 활발해질 것이고, OECD 국가 중에서는 최하위 수준인 여성의 사회적 지위 역시 느리더라도 개선될 것이다. 그러나 그 사이의 경제적 충격을 완화하는 문화적 장치가 빠른 속도로 전환될 가능성은 별로 없어 보이기 때문에, 게토화된 빈곤형 솔로 남성들의 여성 혐오주의 역시 더욱 강화될 것이다. 군가산점 문제를 어떻게 볼 것인가는 1세기 전 8시간 노동제를 어떻게 볼 것인가와 비슷한 질문이 될 것이다. 혹은 1945년 전쟁이 끝나면서 도입되기 시작한 여성의 투표권이 1970년에 와서야 인정된 스위스의 1960년대 모습과 비슷할 것이다.

당시에는 상대적으로 교육을 받지 못한 여성들이 후보자의 외모를 보고 투표하기 때문에 문제라는 목소리가 강했다. 잘 생겼다는 이유로 여성 유권자들이 케네디에게 몰표를 주었다고 생각한 미국 보수주의 마초 남성들이 여성들을 얼마나 미워했겠는가? 그러나 결국 여성 참정권은 나아가야 할 방향이었고, 여성 유권자에 대한 폄하는 극복되어야 할 편견이었다.

한국의 솔로 현상의 한가운데에는 강화되는 여성 혐오주의가 놓여 있다. 솔직히 여성 혐오주의자인 남성과 결혼하고 싶은 여성은 단 한 명도 없지 않나? 기존의 가부장적 권위가 해체되면서 그 반대급부로 남성들 사이에서 여성 혐오주의라는 새로운 흐름이 생겨나고 있다. 그리고 이 현상은 20대보다 10대가 더 근본적이고 강력한 경향성을 보여준다. 여성 혐오주의가 강화되면 강화될수록 청년 솔로 현상의 문화적 요소 하나가 더욱 강해진다. 여성을 혐오하는 것이 자신의 정체성이 된 사람, 자본주의 역사에서 아직 경험해보지 못한 진귀한 문화 현상이다.

4) 비정규직과 주거 복지

한국에서 우익, 심지어 극우파라는 표현을 메이저 언론에서 쓰는 경우는 거의 유일하게 일본의 정치인들을 욕할 때일 것이다. 그때만큼은 우익이라는 표현을 신 나게 쓴다. 그렇다면 그 이야기를 하는 사람들이 일본의 좌익 혹은 좌파 집권을 지지하느냐? 결코 아닐 것이다. 큰 눈으로 보면 한국과 일본이 그리 달라 보이지는 않는다. 특히 경제의 눈으로 보면 일본의 현재는 한국의 미래일 것이다.

2008년 글로벌 금융위기와 함께 생겨난 특별한 변화는 철옹성 같던 일본 자민당 정권이 무너지는 데 결정적인 계기가 된다. 물론 민주당 정권은 개혁에 지지부진하다가 후쿠시마 원전 사태를 제대로 수습하지 못하면서 다시 자민당에게 권력을 내주었다. 그해 가을에 일어난 한 사건은 한국에는 크게 알려지지 않았지만 일본 정치를 결정적으로 바꾸게 된다.

당시 한국에서는 20대의 경제적 상황에 대한 논의가 한참이었는데, 일본에서는 비슷한 경제적 논의가 30대 가장 버전으로 폭발적으로 진행되고 있었다.

경제위기를 맞아 도요타 등 세계적 기업들이 30대 파견 직원들을 대거 해고했다. 그들이 그냥 알아서들 다음 일자리를 찾아 곱게 집으로 돌아갔으면 아무 일도 안 벌어졌을 텐데, 억울하기도 하고 식구들 데리고 살 길도 막막해진 이 30대 가장들은 도쿄 히비야 공원 한쪽 구석에 텐트를 치고 농성을 시작했다. 이 텐트촌은 곧 '파견마을'이라 불리기 시작했다. '반빈곤 네트워크'로 연대체를 만들어놓았던 일본 시민단체들이 이들을 위해서 지원 사업을 펼칠 때까지만 해도 이게 얼마나 큰 사건이 될지 아무도 몰랐다.

2009년 1월 1일 새벽, 공원 텐트 옆에서 소박하게 어묵을 끓여 먹는 이들의 신년 행사가 국영방송 NHK를 타고 일본의 단란한 가정의 신년 식사 한가운데를 때렸다. 비정규직 문제, 일본식으로는 파견 노동자 문제가 일본인의 가슴을 치고 지나가면서 전후 군건하기만 했던 자민당 정권이 결국 흔들리게 되었다.

이 사건은 엄청나게 큰 반향을 일으켰고, 파견마을에서 촌장 역할을 했던 도쿄대 법대 출신의 30대 활동가가 새로운 민주당에서 총리실 자문관으로 근무하게 되는 파격적인 사건으로 이어졌다. 이 사건은 서로 유사한 토건 구조를 가지고 있는 한국과 일본의 내부 사정이 얼마나 다른지 생각해보게 한다.

비정규직과 파견 노동자, 현실적으로는 파견이 더 열악하다. 그러나 최소한 일본의 파견 노동자들은 솔로들이 아니라 가장들이었다. 2008년 글로벌 금융위기로 위기에 몰린 도요타 등 일본 자동차 업체에서 파견 노동자 — 한국에서는 자동차 산업 등 제조업에서의 파견이 불법이지만, 일본에서는 불법이 아니다 — 들을 대거 해고했다. 여기까지야 한국과 다른 게 별로 없는 것 같지만, 이렇게 해고된 노동자들이 그때까지 식구들을 데리고 살던 사택에서 쫓겨나면서 상황이 복잡해졌다. 파견 노동자들이 결혼도 하고 자식도 있고, 그리고 사택에서 살고 있었어? 우리에게는 상상 불가인 상황이다.

비정규직 내에서도 순위가 있다면, 회사와 직접 계약한 비정규직이 조금 더 양호한 편이고, 고용주인 회사와는 아무런 계약 관계도 없는 파견직은 그보다 열악하다. 해고와 동시에 세계적인 자동차 업체인 도요타의 직원이었던 이 사람들은 잡리스이자 홈리스인 기막힌 처지로 전락했다. 이때 일본에서 8만 5,000명이 이런 식으로 해고되었다. 그리고 그들 중 상당수가 30대 가장이었다.

역설적이지만, 이런 일은 한국에서는 벌어지지 않았을 것이다. 기계적 중립이라도 지키려고 노력하는 일본의 NHK와는 달리 한국의 KBS가 농성 현장에서 자기들끼리 하는 작은 신년맞이 행사를 생중계하는 일은 상상하기 어렵다. 같은 날, 보신각 타종 행사에서 시민들이 외친 반정부 구호가 혹시라도 KBS 방송을 탈까봐 소위 마스킹을 통해서 소리를 지우는 사건이 벌어지지 않았나. 아무리 사회적으로 중요한 일이라고 해도 한국의 공중파가 농성 현장을 생중계하는 일은 없을 것이다. 그러나 더 근본적인 차이점은 다른 데 있다.

일본의 비정규직인 30대 파견 노동자는 결혼을 하고 아기를 낳아 가장이 되었다. 그렇지만 지금 한국의 비정규직 20대가 집단적으로 가장이 될 가능성은 아주 희박하다. 파견 노동자들에게도 사택을 제공한 것은 일본의 상황이고, 한국에서는 어떤 회사도 비정규직 노동자에게 회사 복지 차원에서 사택을 제공하지는 않을 것이다. 정규직 직원들에게 소규모로라도 기숙사나 아파트를 제공하려고 하는 중소기업이 한국에도 아주 없지는 않다. 그러나 이런 주거 복지를 회사 차원에서 실시하는 것은 어디까지나 정규직에 관한 이야기이고, 비정규직에게도 주거에 대한 회사 복지가 필요하다는 논의가 한국에서 진행되는 것은 본 적이 없다.

일본과 한국은 노동 구조, 토건 구조, 그리고 최저임금 등 여러 면에서 작지 않은 차이가 있다. 그러나 어쨌든 2000년대를 지나면서 버블 공황 상황을 겪으면서도 일본의 대기업 등 주요 기업들은 파견 노동자들에게도 직원 기숙사를 제공했다. 일본 자본이 한국 자본에 비해서 더 인간적이고 착해서 그런 게 아니라 사회적 분위기의 차이라고 봐야 할 것이다. 비록 자신의 소유가 아닌 작은 아파트이지만, 일본의 파견직 노동자들은 그곳에서 가정을 꾸리고 아기를 낳았다.

그렇지만 한국에서 이런 일이 벌어지지 않는다. 대형마트에서 비정규직으로 일하는 청년에게 사택이 제공된다는 것을 상상할 수 있겠는가? 어느새 한국 청년들의 절반에 가까운 수가 비정규직이고, 이러한 흐름은 불행히도 더욱 강화될 것이다. 1년을 꽉 채워서 일하면 한 달 치 임금을 퇴직금으로 주어야 한다. 그게 싫어서 이명박 정권 시절의 청년인턴은 대개 10개월짜리로 디자인되었다. 그리고 그 정신을 그대로 계승한 시간제 고용 등이 일반화되었다. 한국의 지배층은 청년들을 정규직으로 고용하고 싶은 생각은 없는 것 같다. 이 상태에서 '어쨌든 집값은 올려야 한다'는 토건 위주의 정책 기조는 지난 10년 이상 변한 적이 거의 없다. 비정규직들의 주거권과 주거 복지, 이런 건 국회 테이블에 제대로 올라가 본 적도 없다. 그렇지만 비정규직들의 주거 복지가 획기적으로 개선되지 않는 한, 비정규직 커플이 결혼을 생각하고 출산을 계획하는 일이 대규모로 늘어날까? 그렇지 않다고 본다. 오랫동안의 토건정책으로 인해 높아진 주거비용으로 청년들이 출산은커녕 데이트 비용마저도 감당하기 어려워진 게 현실 아닌가?

일본식 표현으로 결혼활동, 즉 '혼활'이라고 부르는 상업적 메이팅에서도 정규직과 비정규직을 다루는 방식이 다르다. 결혼정보회사에 가입하는 것도 비정규직에게는 문턱이 너무 높다. 적어도 결혼이 늘어나고 출산이 늘기 위해서는 경제적으로 과반을 넘어가게 될 비정규직 내에서의 특별한 변화가 필요하다는 것은 논리적 추론이다. 그러나 현재로서는 그러한 변화는 일어날 것 같지 않다. 지금도 경제가 복지로 나아가려는 힘보다는 토건으로 가려는 힘이 더 강하다. 정부에서는 생애 최초 주택 구매를 권유한다. 그렇지만 비정규직 커플이 자신들의 돈을 모아 전세금을 마련하거나 집을 살 수 있는 형편이 아니라는 것쯤은 우리 모두 알고 있지 않은가?

그렇다면 일본처럼 고용주들이 회사 복지 차원에서 비정규직 직원들에게도 가족과 함께 거주할 수 있는 직원 기숙사를 제공할 것인가? 20년째 장기 불황에 고통받는 일본 기업도 그 정도는 했다. 비록 2008년 글로벌 금융위기 이후로 그 지속성이 사회적 시련을 겪게 되었지만 말이다. 해고된 비정규직 30대 가장들이 자기 가족의 주거권을 위해서 대규모 농성장을 꾸리는 일, 안타깝지만 한국에서는 벌어지지 않을 것이다. 무엇보다 수십만 명에 달하는 30대 비정규직 가장이라는 존재가 아예 없을 것이기 때문이다.

그러므로 중장기적으로 한국이 2000년대의 일본보다 솔로 사회로 가는 힘이 더 강할 것이라고 추정할 수밖에 없다. 지금부터 우리는 2000년대 초중반의 일본과 유사한 경제적 상황에 놓일 것인데, 그 강도는 파견직 노동자들에게도 사택을 제공했던 일본보다 더 강할 것이다. 토건경제가 빠르게 해체될 것도 아니고, 그렇다고 비정규직들에 대한 획기적인 주거 복지가 등장할 가능성도 거의 없어 보인다.

한국에서는 일본보다 심각하게 비정규직에 대한 사회적·문화적 차별 문제가 등장하기 시작했다. 결혼을 일종의 시장으로 본다면, 결혼정보회 사 등 결혼과 관련된 각종 흐름에서 비정규직에 대한 차별은 대놓고 노골 적이다. 이런 차별이 단시일에 줄어들 문화적 관용성에 대해서도 한국에 서는 거의 이야기되지 않는다. 비정규직과 결혼하고 싶은 사람은 별로 없 다, 이게 그냥 객관적인 흐름이다. 그렇다고 단시간에 한국 경제가 전격 적인 종신고용 체계로의 복귀로 방향을 잡을 것 같아 보이지도 않는다.

5) 장기적 경제 침체와 동거

경제와 출산율 사이의 관계는 그 자체로는 애매한 질문이다. 기본적으 로는 호황과 불황과 같은 사이클보다는 농경사회인가, 산업사회인가와 같은 사회의 기본 구조가 출산율에 더 많은 영향을 미칠 것이다. 농경사 회에서 사람은 자산이다. 그러나 산업사회에서 특수한 복지 구조나 문화 구조가 아니라면 기본적으로 자녀는 비용이 아닌가? 그러므로 1인당 GDP 같은 정량적 수치만으로 결혼과 솔로에 대한 연동성을 찾아보려는 것은 좀 무모한 시도일 것이다. 현재 농경사회는 국제적으로 저개발국가 를 형성하고 있으며 출산율이 높다. 그리고 OECD로 상징되는 산업사회 들은 출산율이 아주 낮아진 상태이다.

그렇다면 산업사회에서 경기가 출산에 어떤 영향을 미칠 것인가? 혹은 개인이 결혼하지 않고 솔로로 지내겠다는 결정에 어떠한 영향을 미칠 것인가? 지금까지의 자료만으로 순수하게 이 두 가지의 관계를 뽑아보는 것은 기술적으로 불가능하다. 한국에서 케인스의 시대 혹은 발전의 시대라고 볼 수 있는 1970~1990년대 후반에 이르는 30년간, 많은 다른 나라가 그랬듯이 정부의 출산억제정책이 있었다. 그래서 인류사상 경제적인 눈으로는 최고로 풍요했던 시기라고 할 수 있는 케인스 시대의 장기호황과 출산 사이의 순수 관계를 찾는다고 해도 일종의 양적 법칙처럼 이용하기는 어렵다. IMF 경제위기는 어땠을까? 첫째 아이와 둘째 아이 등 개별 자녀의 출생 통계로만 보면 출산율 감소 추세에 결정적으로 영향을 미쳤다고 보기는 어렵다.

추세적으로 출산율이 높아진 프랑스 같은 나라가 있기는 하지만, 이 경우에도 경제지표들의 일관된 상승이나 하락이 보이지 않고, 경제보다는 장기적인 정책 변수의 영향을 더 많이 받는 경향을 보여준다. 어쨌든 지금까지 우리가 관찰한 경제에서 현실 경제와 출산율의 작동 상황, 즉 불황이냐 호황이냐에 따라서 청년 솔로가 증가할 것인가 말 것인가를 판단하기는 어렵다. 논리적으로만 생각하면, 경제적 불황기에 오히려 동거 커플이 늘어날 가능성은 충분하다. 같이 살면 각자 별도의 살림을 꾸리는 것보다는 총비용이 줄어들기 때문이다. 1970년대 석유파동이 시작되면서 유럽에서 동거는 하나의 사회적 트렌드로 자리를 잡고, 동거 커플이 혼인신고를 한 법적 부부에 대해 차별받지 않도록 하는 일련의 사회적 흐름이 발생한 것도 일정 정도는 당시의 경제적 상황과 관련이 있을 것이다. 호황기에 더 많이 결혼할 것이라고 생각할 수도 있지만, 실제로 동거를 증가시킨 힘은 오히려 불황기에 더 강하다고 할 수 있다. 프랑스 등 대부분의 선진국은 동거도 결혼과 마찬가지로 등록을 해서 법적으로 보호받을 수 있는 장치를 지난 수년 동안 만들어놓았다.

1990년대 토건경제가 붕괴한 이후 일본은 20년 이상 불경기를 겪고 있다. 물론 그동안에 일본 기업의 글로벌화와 세계 진출이 있었고, 크고 작은 부침과 질적 전환이 있었다. 그렇지만 '잃어버린 10년'에서 이제는 '잃어버린 20년'으로 고쳐 부를 정도로 일본의 국내 경제는 길고 긴 어려움에 빠진 것이 사실이다. 한국의 경우는 어떨까? 토건경제는 거의 완화되지 않았고, 정부가 인위적으로 집값을 떠받치고 있고, 그로 인해 지불된 비용이 단기적으로는 지방경제의 예산 축소, 장기적으로는 복지 예산의 축소로 이어질 전망이다. 1930년대 미국의 케인스 경제와는 정반대의 양상이다. 실제로 그 기간에 미국이 주로 실시했던 정책은 크게 보면 두 가지이다. 하나는 세계 최대의 경쟁력을 가지게 된 미국 농민지원책, 즉 '파머스 빌Farmer's Bill'이라고 통칭하는 농업정책이다. 그리고 다른 하나는 여전히 취약하다고 평가받지만 어쨌든 저소득층을 중심으로 지원하는 공공의료지원책이다. 이 두 정책은 뉴딜의 중요한 축을 이루었다. 한국은 정치인들과 정부 관료들이 내세우는 말과는 상관없이, 1990년대 일본의 '잃어버린 10년'을 이끌었던 그 장기 불황과 거의 정확하게 일치하는 방향으로 경제정책 기조가 흘러가고 있다.

만약 '불황 10년'이라는 일본식 경제 전개의 기본 가설을 사용한다면, 이것은 과연 결혼과 솔로에 어떠한 영향을 미칠까? 불황이기 때문에 결혼을 늦추는 게 하나의 객관적인 추세다. 그리고 그 반대편에는 살기 어렵기 때문에 총 생활비를 낮추기 위해서 동거를 늘리는 또 다른 힘이 추세적으로 존재한다. 자, 과연 한국에서는 어느 쪽 힘이 더 강할까?

현재까지의 흐름으로만 본다면, 불황이 결혼에 미치는 마이너스 요소는 객관적으로 예상할 수 있을 것 같다. 반면에, 최소한 지난 수년간 2008년 이후의 국내 경제위기가 동거의 추이를 늘렸다는 증거는 거의 찾을 수가 없다. 동거를 사회적으로 받아들이기 위해서는 68혁명 수준의 문화적 폭발이 있어야 하지 않을까, 그렇게 추정할 수도 있을 것이다. 한국에서는 아직 68혁명 정도의 대규모 문화적 폭발은 없었다.

불황을 이유로 동거가 대규모로 등장하는 현상은 나타나기 쉽지 않아 보인다. 문화적 저항감이 아직 강하다. 그 대신 연대solidarity가구라고 부르는 새로운 삶의 방식의 맹아는 보인다. 문화적 변화든 혹은 현실적 필요성이든, 비록 임시로라도 같이 사는 사람들, 예를 들면 유럽이나 일본에서 상당히 보편화된 셰어하우스share-house는 한국에도 이미 등장했다. 비용 구조상으로는 동거와 마찬가지이지만, 출산과 결혼이라는 고전적인 시각에서는 동거와 조금은 다르다. 물론 연대가구라는 이름으로 같이 사는 사람들 사이에서도 사랑이 피어날 수 있고, 그 사이에서도 출산은 있을 수 있다. 그렇지만 그러기 위해서는 시기적으로 혹은 현실적으로 또 다른 전환이 한 번 더 필요할 것이다.

한국의 장기적 경기 침체가 과연 결혼의 다른 형태인 동거를 통해서 청년 솔로의 수치를 줄이는 방향으로 갈 것인가? 결국 경제적 필요가 논리를 만들어낼 수는 있다. 어느 순간 폭발적으로 동거 예찬론 같은 게 등장하면서 1970년대 유럽과 같은 동거 현상이 사회적으로 벌어질 가능성은 있다. 어쨌든 프랑스에서는 1세대 동거자들 중에서 대선 후보도 나왔고, 결국 대통령도 나오지 않았는가?

과감하게 민감한 소재를 다루는 김수현 작가의 드라마 〈세 번 결혼하는 여자〉에는 오은수(이지아 분)의 두 번째 이혼과 함께 오현수(엄지원 분)-안광모(조한선 분) 동거 커플이 등장했다. 형식을 강조하는 남자의 어머니와 이미 동거를 허락한 여자의 부모와의 폭발할 듯한 팽팽한 신경전은 결국 결혼사진만이라도 찍는 게 소원이라는 여자 어머니의 제안으로 극적으로 해소된다. 상징을 다루는 기술로는 과연 김수현이 당대 최고라고 감탄하지 않을 수 없는 순간이었다. 결혼사진은 결혼식이 아니다. 그렇지만 동거와 결혼은 두 사람만의 관계가 아니라 가족 전체의 중요한 변화다. 그 중간선에서 상징적인 타협점을 제시하는 걸 보면서 정말 깜짝 놀랐다. 하지만 현실에서 이런 드라마 같은 일이 당장 가능할 것 같지는 않다.

통계상으로 결혼과 이혼은 단기적 경제 상황에 직접 영향을 받지 않는다. 그보다는 월별 영향치가 더 크다. 가장 적게 결혼하는 9월에 비해서 가장 많이 결혼하는 12월은 그 수가 두 배에 달한다. 반면 이혼은 계절이나 월별 영향이 거의 없다. 그러나 정말 장기 불황이 진행되면 어떻게 영향을 미칠 것인가? 현재로서는 청년 솔로 현상을 더욱 강화시킬 것이라고 보는 게 맞을 것이다.

6) 결혼활동 비용과 결혼비용의 증가

결혼정보회사에서 소셜데이팅 벤처에 이르기까지 메이팅을 도와주는 회사들이 한국에도 본격적으로 등장했다. 결혼이 아니라 그냥 데이트만을 주선해주는 데이팅 업체는 유럽이나 미국에도 있는데, 한국에서는 벤처 형식으로 조금 뒤늦게 시작되었다. 결혼을 위한 만남인지 아니면 일반적인 데이트인지에 따라서 성격이 조금씩 다르다. 스마트폰 어플로 데이트 한 건당 3,300원의 수수료를 받는 '이음'이 대표적이다. 그야말로 솔로 소개팅 전문인데, 결혼정보회사에 대한 대안 프로그램을 표방하고 등장한 청년 벤처라서 가격이 크게 비싸지는 않다.

결혼활동의 대표적인 업체들인 결혼정보회사는 일반적으로 5~6번의 매칭에 300만 원 정도를 받는다. 절대비용이 문제가 될 수준은 아니지만,

어쨌든 이런 업체들의 매출액은 20~30대 청년들 그리고 흔히 '돌싱'으로 불리는 재혼을 기대하는 싱글들의 주머니에서 나온다. 샘플 인터뷰 결과, 여성은 많은 경우 스스로 선택해서 가입하고 서비스 비용을 지불했다. 반면 남성의 경우는 조금 달랐다. 부모, 정확히는 엄마가 선택하고 비용을 지불하는 경우가 많았다. 장기적으로 결혼정보회사를 통한 결혼활동의 양상이 어떻게 진행될지는 모르겠지만, 이대로라면 자립형 여성과 마마보이 사이의 매칭이 이루어질 가능성이 높다. 일단 결혼도 산업화의 길에 올라선 이상, 이 비용이 사회적으로 줄어들 가능성은 별로 보이지 않는다.

혼활비용은 경제학 내에서는 허버트 사이먼Herbert Simon에게 노벨경제학상을 안겨준 취업비용 연구만큼이나 흥미로운 연구 대상이다. 완전 정보라는 이론적 가설에도 불구하고 직업을 찾는 사람이 모든 직업에 대한 정보를 다 확인하는 것은 아니다. 정보 자체가 비용이기 때문이다. 그래서 적당한 선에서 "이 정도면 되었다"고 판단하고 그 상태에서 의사 결정을 내린다. 만족satisfy과 희생sacrifice이라는 두 단어를 결합하여 사이먼은 '만족성의 원칙principle of satisficing'이라는 개념을 고안해낸다. 세상에 존재하는 모든 직업에 대한 정보를 전부 고려해야 완전 정보겠지만, 이것은 비용이 너무 많이 들고 물리적으로도 불가능하다. 이런 여러 이론이 모여서 나중에 정보경제학이라는 매우 흥미 있는 경제학 분과를 형성한다. 혼활비용은 이런 정보경제학이 적용될 수 있는 대표적인 분야이다. 사이먼의 만족성의 원칙을 적용한다면, 완전 정보 상태에서 메이팅이 진행되는 것은 비용 면에서 불가능하다. 사랑은 선택과 동시에 많은 것을 포기하는 것 아니겠는가?

솔로계급이 증가한다는 우리의 기본적인 가설은 결혼과 출산에 대한 개인적 비용이 높아진다는 것을 전제한다. 결혼 유지가 고비용이 될수록 당연히 결혼에 대한 리스크도 높아진다. 이 리스크를 줄이기 위한 정보 수집 활동을 일본식 표현대로 결혼활동, 즉 혼활이라고 정의할 수 있다. 생태학 용어를 빌리면, 일종의 메이팅 과정mating process인 셈이다. 그렇다면 여기에 들어가는 비용이 혼활비용이라고 할 수 있다.

사회적으로 출산 및 육아비용이 높아지면 상식적으로 혼활비용이라도 낮아져야 하지만, 이론적으로는 그 반대 방향으로 움직일 가능성이 크다고 말할 수밖에 없다. 리스크가 높아질수록, 그 리스크를 낮추기 위해서 정보 수집비용에 더 많은 비용을 들인다. 사랑하는 사람과의 행복한 결혼을 위해서는 더 많은 정보활동과 정보비용이 필요하게 된다고 말할 수밖에 없는 것, 이게 경제학의 애로사항이기는 하다. '서로 한눈에 반한다'면 혼활비용은 최소화될 것이지만, 불행히도 이럴 확률은 매우 낮다.

결혼이 줄면 혼활비용이 사회적으로 줄어서 결혼정보회사에 위기가 올 것 같지만, 결혼에 대한 시도가 사회적으로 제로가 되는 극단적인 사태가 발생하지 않는 이상, 이건 오히려 결혼정보회사에 경제적 기회가 된다. 더 안전한 결혼을 위해서 더 많은 비용을 정보에 투자하려고 할 것이기 때문이다. 솔로 비율이 높아진다고 해서 혼활비용이 낮아지거나 아예 사라지기는 어렵다.

그럼에도 높아진 혼활비용 때문에 결혼활동 자체를 아예 포기하는 사람들이 증가하기는 할 것이다. 결혼하기 전에 몇 명의 사람과 몇 회의 데이트를 하고 결혼하는 것이 정보경제학의 시각에서 최적점인가, 많은 결혼 연구자들에게는 무척 도전해보고 싶은 주제이겠지만 평균 비용을 추정하는 것 이상을 하기가 쉽지 않을 것이다. 그러나 높아진 사회적 혼활비용이 적지 않은 수의 청년, 특히 경제적으로 열악한 집단에게는 더욱 강력한 문턱 효과를 발생시킬 것이라는 점은 확실해 보인다. 혼활에 대한 사회적 비용 지출이 늘어날수록, 역설적으로 전체 결혼 숫자는 줄어든다.

　자, 그렇다면 혼활 이후의 실제 결혼비용은 어떻게 될 것인가? 결혼이 점점 어려워지는데도 결혼비용이 줄어들었다는 증거를 찾기는 어렵다. 혼활이 산업화된 것처럼, 웨딩업체와 혼수업체의 산업화 역시 뚜렷하게 보이는 경향성이다. 남자는 집을 구하고 여자는 집을 채운다, 이 사회적 관행이자 결혼의 진리로 간주되었던 원칙 역시 청년 솔로 현상의 심화에도 완화되지는 않고 있다. 결혼은 어려워졌지만 결혼 산업은 지금 전성기로 향하고 있다. 결혼비용을 줄이고 싶은 것은 가난한 청년들의 당연한 필요이지만, 실제로는 많은 경제적 행위가 문화제도의 코드 아래에서 작동하기 때문에 즉각적으로 조정되거나 변화되지는 않는다. 웨딩 산업 자체의 경제 논리와 오랜 시간 익숙해진 문화 코드는 물론이고, 결혼을 결정적인 예비 상속의 한 과정으로 활용하는 현실이 복합적으로 결합한다. 결혼식이야말로 축제 사회가 가지고 있던 온갖 종류의 증여 경제가 작동하는 개방된 공간 아닌가. 그 속에서 예비 상속이 진행되는 것은 어쩌면 당연한 일이라고 할 수 있다. 그러나 모든 청년이 결혼을 통해서 예비 상속을 받는 것은 아니다. 결혼이 아니라 상속을 목표로 하는 경제 행위의 단가가 같을 수는 없다. 그러나 이 과정에서 누가 상속을 받고, 누가 자신들이 모아둔 돈만으로 결혼 과정 비용을 마련하는지 알 수 있겠는가? 엄연히 다른 두 개의 과정이지만 외형적으로는 구분할 수 없다. 평균적으로 접근하다 보면 과다 지출을 피하기가 어렵다. '스몰 웨딩', 이런 문화적 변화가 이미 왔어야 했는데 속도가 너무 느리다.

　그래서 발생하는 것이 '웨딩 푸어' 현상이다. 혼활비용과 결혼비용의 증가를 바로 옆에서 바라보는 청년들이 애초에 혼활비용을 지불하지 않고 결혼비용은 더군다나 지불하고 싶지 않다고 마음먹는 것, 그런 일이 점점 늘어나지 않겠는가? 결론적으로 결혼의 숫자 자체가 줄어든다고 해도 개개인의 혼활비용과 결혼비용은 줄어들지 않을 가능성이 높다. 오히려 이러한 비용으로 먹고 사는 사람들이 더 늘어날 것이다. 그리고 그만큼 전체 결혼의 숫자 자체가 줄어들게 된다. 그리고 다시 줄어든 비용만큼을 채우기 위해서 웨딩 산업은 단가를 높게 조정해 사회적 총지출을 유지시키거나 오히려 늘리려는 경향성일 띌 것이다.

2-2
결혼을 둘러싼 세 가지 시나리오

현재 한국 사회에서 결혼과 출산을 늘리는 경제적 힘은 거의 없거나 아주 미약하다. 반면에 솔로로 지내는 결정을 강화하는 힘은 점점 더 강해지고 있다. 인간의 행위를 결정하는 것은 경제적 요소만은 아니지만 지금은 비용 구조가 많은 것을 설명해준다.

지금 20세 한국 청년을 기준으로 생각해보자. 이들 중 얼마나 결혼을 하게 될 것인가? 이런 현실적인 질문을 한번 던져보자. "모두 결혼해야 한다"라고 생각하는 할아버지도 있을 것이고, "모두 결혼할 수 있는 사회를 만들겠습니다"라고 외치는 정치인도 있을 수 있다. 아니면 좀 더 무섭게 "결혼하지 않으면 천벌 받을 것이다"라고 설교하는 종교인이 등장할 수도 있다. 실제로 미국 부시 정부의 결혼 캠페인의 정책적 파트너는 대다수가 대형교회였다. 한때 한국의 많은 보수주의자들이 청년의 순결서약을 사회운동으로 시도한 것처럼, 이제는 보수주의 계열의 교회에서 청년 신도들에게 결혼서약을 시키는 일이 벌어질지도 모른다. 그러나 효과는 별로 없을 것 같다.

그렇지만 청년경제라는 시각으로 본다면, 한국 사회는 여전히 청년들에게 들어가는 돈을 아주 아깝게 생각하는 경향이 있기 때문에 이런 대부분의 시도는 립 서비스를 통한 포장지 바꾸기에 불과할 가능성이 높다. 게다가 고용률을 핑계로 지금의 비정규직보다 열악한 파견직을 확대하는 등 실제로는 대자본들에게만 이득이 가는 정책을 청년 대책으로 둔갑시킬 위험도 있다. 어쨌든 결혼은 개인의 경제적 미래에 개입하는 가장 강력하고 종합적인 요소이기 때문에 누가 결혼하라고 호소한다고 해서 결혼하는 청년은 거의 없을 것이다.

이렇게 종합적이고 복합적인 상황이 벌어질 때 미리 해보는 작업을 BAUBusiness-As-Usual 시나리오라고 부른다. 다른 특별한 일이 벌어지지 않고 지금대로 상황이 유지된다면 어떻게 될 것인가, 그런 의미이다. 객관적인 시각으로 앞으로 일어날 일들을 예상해보자는 의미 이상은 아니다. 유엔기후변화협약 같은 기구에서 온실가스를 줄이는 특별한 노력을 하지 않으면 앞으로 어떻게 될지 추정할 때 사용하는 용어이다.

자, 한국의 결혼 BAU 시나리오는 어떨까?

이 질문을 두고 다양한 분야의 사람들과 인터뷰를 했는데, 대부분의 답변은 3분의 1과 3분의 2 사이에 위치하고 있었다. 참고로 데이팅 전문 벤처 '이음'의 박희은 전 대표는 "3분의 2 정도는 결혼하지 않을까" 조심스러운 답변을 했다. 그렇지만 '이음' 회원들을 대상으로 한 설문조사에서 결혼이 필수라고 대답한 회원은 30%가 채 되지 않았다. 데이팅 회사에 돈을 지불하고 참여하고 있는 회원들에게서 나온 답변임을 감안하면 상당히 낮은 수치이다.

자, 어쨌든 가장 많은 사람이 대답했던 3분의 2 설, 절반 설 그리고 3분의 1 설이라는 세 가지 시나리오를 놓고 가능하면 객관적으로 우리가 할 수 있는 논리적 추론들을 해보자.

1) 3분의 2 설

지금 20세를 기준으로 3분의 2가 결혼을 할 것이라는 말은 현 추세에 큰 변화가 없는 경우를 의미한다. 현재 한국의 1인 가구 비중이 27% 정도다. 물론 이 수치는 전체 연령을 기준으로 하고, 결혼 유무와는 관계없는 수치라서 이를 그대로 청년 솔로의 비중이라고 볼 수는 없다. 여기에 추정에 따라서 50만~100만 명 정도로 예상되는 미독립 솔로, 즉 부모와 같이 사는 사람들을 염두에 두어야 한다. 1인 가구 비중이 선진국에서도 추세적으로 떨어진 경우는 거의 없고, 한국과 유사하게 가난한 사람들에게 가혹한 경제 운용을 하고 있는 일본이나 미국의 사례에 비추어볼 때 한국 역시 급속한 속도로 솔로의 비중이 늘어날 것이다. 그리고 복지국가로 한국에서 많이 참고하는 스웨덴은 솔로 비율이 50%에 육박한다.

지금 20세 젊은이의 3분의 2 정도가 결혼하게 되는 추세라면, 현재 1을 약간 상회하는 출산율에 극적인 변화가 발생하지는 않을 것이다. 크게 오르지도 않고 크게 떨어지지도 않는 상황이 당분간 유지된다고 할 수 있다.

2) 절반 설

지금 20세의 반은 결혼을 하고, 나머지 반은 결혼을 하지 않는다는 것이 절반 설이다. 이 시나리오의 기본 의미는 한국의 솔로화가 앞으로 더욱 급속히 진행되어서 10년 후에는 솔로의 수가 미국이나 일본을 추월하고, 스웨덴 수준 혹은 그보다 약간 상회하는 수준이 된다는 것이다.

청년의 절반이 결혼하지 않는다면 총가임여성을 모수로 하는 출산율은 이제 1 이하로 내려가게 된다. 결혼한 부부의 출산율이 줄어들지 않는다고 하더라도 결혼 자체가 줄어들면 현재의 출산율 1을 유지하기도 어려워진다.

신자유주의에 토건을 더한 지금의 경제 운용 국면이 드라마틱하게 변하지 않는다면 실제로 이러한 상황이 전개될 가능성이 높다. 장기적으로 국민경제를 운용하는 전체적인 방향에 대해서 깊이 있는 고민을 해봐야 한다. 국민연금만이 아니라 개별 상품을 생산하고 판매하는 기업들의 장기 마케팅 전략은 물론이고 주력 상품군에 대한 개발과 디자인 같은 소소한 요소까지, 그야말로 한국에서 경제활동을 하는 모든 경제주체가 솔로 절반 설 시나리오에 맞춰서 자신들의 전략을 재검토해야 할 것이다.

3) 3분의 1 설

이 작업 과정에서 인터뷰를 했던 사람 중 40대 이상은 3분의 2 설에 대해서도 '무섭다'는 의견을 내놓았다. 그리고 그 정도 선에서 한국 경제가 어떻게든 버텨야 한다는 당위적 견해를 가지고 있었다. 3분의 2보다 적게 결혼하는 상황이 아예 머릿속에서 상상이 되지 않는다는 게 정확한 해석일 것이다.

그렇지만 실제 내가 만나본 20대 초반 청년들은 현실적으로 3분의 1 정도 결혼을 하지 않을까 하는 의견이 많았다. 자신의 주변에 결혼하고 싶어 하거나 결혼할 능력이 되는 '능력자'들이 그 정도밖에 안 될 것이라는 게 그들이 나에게 제시한 냉정한 의견이었다.

인구구조에 대해서 미래를 판단할 여러 가지 수치가 미흡한 현 상황에서, 내가 작업 과정에서 취합한 정보와 인터뷰의 내용들을 종합적으로 판단하면, 결혼에 대한 가장 극단적 시나리오인 현재 대학생의 3분의 1만 결혼하는 상황이 현실적으로 전혀 벌어지지 않을 것이라고 단정하기 쉽지 않다.

무엇보다도 한국 경제의 장기 전망이 중요하다. 수출과 관련된 경제와 그렇지 않은 경제로 완벽하게 양극화되어가는 한국 경제의 구조가 개선되지 않는 이상, 내수 분야에서는 1990년대 이후의 일본과 유사한 10년 혹은 그 이상의 불황이 전개될 가능성이 높다. 그리고 이런 경제의 장기적 조건을 완화시킬 만한 사회적 혹은 문화적 조건이 변화하지 않는 이상 3분의 1 설이 현실이 될 가능성을 아예 배제하기 어렵다.

20세의 3분의 1만이 결혼한다는 이야기는 한국의 솔로화가 스웨덴을 넘어선다는 것을 의미한다. 그리고 그 핵심 변수는 청년의 비정규직화이다. 현재 청년의 절반이 비정규직인데, 이게 더욱 진전되어 청년의 3분의 1만 정규직이 되고, 나머지 3분의 2는 비정규직이 될 가능성이 높다. 3분의 1만 결혼하는 시나리오가 실제로 현실화될 수 있는 경제구조가 형성되는 것이라고 할 수 있다. 지금 비정규직으로 어느 정도 제어하고 있는 '불완전고용'이 파견의 전면화로 더 열악해지면 청년경제는 걷잡을 수 없이 무너질 수 있다. 불행히도 현 정부의 청년경제 기조는 파견직 100% 허용 쪽이다. 이 상황에서 청년의 빈곤화, 즉 프레카리아트precariat 현상이 결합되면 개개인이 결혼이나 출산은커녕 자신의 독자적 삶을 경제적으로 구성하기도 어려워진다. 물론 이러한 상황에서도 동거를 더 많이 하거나 출산율이 일시적으로 증가하는 현상이 기술적으로는 불가능하지 않지만, 현재 대학생들의 취업에 대한 내재화된 공포를 감안하면 문화적 힘이 경제적 조건을 넘어서는 특수 상황이 전개될 가능성은 거의 없다.

현재 상황만 살펴보면, 비정규직은 결혼하기가 아주 어렵다. 그렇다고 정규직이라고 모두 결혼과 출산을 결심할 수 있는 것도 아니다. 노동구조의 장기적 변화만을 놓고 보면 3분의 1 설이 개연성이 높다. 정규직의 일부가 결혼에 대한 계획을 세우고 추진하는 반면, 비정규직은 정규직으로 전환되기까지는 결혼활동 등 결혼계획을 미룬다. 결국 한국 경제를 장기적으로 관통하는 가장 큰 변수는 청년들의 정규직 비율과 청년들의 실질소득 두 가지인 셈이다. 이 두 가지의 변수가 나빠지면 나빠질수록 결혼 확률이 줄어든다. 역설적인 것은 이 두 가지 비율을 상당히 개선한다고 해서 단기적으로 많은 청년이 앞 다투어 결혼을 하지도 않는다는 것이다. 스웨덴의 1인 가구 비율의 의미이다. 결혼과 출산이 장기적으로는 경제 변수이지만, 정책적으로 단기간에 조절하기는 매우 어렵다.

경제 자체가 워낙 종합적이기 때문에, 10대 자녀들에 대한 교육비 지출 위에 서 있는 산업인 사교육 산업 등 사회적 재생산의 비용을 높이는 수많은 구조를 전환하거나 개선하는 작업이 모두 결혼 변수에 개입한다.

4) 종합적으로는?

현실적으로 생각해보자. 현재의 20세 청년을 기준으로 한다면, 엄청난 정책적 변화가 생겨나지 않는 한 이들이 50% 이상 결혼하기는 어려울 것이다. 33% 이상에서 50% 이하, 10년 후 그 정도의 사람들만 결혼할 가능성이 높다. 별다른 상황의 변화가 없다면, 결혼하는 사람이 3분의 1은 넘고 절반은 안 되는 것이 우리가 맞이할 청년의 미래일 것이다.

3분의 2 설은 현재 상황이 어느 정도 유지된다는 것인데, 그렇게 되기는 어려울 것이라고 본다. 남은 문제는 지금보다 나빠지는데 과연 어디까지 나빠질 것인가, 그 최대치에 관한 것이다. 다음 세대의 결혼과 출산이 지금보다 줄어들면, 이 새로운 변화가 다시 한 번 부동산 등 한국 경제의 기반을 약화시킬 것이다. 장기적으로 부동산 경제는 불황에 빠져들 것이고, 토건을 축으로 경제성장을 유지하겠다는 한국 주류 경제학이 만든 시스템은 한층 심각한 위기에 봉착한다. 그리고 이 새로운 경제 상황이 다시 고용 상황을 악화시켜 결혼을 더욱 어렵게 만드는 악순환 현상이 발생한다. 이는 일종의 피드백 시스템이라고 할 수 있다.

피드백 구조를 가지고 있으면 간단하지만 어쨌든 복잡계complex-system라고 부르는 구조가 형성된다. 네거티브 피드백, 예를 들면 보일러의 물 온도를 일정하게 유지시켜주는 시스템은 상한과 하한 사이에 목표 온도가 들어갈 수 있도록 조정해준다. 이때 시스템은 일정한 범위 내에서 안정성을 갖는다고 말한다. 체온 혹은 호르몬을 통한 생체 조건 유지 등 항상성homeostasis과 같은 원리이다.

반면에 포지티브 피드백이 발생하는 경우, 시스템은 자연계 내에서는 안정성을 가질 수가 없다. 너무 온도가 높아져서 폭발하거나 아니면 반대로 너무 낮아져서 응고한다. 소리를 증폭시켜주는 앰프와 소리를 받아들이는 마이크 사이에서 '삐익' 하는 소리를 발생시키는 하울링 현상이 대표적인 포지티브 피드백이다. 앰프를 통해서 증폭된 소리가 마이크로 들어오고 다시 이 소리는 앰프를 통해서 더욱 커진다. 일단 하울링이 발생하면 사람들이 황급히 달려가서 마이크든 앰프든 일단 끄고 본다. 그냥 내버려두면 앰프에 과부하가 걸려 앰프가 터지게 된다. 응고되는 쪽으로 계속해서 포지티브 피드백이 걸려서 안정화된 대표적인 경우가 수정이라고 부르는 크리스털 결정이다.

청년 솔로 현상의 증가로 내수 경제가 안 좋아지고, 이 안 좋아진 상황이 고용을 줄여서 더욱 혼활을 줄이고, 이것이 다시 부동산 경제 등 내수 경제에 악영향을 미치고, 이 고리가 계속 돌아가는 상황은 전형적인 포지티브 피드백 현상이다. 이런 특징을 보이는 종은 장기적으로는 멸종하게 된다. 청년 솔로 현상이 더욱 강화되면 멸종 시기는 더 빨라진다.

그렇지만 한국이라는 나라 자체는 고립계가 아니며, 한국에서 태어나 한국에서 사는 사람으로 정의된 '국민'이라는 범주는 거대한 우주선으로 우주를 이동하는 우주인과 같은 고립된 존재가 아니다. 어디선가 다시 인구가 들어와서 빈 구석을 일부 채우는 균형 과정이 존재할 수도 있다. 1960~1970년대의 유럽이 그랬듯이. 인구의 유입과 유출은 자연적으로 발생하기도 하고 정책적으로 발생하기도 한다. 국가별 인구의 이동이 존재하기 때문에 기계적으로 50년 혹은 100년 후의 인구구조를 예상하기는 아주 어렵다. 출산율이 준다고 해서 기계적으로 특정 지역 혹은 특정 국가에 거주하는 사람이 줄어들 것이라고 말하기는 어렵다.

어쨌든 청년의 절반 혹은 3분의 1만이 결혼하는 상황이 닥친다고 해서 인구구조 자체에 급격한 변화가 올 것이라고 보기는 어렵다. 생물학적으로 30년을 한 세대로 잡는다고 하면, 이런 변수들은 매우 장기적이고 누적적으로 효과를 미치는 변수들이다. 정서적으로는 '모두가 결혼하는 사회' – 혹은 그렇게 믿었던 – 사회에서 일부만 결혼을 하는 두 가지 삶의 방식이 공존하는 시대가 될 가능성이 높다. 자식이 재산이던 농업사회에서 이제는 자식이 비용이 되어버린 산업사회, 여기에 출산과 육아에 대한 체계적인 보장을 만들지 못한 한국 경제의 구조적 약점이 결합되어 다른 어떤 나라도 경험해보지 못한 수준의 독특한 미래상을 보게 될 것이다.

2-3
'벗겨 먹자'와 '냅둬유': 솔로 현상을 보는 두 가지 시선

청년 솔로 현상이 발생하고 있다는 인식은 이미 몇 년 전부터 뚜렷해졌다. 1인 가구를 둘러싼 분석이 많은데, 특히 전문직 싱글을 대상으로 한 마케팅 혹은 트렌드 분석에 집중된 경향이 있다. 솔로에 대한 담론은 크게 두 가지로 나눌 수 있다.

1) 벗겨 먹자: 싱글족 혹은 솔로 이코노미

전문직 솔로를 중심으로, 결혼하지 않으면서도 구매력을 갖춘 소비자에 대한 분석은 이미 상당 부분 이루어졌다. 가족과는 다른 패턴을 가진 이 소비 집단에 대한 담론은 쉽게 표현하면 '벗겨 먹자'라고 요약할 수 있을 것이다. 어떻게 하면 혼자 사는 사람들의 기호에 맞는 상품을 트렌드화하고 그들의 주머니를 열 것인가, 이런 마케팅의 관점에 집중되어 있다. 물론 장사와 마케팅에 대해 그 자체로 좋고 나쁨을 따질 수 있는 것은 아니다. 솔로라는 새로운 소비 집단이 등장했으므로, 그들의 지불 능력을 어떻게 실제 소비로 연결시킬지 고민하는 것이 당연할 수도 있다.

그러나 '벗겨 먹자' 접근 방식의 문제점은 빈곤형 솔로에 대한 관심이 없다는 점이다. 당연한 이야기일지도 모른다. 마케팅은 구매력이 있는 집단을 중심으로 움직이기 때문에 그렇지 못한 집단에 대해서 굳이 관심을 기울일 필요가 없지 않은가. 한쪽에서는 혼자 사는 것이 분명한 청년 솔로들을 위해서 엔트리 외제차를 권한다. 그러나 또 다른 한쪽에서는 노량진 고시촌을 중심으로 경제적 현실에 맞춘 '컵밥'이 등장했다.

운전석 쪽 뒷문을 아예 없애버린 현대자동차의 벨로스터라는 엔트리급 승용차 모델은 솔로 이코노미의 극단을 형성한다. 이 차의 잠재 소비자는 아기를 태울 필요가 없는 사람들, 즉 결혼하지 않거나 결혼을 하더라도 아이를 낳지 않을 전문직 청년 솔로들이다. 그들이 광고에서 표방하든 표방하지 않든, 솔로 현상과 함께 등장한 모델이라고 할 수 있다. 전 세계적으로 유례를 볼 수 없는 도어 방식이다. 문 두 개의 쿠페도 아니고, 문 네 개의 세단도 아니며, 문 다섯 개의 해치백도 아닌, 전혀 새로운 방식의 문 세 개짜리 승용차가 한국에 등장했다. 한국의 매우 빠른 솔로화가 만들어낸 특수 상품이라고 할 수 있다. 2,000만 원에 가까운 이 상품, '벗겨 먹자'의 범주에 들어가는 변화이다.

그리고 그 다른 한편에는 컵밥으로 상징되는 빈곤형 솔로로 인해 나타난 온갖 경제적 변화가 있다. 고시촌을 한 극단으로, 정부에서 직접 추진하는 도시형 생활주택 등 솔로들을 겨냥한 눈물 나는 부동산 상품들이 자리하고 있다. 그리고 지난 수년 동안 중산층에 불었던 재테크 열풍의 한 유형인 오피스텔 투자, 기본적으로 솔로들을 '벗겨 먹자'는 흐름 위에 서 있다. 1인 가구가 느니까 소형 아파트를 중심으로 더 많은 아파트를 짓자고 했던 사람들이나, 이 기회에 소형 주택에 투자해서 노후 대책으로 삼고자 했던 사람들, 기본적으로 '벗겨 먹자'의 범주에 속한다.

2) 냅둬유

청년 솔로의 강화와 함께 마케팅이라는 명확한 목표를 가지고 솔로 현상을 일종의 트렌드로 분석하는 일이 벌어지는 동안, 솔로들이 스스로 내는 목소리도 점점 뚜렷해지고 있다. 노명우 교수의 『혼자 산다는 것에 대하여』(2013)가 대표적이다. 솔로에 대한 사회적 시각은 전통적으로 '결혼해라'라는 한 가지였다. 그래서 지금 솔로로 살아가는 것 자체에 대해서 나오는 목소리는 그 자체로 의미가 있다. 솔로 탈출과 탈출 권장이라는 시선이 아니라, 어떻게 솔로로 재미있고 유쾌하게 살아갈 것인가, 그런 질문들이 나올 때가 되었다.

솔로가 아닌 사람들 중에서 자기 자식에게 "차라리 너는 결혼하지 마라", 이런 이야기를 하는 사람들도 등장하기 시작했다. 객관적으로 지금 상황을 보면 부모 입장이라도 무조건 결혼하라고 말하기 어렵다. 그렇지만 아직 솔로가 아닌 사람들에게서 '벗겨 먹자'는 담론 외에 이들을 존중하거나 있는 그대로 이해하자는 이야기가 아직 체계적으로 담론화되지는 않았다. 그럼에도 솔로들 스스로 자신들의 목소리를 조금씩 내기 시작하고 조금은 더 당당해지는 경향이 있다.

이런 두 가지 흐름을 놓고 볼 때, 사회학자 에릭 크라이넨버그Eric Klinenberg의 『고잉 솔로 싱글턴이 온다』(2013, 이하『고잉 솔로』)는 솔로 논의의 한 획을 그은 책이라고 할 수 있다. 확실히 이전의 논의에 비해서는 독자적이며 종합적이다. 사태의 심각성을 생각해보면, 그의 접근은 우아한 느낌을 줄 정도다. 인류학이나 사회학에서 다양한 방식으로 솔로 현상에 대해서 논의를 시작하기는 했는데, 크라이넨버그의 책은 에밀 뒤르켕Emile Durkeim이 사회학을 독자적 학문의 반열에 올려놓았던 『자살론』을 연상시킬 정도로 종합적이고 입체적이다. 자살을 개인의 선택으로 받아들였던 19세기 중후반의 정서에서 뒤르켕이 펼쳐 보여준 세상은, 산업화 과정에서 필연적으로 개인이 만나게 되는 극심한 경제적 변화와 불안감이 뒤엉킨 구조의 문제였다. 자살은 개인의 선택이지만, 개인이 자살을 선택하게 만드는 객관적이고 물리적인 조건은 분명 존재한다. 이미 산업화 현상을 목격한 존 스튜어트 밀John Stuart Mill 등 많은 고전학파 경제학자가 자살의 문제를 개인의 선택으로 생각하면서 구조적 변화를 놓치는 사이, 뒤르켕의 구조적 접근은 개인으로 환원되지만은 않는 전체적인 변화를 대상으로 하는 사회학이라는 별도의 학문을 새로운 반열에 올려놓았다. 경제학의 방법론적 개인주의methodological individualism와 구별하여, 뒤르켕 이후의 사회학적 접근을 방법론적 전체주의 혹은 집체주의methodological holism라고 부르기도 한다. 경제학 내에서 이러한 전체적 시각을 펼친 사람이 바로 케인스이며, 그 후에 이러한 접근을 거시경제학이라는 용어로 부르게 되었다.

크라이넨버그의 『고잉 솔로』는 오귀스트 콩트Auguste Comte의 실증주의적 접근에 이어 뒤르켕의 『자살론』이 세상에 모습을 보이던 그 순간을 연상시킬 정도로 환상적이고, 때로는 황홀하기도 하다. 그래, 이래서 사회학이 경제학이 보지 못하던 것을 늘 짚어주고는 했지! 『고잉 솔로』는 솔로에 대해서 좋다, 나쁘다 식의 선험적 판단을 내리지 않는다. 그렇다고 한국에서 '솔로 이코노미' 담론이 의미하는 '벗겨 먹자'와 같은 마케팅 접근도 아니다. 그의 책은 주어진 상황을 있는 그대로 놓고 그 속에서 경향성을 이해하고 문제점을 최소화하기 위한 정책 제안 등으로 구성된다. 마케팅과도 다르고, 때로는 철학적 때로는 미학적인 판단과도 직접적으로는 경계를 두고 있는 사회과학의 전형적 접근이다.

그럼에도 경제학에서는 조금 다른 각도로 생각해볼 수밖에 없다. 그렇게 생겨난 변화가 과연 경제적으로는 어떠한 의미를 가질 것인가, 혹은 우리의 삶에 어떠한 영향을 미칠 것인가? 미국과 유럽 등 여러 나라의 상황을 이해는 했지만, 그렇다면 이 변화가 한국이라는 틀 내에서 살아가는 사람들에게 어떠한 영향을 미칠까? 어쩌면 우리는 지금부터『고잉 솔로』의 분석이 끝난 바로 그 지점, 즉 이러한 변화가 앞으로 우리에게 어떠한 경제적 영향을 미칠 것인가, 거기에서부터 출발해야 하는 것인지도 모른다.

2-4
솔로의 증가, 공간의 재구성

1) 원심력의 시대에서 구심력의 시대로, 베드타운들의 위기

2008년 금융위기는 서브 프라임 사태, 즉 신용이 튼튼하지 않은 사람들에게 주택 구매를 위해서 대출된 자금 위기로부터 촉발되었다. 결국 한때 세계 최대의 투자은행이라고 했던 리먼 브라더스가 파산했다. 일반적으로 이 문제는 작게는 부동산 거품의 과정, 크게는 규제 없는 금융자본주의의 재조직화라는 시각에서 해석된다. 좀 더 넓게 보면 신자유주의의 퇴보로 보기도 한다.

그렇지만 이 사건의 핵심에 솔로 현상이 있었다는 사실은 부각되지 않았다. 1960~1970년대, 국가의 경제 개입이 증가하면서 복지 체계와 공공투자가 만들어낸 장기 호황 시절에 주요 도시들은 팽창에 팽창을 거듭했다. 베드타운 bed-town이라고 불리는, 그야말로 잠만 자고 도시로 출근하는 위성도시들이 이 시절에 유행하게 된다. 한국의 경우는 산업화 과정에 시간 격차가 존재한다. 약간 뒤늦게 노태우 시절 1기 신도시인 분당, 일산과 함께 한국에서도 베드타운이 본격화되었다.

이 베드타운에 지어진 주택들은 핵가족을 기본단위로 설계되었다. 아빠는 도시로 돈 벌러 나가고, 홀로 남은 엄마가 자녀들을 돌보기 편한 방식, 이게 일종의 삶의 단위이며 동시에 경제단위로 국민경제의 기초 세포와도 같은 것이었다. 1가구 2자동차는 당시에 형성된 중산층의 상징이고, 월마트로 상징되는 주차장을 갖춘 대형 할인매장이 이 시기에 전성기를 맞이한다. 미국과 한국의 차이점은 이 중산층 핵가족이 주거할 기본단위를 단독 주택으로 할 것인가 아니면 아파트로 할 것인가라고 할 수 있다.

청년 솔로 현상이 심화되면서 생겨날 가장 큰 변화는 1인 가구의 등장이나 소형 아파트의 급증은 아니다. 자녀가 2~3명 있는 아빠가 아니라면 도대체 누가 왕복 몇 시간씩 걸리는 출퇴근 시간을 인내할 것인가? 도저히 참을 수 없을 정도로 피곤한 이 원거리 출퇴근을 아빠들은 자녀들을 위해서 꾹 참고 버텨왔다. 그렇지만 혼자 사는 사람이 왜 그 원거리 출퇴근을 참고 인내하겠는가? 아빠라면 원거리 출퇴근을 감내할 수 있지만, 그렇지만 않은 사람이 이걸 왜 감당하겠는가? 베드타운보다 극단적인 경우로 전원주택을 생각해볼 수 있다. 고양이를 여러 마리 돌보며 살아가는 전문직 솔로 여성이 전원주택으로 이사 가는 경우를 본 적은 있다. 그렇지만 매일 출근하면서 일하는 청년 솔로가 전원주택에서 사는 것이 일반적인 경우는 아니다.

솔로 현상이 강화되면서 나타난 제일 큰 변화는 도심 바깥으로 거주공간이 확대되는 원심력 대신, 도심 안으로 사람들이 돌아오는 구심력이 새롭게 발생하는 것이라고 할 수 있다. 원심력의 시대가 종료하고 구심력의 시대가 다시 시작된다는 것, 그게 장기적으로는 가장 큰 변화라고 할 수 있다. 혼자 살면서 괜히 먼 거리를 오갈 필요가 없어진 사람들은 좁거나 불편하더라도 시내로 돌아오기 시작한다. 자연스럽게 '도심 재생사업'과 같이 신도시정책과는 정반대에 서 있는 공간정책들이 심지어 한국에서도 논의되기 시작했다. 어느 날 갑자기 벌어진 변화는 아니지만, 비싸고 좁은 시내 주거공간을 벗어나 베드타운으로 아빠들이 가족을 데리고 멀리, 더 멀리 가던 행렬과는 반대의 흐름이 생겨나고 있다. 물론 도심의 거주비용은 싸지 않다. 시내에서 좁게 지낼 것인가, 아니면 교외로 나가 넓게 지낼 것인가, 두 흐름 사이의 힘겨루기가 한동안 벌어질 것이다. 그러나 청년 솔로 현상에 따른 거주공간의 변화에는 단순히 주거비용과 방의 크기 그리고 도심과의 거리만으로 환원해서 설명하기는 어려운 문화적 측면이 존재한다.

혼자 사는 사람들에게는 더 많은 문화적 교류와 만남이 필요해진다. 핵가족의 특징은 기본적인 사회적 활동이 가족 내에서 이루어지고, 이웃과의 교류 정도로 기본단위가 형성된다는 것이다. 원거리에 있더라도 타운 커뮤니티는 어느 정도 시간이 지나면 자체적으로 형성된다. 그렇지만 가족과 같이 지내지 않는 솔로들은 '홍대 앞'으로 상징되는 도심 문화 혹은 도시 빈민형 서브 컬처가 자신의 삶을 디자인하는 기본단위가 된다. 가족을 위한 편안하고 안락한 주거공간보다는 많은 접촉이 가능한 문화 집중지가 솔로에게는 더 편안한 곳이 된다.

점진적으로 조용하게 진행되던 이러한 변화가 순간적으로 폭발한 것이 바로 미국의 2008년 서브 프라임 모기지 사태이다. 어느 날 문득 돌아보니, 도시 근교에 지어진 4인 혹은 5인을 위한 2층 주택에 거주할 사람들이 없어졌다는 것! 30%를 넘어선 미국의 솔로들에게 그런 거주공간은 필요 없고 거추장스럽기만 할 뿐이다. 혼자 살고 있고 앞으로도 혼자 살기로 마음먹은 사람들에게 아기들이 편안하게 놀 수 있는 뒷마당이 왜 필요하겠는가? 잔디 관리로 주말을 보내고, 출퇴근으로 길 위에서 하루 몇 시간씩 보내고 싶은 청년 솔로는 없다.

돌이켜보면, 1990년 이후 20년 가까이 일본 열도를 강타한 버블 공황 역시 그 이면에는 일본 청년의 솔로화가 숨어 있던 것 아닌가? 솔로화가 가져온 가장 큰 변화는 케인스 시대의 상징처럼 전 세계적 열풍처럼 지나갔던 베드타운 붐이 끝난 것이다. 도쿄의 베드타운 중 하나라고 할 수 있는 일본 최초의 개항 항구였던 요코하마가 겪은 공간상의 위기 등은 일맥상통하게 청년 솔로 현상과 연관되어 있다고 할 수 있다. 지브리 스튜디오 애니메이션 〈폼포코 너구리 대작전〉(1994)의 배경이 된 도쿄의 타마 뉴타운 역시 청년들이 빠져나가면서 이제는 올드타운이라는 조롱을 받고 있다.

자, 지금부터 한국 청년들의 결혼이 현 수준보다 많이 줄어들 것이라는 우리의 시나리오들을 이 베드타운의 원심력 가설과 연결시켜보자. 장기적으로 어떤 일이 벌어지게 될 것인가?

우선, 베드타운들의 위기를 지적할 수 있을 것이다. 일본의 경우 버블 공황을 거치면서 주택 가격을 결정한 것은 장기적으로는 도심에서의 거리와 주택 유지비 두 가지였다. 그리고 예외적으로 일부 해안가를 중심으로 럭셔리형 레저 타운들이 존재한다. 자족형 도시라는 표현이 있다. 한 도시에 주거공간과 직장이 동시에 있기 때문에 굳이 다른 지역으로 출퇴근할 필요가 없게 형성된 곳을 의미한다. 물론 모든 베드타운은 장기 계획으로는 자족 도시를 목표로 하고 있다. 그렇지만 아주 특수한 기업도시인 일본의 도요타 시나 미국의 실리콘밸리같이, 도시의 경제적 배후가 아주 튼튼하게 형성된 경우가 아니면 자족 도시의 조건을 만족시키기 쉽지 않다.

'강남에서 몇십 분 거리' 혹은 '시내까지 몇십 분'이라고 광고하는 베드타운들이 있다. 실제 도로 교통 상황을 고려하면 헬기로 따진 거리라는 농담이 있을 정도이다. 물리적 거리를 기준으로 한다면 기존의 가장들에게는 유의미한 시간일 수 있지만, 지불 능력이 높지 않은 빈곤형 솔로들에게는 물리적 거리가 그 자체로 경제적 거리이기도 하다. 시간은 상징적 돈이지만, 교통비는 물리적 돈이다. 전격적으로 청년 혹은 솔로를 위한 무상버스나 다양한 서틀버스라도 도입되기 전에는 교통비도 제약 조건으로 작용할 것이다.

베드타운에서 최근 1인 가구를 겨냥해서 열풍처럼 건설되고 있는 오피스텔의 경우는 어떨까? 40~50대 직장인들에게 임대를 놓기 위한 오피스텔 구입이 재테크 일환으로 유행한 적이 있다. 버블 공황기에 거리 이외에 주택 가격을 결정하는 또 다른 조건이 바로 유지비이다. 단기적으로는 전기요금과 관리비 그리고 장기적으로는 감가상각비와 유지보수비 등이 주택을 유지하는 데 필요한 비용이다. 주상복합아파트와 오피스텔의 공통점은 이 관리비가 높다는 점이다. 결국에는 세입자를 찾기 힘든 위기에 부딪힌다. 일본도 그랬다.

상대적으로 소득이 높은 정규직 솔로 중에서도 실제로 오피스텔에서 월세 형태로 살 수 있는 비중은 높지 않다. 그렇다고 비정규직 솔로들이 원거리 출퇴근과 높은 관리비를 감당하면서 베드타운에서 살게 될 것인가? 어렵다. 게다가 이명박 정부 이후 도심형 생활주택 등 소형 아파트 공급이 용이해졌다. 현재로서도 이미 초과 공급 상태다.

현 상황에서 장기적으로 혼자 살고자 하는 청년 솔로들이 가장 선호하게 될 주거 지역은 '홍대 앞' 유형이라고 할 수 있다. 도심에서 멀지 않고 충분한 즐길 수 있는 자신들만의 문화가 있는 곳, 그리고 비싸지 않은 방을 구할 수 있는 곳. 현재로서는 '홍대 앞'이 이 조건들을 만족시킨다. 혼자 사는 사람들이 넓은 거실에 앉아 TV만 보면서 시간을 보낼 리가 있겠는가?

사실상 서울의 베드타운으로 구성된 수도권 신도시들의 미래가 그다지 밝아 보이지 않는 것은 자체적으로 일자리를 제공하지 못하는 지역에 사는 청년 솔로들이 점점 도심으로 향할 것이기 때문이다. 이런 현상은 뉴욕에서도 벌어졌고, 도쿄에서도 벌어졌고, 솔로 현상이 발생한 거의 대부분의 도시에서 일어났다. 한국이라고 예외라고 하기는 어렵다.

2) 뭉치면 살고 흩어지면 죽는다

지금까지 한국에서는 솔로 현상을 가구 수의 증가라는 토건적 방식으로 해석했다. 출산율의 감소로 전체 인구는 줄어들게 될 것이지만, 그 대신 1인 가구가 증가하면서 오히려 총가구 수는 늘어나고, 따라서 주택 수요가 증가한다는 것이 토건의 논리였다. 물론 그냥 해보는 말일 뿐이고, 국가 예산을 토건 쪽으로 더 많이 끌어가기 위해서 사태를 자기들 편한 대로 해석한 것이라고 할 수 있다. 자료를 검토하면, 현재 한국에서 1인 가구의 증가 요인은 청년 솔로가 아니다.

〈그림 2-1〉은 2010년 광역지자체별 65세 이상 1인 가구의 비중이다. 전라남도 50%, 전라북도 40%, 경상북도 37% 등 농촌지역 순위대로 나온다. 전국 평균은 25%이다. 경기도와 울산은 각각 19%, 18%로 거의 비슷한 수준이고, 대전과 서울은 전국에서 가장 낮은 16% 수준이다. 지역별 1인 가구 비중과 연계해서 생각하면, 현재 가구 조사에서 보이는 1인 가구 비중의 증가는 청년 솔로 현상보다는 농촌 고령화의 영향이라고 보는 게 타당하다. 남녀의 기대수명의 차이와 농촌 지역이라는 변수를 결합시키

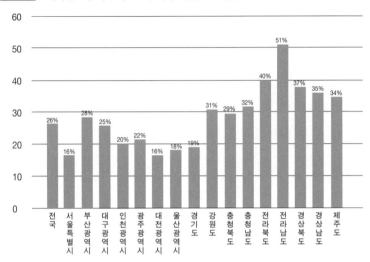

그림 2-1 지역별 1인 가구 중 65세 이상 비율(2010년)

자료: 통계청, 「인구주택총조사」(2010).

지 않으면 이러한 추세는 해석되지 않는다. 할아버지와 사별하고 혼자 남은 할머니들, 즉 1인 고령농가, 정확히는 할머니 솔로가 1인 가구 증가 흐름을 상당 부분 만들고 있다고 해석하는 것이 타당하지 않은가? 지역별 1인 솔로 비중은 전라남도, 경상북도, 강원도 등 농업지역이 서울이나 경기도 혹은 울산과 같은 지역보다 확실히 높게 나온다.

정부의 토건 지향 해석과는 달리, 고령화된 농촌 지역에서 발생한 1인 가구는 정부에서 오랫동안 밀어붙였던 아파트 경기 부양과는 거의 관계가 없어 보인다. 물론 농가주택을 처분하고 소형 아파트를 구매할 할머니가 전혀 없다고 할 수는 없지만, 확률적으로 주택 시장에 영향을 미칠 것이라고 보기는 어렵다. 농촌 지역에서 현장 조사한 샘플 인터뷰에서 자신이 사는 집을 정리하고 아파트로 옮길 계획을 가지고 있는 할머니는 없었다.

청년 솔로 현상의 심화와 함께 우리는 오히려 가구 수의 추세적 감소를

표 2-1 지자체별 1인 가구 비중(2010년)

전라남도	28.92%	제주특별자치도	24.02%
경상북도	28.82%	광주광역시	23.75%
강원도	27.87%	부산광역시	23.39%
충청남도	26.95%	대구광역시	22.17%
충청북도	26.92%	인천광역시	20.77%
전라북도	26.52%	울산광역시	20.72%
대전광역시	25.33%	경기도	20.29%
경상남도	24.89%	전국	23.89%
서울특별시	24.39%		

자료: 통계청, 「인구주택총조사」 (2010).

예상할 수 있다. 여기에는 두 개의 직접 효과와 한 개의 간접 효과, 이렇게 세 가지의 흐름이 존재할 것이다.

미독립 솔로의 증가

일본에서는 기생 싱글, 일반적으로는 캥거루족이라고 불리는 미독립 솔로는 통계청 추정으로 대략 50만 명이다. 원래대로라면 부모로부터 독립해서 별도의 가구가 되었어야 할 50만 가구가 사라진 것이라고 할 수 있다. 이 수치가 앞으로 증가할 것인가, 아니면 감소할 것인가?

한국에서 20세가 넘어서 독립하지 않는 것은 경제적 특징인가 아니면 문화적 특징인가, 이 질문에 직접 답하기는 쉽지 않다. 실제로 남자든 여자든 많은 청년이 결혼과 함께 부모로부터 독립한다는 것이 우리가 알고 있는 현실이다. 경제적 문제이든 문화적 문제이든, 지금부터 펼쳐질 경제의 장기 불황과 함께 결혼과 출산의 전체적인 수치는 줄어들고, 미독립 솔로는 점점 증가할 것으로 예상할 수 있다.

물론 결혼하지 않더라도 청년들은 독립해서 혼자 살 수 있다. 그렇지만 독립을 실현하기 위해서는 경제적 현실이 뒷받침되어야 한다. 추세적으로는 베드타운의 몰락과 함께 토건경제의 한 축이 붕괴할 것이고, 토건에 대부분의 경제 운용을 연동시켜놓은 한국 경제의 특징상 청년들의 경제적 조건은 더욱 악화될 것이다. 그렇다고 별도로 청년들을 위한 대규모의 청년경제를 현 정부에서 시행할 가능성도 거의 없어 보인다.

2007년에 내가 관찰하던 20대들 중에는 집을 나와 혼자 사는 사례가 있었다. 이 추세가 강화될지 약화될지 관심을 두고 지속적으로 지켜보았다. 정상적인 경제라면, 독립하는 20대가 점점 늘어날 것이고, 그렇지 않다면 오히려 줄어들 것이라는 게 나의 작업가설이었다. 7년이 지난 지금, 이제는 30대가 된 남성 1명을 제외하면 모두 다시 부모의 집으로 들어갔다. 그들은 모두 독립을 원했는데, 도저히 현실이 그렇게 내버려두지를 않았다. 기존에 부모와 살던 20~30대 솔로 청년이 독립할 가능성은 장기적으로는 거의 없어 보인다. 여기에 더해서 혼자 살던 20~30대가 다시 부모의 집으로 들어가는 현상은 더 많아질 것으로 예상된다. 시간당 5,000원을 약간 상회하는 지금의 최저임금 구조에서 도시 생활을 독립적으로 유지하는 것은 불가능해 보인다. 정신적으로는 독립을 원해도 경제적으로 독립할 수 없는 상황에서 부모와의 동거를 선택하는 것이 최소한 경제적으로 비합리적인 선택으로는 보이지 않는다.

정부에서 권장하는 대로 감당하기 어려운 주택 대출을 받아 평생 빚에 시달리면서 사는 것보다는 차라리 미독립 솔로를 선택하는 편이 더 권장할 만한 일 아닌가? 기존의 미독립 솔로의 추세에 추가로 새롭게 미독립을 선택하는 청년들이 장기적으로는 늘어나게 될 것이다. 이것이 가구 수 감소에 영향을 미치는 첫 번째 변수이다. 이건 경제 상황에 따라 직접적으로 영향을 받는 변수이다.

셰어하우스의 증가

　토건적 사유에서는 솔로들이 증가하면 소형 아파트나 오피스텔을 더 많이 지으면 장사가 될 것이라고 생각하게 된다. 어쨌든 1인 가구가 늘어나면 전체 가구 수는 늘 것이고, 사회가 필요로 하는 집의 숫자도 많아질 것 아닌가? 지난 수년간 한국 정부는 그렇게 청년 솔로 현상을 토건적인 방식으로 해석했다. 그러나 실제 한국보다 먼저 솔로 현상을 겪은 일본이나 캐나다와 같은 나라에서 청년 주거공간은 그런 식으로 움직이지 않았다.

　'셰어하우스share-house' 혹은 '룸셰어room share'라고 불리는 새로운 주거 패턴이 1980년대부터 등장했다. 결혼을 하지 않은 솔로라도 혼자 사는 것보다는 같이 사는 것이 경제적으로 여러 가지 장점이 있다. 개인당 점유 공간은 줄어들 수도 있지만, 혼자 살 때보다 전체적인 문화 공간은 오히려 늘어난다. 솔로가 그 자체로 1인 가구가 될 수도 있고 아닐 수도 있다. 스웨덴처럼 청년 임대주택이 전면화되지 않은 상황에서, 경제적 비용을 줄이기 위해 솔로들이 같이 사는 것은 당연한 경제적 흐름이다.

　셰어하우스는 상업적 업체도 할 수 있고, 사회적 기업이 할 수도 있다. 개인이 일일이 세를 놓고 룸메이트를 들이는 방식보다는 전문업체가 관리하는 편이 여러모로 안정적이라고 할 수 있다. 한국에서도 이미 셰어하우스를 운영하는 사회적 기업이 등장했다. 이 현상은 좀 더 수익률 중심의 상업적 경제로 나아갈 수도 있고, 소위 공유경제의 관점에서 해석할 수도 있다. 어쨌든 한국에서 활동을 시작한 셰어하우스 업체는 사회적 기업의 형식을 띄고 있고 공유경제를 모토로 내세우고 있다. 이런 사회적 기업을 통해 빌리는 셰어하우스의 월세는 방의 형태와 크기에 따라 30~50만 원 정도이다.

　이런 개별적 접근을 솔로형 임대주택 형태로 정부가 직접 건설하고 관리하는 경우가 스웨덴형이라고 할 수 있다. 많은 사람은 크라이넨버그의 『고잉 솔로』를 읽고 나서 정말로 싱글 경제가 추세라면 그들을 '뜯어 먹자'는 교훈을 얻겠지만, 이 책의 결론 중 하나는 바로 이 스웨덴형 임대주택이다. 정부가 국민에게 정말로 필요한 정책을 시행하는 것을 거의 본 적이 없는 미국학자로서는 스웨덴의 솔로들을 위한 임대주택이 정말로 부러웠을 것이다. 1층에는 카페, 도서관 등 문화시설이 있고, 각자의 방을 가질 수 있는 아주 저렴한 가격의 임대주택은 현재 정부가 솔로들에게 해줄 수 있는 가장 이상적인 정책이라고 할 수 있다.

물론 미국 정부는 그러한 정책을 실시하지 않았고, 일본 정부도 마찬가지이다. 현재로서는 한국 정부도 대학생 기숙사 확충 이상은 하지 않을 듯싶다. 정부가 공적으로 솔로들이 거주할 수 있는 공간을 마련하지 않는한, 공익성을 내세운 사회적 기업이든 아니면 정말로 순수하게 상업적 이윤만을 추구하는 업체든 혹은 내몰리다 못해 자발적으로 셰어하우스 임대를 시작하는 청년이 나타나든 셰어하우스는 점점 늘어날 것으로 보인다.

사회적 기업이나 정부가 나서서 셰어하우스를 구성하고 운영하는 것은 개인에 비해서 안정적이라는 장점이 있다. 그렇지만 이런 전환이 지체되는 동안, 한국에서도 이미 홈메홈메이트 혹은 룸메룸메이트 등 변형된 형태의 셰어하우스가 점차적으로 일반화되고 있다.

장기적 경제 침체와 솔로화 현상이 결합되면서, 한편으로는 이미 독립했던 청년 솔로들이 다시 부모의 집으로 복귀하는 현상이 나타나고 있다. 그리고 또 다른 한편에서는 부모 품으로 돌아가서 미독립 솔로가 되고 싶지 않은 사람들이 셰어하우스 등 다양한 형태로 결합해서 그들의 월간 소비 지출, 특히 공간에 관한 임대비용을 줄이려고 할 것이다. 셰어하우스는 조금 더 중립적인 이름이고, 취미나 활동 분야를 공유하는 다양한 솔로들이 '연대가구' 등의 이름으로 같이 사는 현상이 조금 더 광범위해질 것이다. 정부와 부동산 시장은 청년들을 개별적으로 공략하면서 1인 가구들에게 오피스텔을 팔아먹거나 임대하려고 할 테지만, 시장을 통해서든 기업을 통해서든, 아니면 사회운동의 이름으로 같이 살아가는 사람들이 점점 늘어날 것이다.

시어머니와 며느리의 불편한 동거

화장실이 두 개 있는 아파트, 오랫동안 한국에서는 럭셔리의 대명사와 같았다. 40평 이상이며 보통 방 4개가 있는 이런 아파트는 한국 중산층에게는 일종의 로망이라고 할 수 있다. 1970년대 유신시대에 보급된 국민주택, 대지 50평에 건평 20평을 기준으로 지어졌던 집은 방 3개, 화장실 1개였다. 여기에서 방 하나가 늘어나고, 안방에 화장실이 하나 더 붙어 있는 아파트가 한국 중산층이 꿈꾸던 거주공간이다. 1971년에 입주를 시작한 한강맨션에는 화장실이 두 개였다.

계속해서 확장하며 고속성장을 거듭한 당시의 특수한 경제 국면과 세대원 기준으로는 시어머니와 며느리 사이의 갈등이라는 문화적 요소가 핵가족화를 촉진했을 것이다. 한국의 사회 문제에서 가장 민감하면서도 복잡한 구조를 가진 것이 고부갈등 아니겠는가? 부부 사이의 문제와 재산 상속 문제, 여기에 경제적으로 직업이 없던 여성과 일하기 시작한 여성 사이의 갈등, 이 모든 것이 중층적으로 개입하는 것이 시어머니와 며느리의 갈등이라고 할 수 있다. 상상할 수 있는 한국 현대사의 갈등 구조들이 시어머니와 며느리 사이에 거대한 대치 전선을 만들고 있는 것 아닌가!

이 문제를 풀기 위해서 한국 주택은 다른 나라의 양식과는 좀 다르게 진화해왔다. 한국의 2층 단독주택 양식의 원형이었던 일본 단독주택의 2

층은 보통 복도식으로 지어졌고, 복도를 따라 자녀들이 한 방씩 쓸 수 있게 디자인되어 있다. 그러나 한국 단독주택의 2층에 복도가 있는 경우는 별로 없고, 1층 거실의 규모를 줄여서 2층에도 놓는 것이 일반적이다. 1층에는 부모가, 2층에는 진짜 집주인인 아들 내외와 아기들이 살 수 있는 구조이다. 참고로 미국의 2층집은 주인 내외가 사는 메인 침실이 2층에 있고, 1층 방들은 접대용으로 디자인되는 경우가 많다. 미국의 2층집들은 4인 거주 핵가족을 기준으로 디자인되었다.

1990년대 이후로 한국에 보급된 화장실이 두 개 딸린 아파트는 핵가족이 살기에는 문제가 없지만, 여기에 대가족이 살면 윤리적으로 문화 충돌이 발생하게 된다. 누가 화장실이 딸린 그 집의 메인 침실을 쓸 것인가? 이는 누가 실질적으로 그 집의 소유자인가에 따라서 다르다. 아버지가 집의 진짜 소유주이고, 아들 내외 혹은 딸 내외가 들어와 사는 경우라면 형식적인 문제는 생기지 않는다. 집을 장만하지 못해 얹혀사는 자식 내외는 침실에 화장실이 없다는 작은 불편 정도는 감수하게 된다. 그렇지만 사회적으로 성공한 아들 내외가 부모님을 모시고 사는 경우라면? 사회적으로 성공한 아들이라면 당연히 주위의 시선을 생각해서 부모에게 메인 침실을 양보해야 한다. 이 시점에서 며느리의 불만은 극으로 향하고, 명절이나 제삿날 혹은 가족 내 중요한 결정을 내려야 하는 순간에는 그 불만이 폭발의 클라이맥스로 치달을 것이다. 양보하지 않으면 부모가 잠재적 불만을 가질 것이고, 양보하면 아들 내외, 특히 며느리가 불만을 가질 것이다.

2010년 이후 한국에서는 이미 실패한 모델로 판명된 새로운 양식의 아파트가 다시 등장했다. 두 개의 화장실에 익숙해진 한국 아파트 디자인 사이에서 느닷없이 부엌이 두 개인 아파트가 등장했다. 수평인거형 등 부엌 두 개, 화장실 두 개가 있는 아파트가 이전에도 있었지만 보편화되지는 못했다. 세대구분형 아파트가 대표적이다.

일단 부동산 업계 쪽에서 외형적으로 내놓은 대답은 노령층이 임대를 내기 위해서 이러한 모델을 만들었다는 것이다. 그럴듯하지만, 현실성이 높은 대답은 아니다. 세대원이 나름대로 공평한 권리를 갖는 셰어하우스와 누군가 사는 집의 한쪽에 세 들어 사는 것은 외형적으로나 현실적으로나 동일하지 않다. 독립된 아파트보다 훨씬 싼 가격에 임대를 한다면 모를까, 아파트 임대료는 어차피 평당 면적으로 결정되므로 이 디자인은 세입자 입장에서 아주 매력적인 것은 아니다.

현실적으로 두 개의 부엌이 있는 세대구분형 아파트의 등장을 설명할 수 있는 가장 부드러운 방법은 시어머니와 며느리가 각자 쓸 수 있는 별도의 부엌이 필요해진 사회적 변화가 생겼다고 설명하는 것이다. 어떠한 이유로든 어쩔 수 없이 부모와 자식 내외가 같이 사는 경우가 점점 늘어나기 시작했고, 고부갈등을 줄일 수 있는 기술적 대안으로 두 개의 부엌이 등장했다는 작업가설이 훨씬 더 일관된다. 며느리가 자신의 독립된 부엌을 가질 수 있다면 시어머니와 같이 사는 것에 동의해줄 수 있지 않을까? 눈물나는 가설이다. 지금까지 우리는 대가족에서 핵가족으로, 그리고 다시 1인 가구로 분화하는 과정만 생각했는데, 느닷없이 세대가 합쳐서 다시 대가족을 만드는 현상이 한국 사회 한구석에서 이미 등장한 것이 아닐까?

따로 살던 부모와 자식이 다시 집을 합쳐서 전체적인 비용을 줄이려는 경제적 동기는 충분히 존재한다. 다만 시어머니와 며느리가 한 집에서 같이 사는 갈등을 어떻게 하면 최소화할 수 있을지, 그런 문화적 문제가 남아 있다.

직접적으로는 청년 솔로의 증가와 관계가 없지만, 이로 인해서 간접적으로 격발된 장기 불황 국면이 결국 부모와 자식 내외가 결합해 일시적인 대가족을 형성하게 할 가능성이 높다. 정부와 토건업자들이 예상하는 것과는 달리, 청년 솔로의 증가가 장기적으로 가구 수를 늘려서 주택 수요를 높여주지는 않을 것이다. 그리고 궁극적으로는 가구 수 자체를 감소시킬 가능성이 오히려 높다. 뭉치면 살고 흩어지면 죽는다, 이런 그로테스크한 표현이 삶의 경구가 되는 시대를 지금 우리가 솔로들과 함께 맞이하고 있는 것 아닌가? '화려한 싱글족을 구하였으나, 그것은 작전과 같은 것이기에 어렵다'. 시인 김수영의 데뷔작 「공자의 생활난」의 한 구절이 연상되는 순간이다. 결혼을 하지 않거나 결혼을 연기하겠다는 결정이, 지금과 같은 저성장 혹은 경기 후퇴의 시기에는 가족 단위를 키우는 결정이 좀 더 합리적이다. 생존 자체가 종족 번식보다 염려되는 시기, 별 수가 없지 않겠는가?

3) 지방에서는 어떠한 일이 벌어질 것인가?

청년 솔로 현상이 심화된다는 전제 아래, 서울 혹은 수도권 지역이 아닌 다른 영역에서는 어떠한 일이 벌어질 것인가? 유신시대에 진행된 폭력적인 인구이동정책 이후로, 한국은 세계에서 가장 빠른 도시화율 속도를 기록했다. 그리고 싱가포르 같은 도시 국가들을 제외하면 인구의 절반이 수도권에 모여 사는 세상에서 가장 기이한 국토 구조를 가지게 되었다. 자, 솔로 현상의 심화와 함께 인구구조는 어떤 변화를 겪을 것인가?

청년 솔로의 추이를 지역별로 직접 확인하기는 어렵지만 혼인증감률은 알 수 있다. 2007~2012년에 혼인이 가장 많이 줄어든 지역은 전라남도(-8.06%), 제주도(-6.52%), 강원도(-4.91%), 경상북도(-4.75%)이다. 반면에 눈에 띄게 혼인이 늘어난 지역은 인천(9.51%), 울산(8.39%), 경기도(4.36%)

등이다. 서울은 0.31%이다. 생각보다 지역별 편차가 크다.

장기적으로 본다면, 각 지역에서 제공되는 일자리의 규모와 성격, 그리고 거주 조건 등이 많은 것을 결정할 것이다.

지방도시의 경우

해방 이후 한국은 중앙형 교육체계를 구성하면서 농촌이나 지방에 사는 엘리트 청년들이 서울이나 대도시로 대학 진학과 함께 이동하는 구조가 형성되었다. 이건 자신이 태어난 도시에서 최소한 대학 학부까지 다니는 것이 보편적인 유럽과는 전혀 다른 교육 여건이다. 도쿄대에 집중된 일본이나 아이비리그 대학들이 강세를 보이는 미국도 유사한 구조이기는 하지만, 한국만큼 극단적인 경우는 세계적으로 찾아보기 어렵다. 게다가 서울 중심의 대학 서열화는 지난 몇 년간 더욱 강화되는 추세를 보여주고 있다. 그렇게 서울이나 대도시로 진학했던 대학생들이 청년 솔로의 삶을 꾸려가면서 자신의 고향으로 복귀하지 않는 경향성이 특징이다. 지방 인구의 일부분이 지속적으로 유출되는 것이 한국 고유의 지방 구조라고 할 수 있다. 그만큼 어디에선가 인구가 유입되지 않으면 균형을 찾기는 어려울 것이다.

한 가지 특기할 것은 대구, 부산 등 한국의 유력한 지방도시들에서 지난 수년 동안 신혼부부들이 살 수 있을 만한 소형 아파트에 대한 투기 현상이 발생했고, 중대형 평형이 고전하는 동안에도 소형 아파트 가격은 많이 올랐다는 점이다. 지방이라고 해도 수도권보다 특별히 신혼부부에게 유리하다고 할 만한 조건은 별로 없다. 공업도시들에서 결혼이 많아지고, 농촌 지역에서는 우려스러울 정도로 급감하는 중이다. 인천, 경기도의 상대적으로 높은 혼인율은 서울의 고비용 결혼 구조로 어느 정도 설명된다.

청년 솔로들에게 특별히 매력적인 도시가 있을까? '슬로우 시티'를 표방하거나 표방하려고 생각하는 도시들의 일부에서는 '대안적 삶'을 실제로 가능하게 할 수 있는 문화적 개방성과 관용성을 갖춘 도시들이 등장할 가능성이 있다. 리처드 플로리다Richard Florida의 『도시와 창조계급』의 진짜 결론은 관용성이 높은 도시에 창의적 인재들이 모여들 가능성이 높다는 것 아닌가? 지독할 정도로 배타적이고 익명성에 대한 어느 정도의 관용을 보장해주지 못하는 도시에 그곳이 고향이 아닌 젊은이들이 정착해서 살기는 쉽지 않다. 이와 관련해 플로리다는 실리콘밸리에 대한 전혀 다른 해석을 제시했다. 그는 게이 지수와 창조계급이 움직이는 방향이 유사하다는 결론을 내렸는데, 한국의 지방도시들은 이에 대해 충분히 고민해보는 것이 좋을 것이다. 게이들이 지내기가 편한 곳이 문화 전문인이나 디자이너 그리고 진짜 창의적인 엔지니어들이 선호하는 곳 아닌가? 물담배 카페로 상징되는 지금 한국의 '홍대 앞'이라는 공간의 지독할 정도의 개방성이 바로 그곳을 한국 청년들이 가장 선호하는 거주지로 만들어주는 것 아닌가?

고령화가 우려되는 도시에서는 역으로 솔로들의 거주 조건에 대해서 고민해볼 필요가 있다. 청년들과 젊은 부부들이 살고 싶어 하지 않는 도시, 그게 역으로 고령화 도시 아니겠는가? 지역의 문화적 포용성과 다양성에 대해서 깊은 고민이 필요하다. 그곳에 오래 살았던 토착민들에게만 편한 도시는 인구 유입보다 유출이 더 많을 것이다. 토건 위주의 지역경제 회생을 도모하는 대부분의 도시는 솔로 현상의 증가와 함께 더욱 깊숙한 노령화 사태에 직면할 것이고, 계속해서 유출되는 청년 인구로 인해 점점 어려움에 빠질 가능성이 높다. 오래된 표현대로 하드웨어보다는 소프

트웨어에 시선을 돌리라고 하지만, 지방 대도시 중에서 실제로 그런 정책적 전환을 시도하는 곳은 찾아보기 어렵다.

1인 가구 비율도 높고 동시에 혼인율 하락도 전국 최고인 전라남도와 같은 지역은 고민이 깊을 수밖에 없다. 이런 곳에서 청년 솔로들마저 고향을 떠나는 흐름이 생겨난다면?

농촌 지역의 경우

한국 지역경제의 가장 약한 고리, 농촌 지역에는 전국적인 솔로 현상이 어떠한 영향을 미칠 것인가? 도시의 저소득층 청년 솔로가 귀농하면 모두에게 도움이 될 것 같지만, 그런 일은 잘 일어나지 않는다. 한국만 그런 것은 아니다. 전 세계적으로, 적어도 OECD 국가에서는 거의 유사한 현상이 나타나고 있다.

WTO 출범 이후, 선진국에서는 거의 공통적으로 농업을 유지하기가 어려워졌다. 케인스식 뉴딜 이후 최강의 농업 경쟁력을 자랑하는 미국도 예외는 아니며, 미국보다 10~20년 앞선 선진 농업정책을 시행하는 중이라는 유럽도 사정은 크게 다르지 않다. WTO 내에서도 시행할 수 있는 유일한 보조금인 직불제가 다양한 형태로 도입되어 있지만, 이 같은 보조를 비롯한 각종 농업정책도 농민이 계속해서 줄어드는 추세를 완화시키지는 못했다. 영국에서는 많은 농지를 소유한 여왕과 귀족들이 농업직불금을 받은 것으로 드러나면서 농업 지원에 관한 여론도 좋지 않다. 당연히 농가 숫자도 줄어들 뿐만 아니라 농민들의 고령화도 심각해지고 있다. 청년들이 농사를 짓게 하려면 어떻게 해야 하는가, 이건 한국뿐 아니라 거의 모든 선진국이 고민하는 부분이다. 솔직히 아직까지는 높은 성과가 나고 있다고 보기는 어렵다.

2010년 기준으로, 한국의 농가 평균 연령은 63.7세이고, 일본은 이보다 더 높은 65.8세이다. 영국은 59세, 미국은 57.1세(2007년)이다. 반면에 중국은 43.5세로 상대적으로 젊다. 사정이 이러하니 당연히 청년들을 농업으로 향하게 할 방법을 찾는 것은 선진국들의 정책적 목표가 되지 않을 수 없다. EU를 중심으로 최근 논의되는 주요 정책에 대해서 간단히 살펴보자.

첫째, 청년농업직불금이다. 유럽은 40세, 일본은 45세로 연령 상한선을 규정하고, 제시된 연령 조건에 부합하는 사람이 직불금을 신청하면 5~7년간 기존 직불금에 추가로 수천만 원의 돈을 지원한다. 이 제도는 원래 청년귀농직불금으로 논의가 시작되었지만, 이미 농사를 짓고 있는 같은 나이의 농부와의 역차별 문제로 인해 청년농업직불금으로 바뀌었다. 일본은 청년이 귀농하면 정착금 명목으로 6,000만 원 정도를 추가로 지원한다.

한국에서는 귀농직불금이 잠시 논의된 적이 있지만, 당분간 정책적으로 추진될 가능성은 없어 보인다. 귀농직불금과 청년농업직불금은 외관상 비슷해 보이지만 결과적으로는 큰 차이가 있다. 귀농직불금은 은퇴한 50대들이 받게 될 가능성이 높다. 당연한 이야기겠지만, 청년이 귀농해야 농민 수 감소 완화라는 차원에서 정책 효과가 높다. 하지만 만약 한국에서 직불금 지원 형태의 농촌정책이 논의된다면, 아마도 '귀농'직불금이 채택될 가능성이 농후하며, 주로 50대 이상의 은퇴자들이 상대적으로 많은 수혜를 받을 것이다.

둘째, 농촌거주지원금이다. 이 제도는 EU 차원에서도 논의되고, 프랑스나 독일 등 개별 국가에서도 심각하게 논의되는 제도이며, 조만간 도입될 가능성이 높다. 이건 완전히 새로운 형태의 지원금이다.

농업이 계속해서 후퇴하면서 위기가 심화되는 과정에서 전통적인 농업 지역 중에서는 유지 자체가 어려운 곳이 생겨났다. 일본은 이 문제를 지자체를 합병해 좀 더 큰 지자체로 만드는 방식으로 풀려고 했다. 반면 한국의 지자체 합병은 전적으로 토건적 동기를 기반으로 한다. 그렇지만 장기적으로 볼 때 이런 식의 접근은 도움이 되지 않는다. 적당한 규모의 기초 지자체 단위에서 직접 민주주의를 강화시키는 것이 지역경제는 물론이고 국민경제의 역동성을 유지하는 데 도움이 된다. 스위스가 대표적으로 이런 풀뿌리 민주주의의 힘으로 선진국이 된 나라 아니겠는가?

농촌 지역이 워낙 힘들어지다 보니 농촌에 거주하는 것만으로도 지원금을 주어야 한다는 이야기가 현실성을 얻게 되었다. 도시에 사는 사람들에게 돈을 걷어서 농촌 지역 사람들에게 주자는 것이다. 스위스에서는 공업 지역인 북쪽의 독일어권에서 낸 세금을 농업 지역인 남쪽의 이탈리아어권에 지원한 적이 있다. 국민 통합을 넘어서 국가 통합이 문제가 된 결과이다. 서로 다른 언어권이 한 국가를 형성한 스위스로서는 공업 지역이 농업 지역을 지원하지 않으면 주로 이탈리아어권인 농업 지역이 이탈리아 쪽으로의 합병을 시도하지 말라는 보장이 없다. 인구 1,000만 명이 안 되는 국가지만 스위스는 연방 국가이다.

현재 유럽에서 시도되는 새로운 농촌 지원 방식의 명분은 국토 관리의 대행이다. 누군가가 해당 지역에 거주하면서 국토가 황폐해지는 것을 막고 관리하는 일을 하고 있으니 돈을 주는 것이 합당하다는 논리이다. 농업을 지키기 어려우면 농촌이라도 지키자는 논리라고 할 수 있다.

이런 두 가지의 큰 정책적 흐름이 중장기적으로 어떠한 영향을 미칠지 아직은 좀 더 지켜봐야 한다. 그렇지만 더 이상 청년들이 농업에 들어오지 않는 현 상황에서 농업과 농촌 지역을 나름대로 지켜내려고 하는 노력들이 진짜 눈물이 날 경지가 아닌가? 고급 경제관료들, 예를 들면 경제부총리를 비롯해서 소위 모피아라는 별칭으로도 불리는 경제관료들이 농업에 대해서 노골적으로 적대감을 가지고 있는 한국과 달리, 유럽은 물론 미국 관료들은 농업의 사회적 중요성에 대해서 충분히 인지하고 있다. 그럼에도 현재 상황을 유지하는 데 많은 정책적 노력을 기울여야 하고, 또 정책을 실시한다고 해서 기대했던 성과가 실제로 나올지도 불투명한 것이 현실이다. 기본적으로 부부 단위의 가족농으로 운영되는 농장의 특징상 청년 솔로화의 직격탄을 맞은 곳이 바로 농업이고 농촌이다. 혼자서 농업? 텃밭 가꾸기가 아닌 상업적 농업은 혼자서는 도저히 불가능하다.

그렇다면 '경자유전耕者有田의 원칙'으로 한국 헌법이 금지하고 있는 농업회사, 즉 기업농을 도입하는 것은 어떨까? 헌법을 바꾸기 전에는 실정법상으로는 불가능하고 경제적으로도 현실성은 없다. 한국보다 먼저 일본에서 기업농을 도입했지만, 적절한 수익을 올려서 유지할 수 있는 곳은 거의 없다. 처음부터 농업에 진출한 기업들은 농사보다는 토지 투기가 목적일 것이라는 의심을 받았다. 일본의 경우 계속된 부동산 가격 하락으로 철수하고 싶어도 철수할 기회를 못 잡고 있는 것이 현실이다. 후진국에서 수입하는 농산물이 계속해서 늘어나는 한, 기업이라고 해서 생각만큼 이윤을 내기는 어렵다. "적게 지으면 적게 망하고, 크게 지으면 크게 망한다"라는 농업의 경구가 현실이 아닌가?

솔로 현상의 심화와 함께 생겨난 변화에 근본적으로 대처하려는 국가들도 아직 완벽한 해법을 찾아냈다고 보기는 어렵다. 로컬푸드나 시민지원농업CSA: Community-Supported Agriculture 등 새로운 제도들이 계속해서 도입된 지난 10년 동안에도 프랑스든 독일이든 농가 수는 계속해서 빠른 속도로 감소했다. 21세기 인간도 계속해서 농사를 지을 것인가?

그렇다면 한국의 경우는? 여성 농민에 관해서는 기본적인 논의 틀과 정책 방향이 잡혔다고 할 수 있지만, 청년 농업에 관해서는 아직 논의가 시작되지도 않았다. 총리는 물론 경제부총리도 농업에는 별 관심이 없는 것 같고, 보수 쪽 농민단체든 진보 쪽 농민단체든 아직 농민이 되지 않은 청년 문제에 대해서는 관심이 많아 보이지 않는다. 농업의 문제는 그 변화가 워낙 천천히 점진적으로 움직이기 때문에 단번에 사회 문제로 부각되는 경우가 거의 없다.

지금 상황으로 보면 21세기, 즉 2000년 이후 농가에서 태어난 사람들이 청년이 되었을 때 그가 그의 부모와 같은 직업을 가질 확률이 매우 적다고 할 수 있다. 그렇다고 청년들이 인구구성상 의미가 있을 정도의 규모로 귀농을 선택할 확률도 높지는 않다. 장기적으로 한국 농업의 미래가 밝지 않을뿐더러 읍면동 중에서 읍 혹은 면 단위 지역의 위기는 점차 심화될 것이다. 솔로화의 충격으로 인구가 경향적으로 감소할 때, 농촌 지역이 그 직격탄을 맞을 것이라는 점은 분명해 보인다. 이미 시작된 충격을 조금이라도 완화시키기 위해서 유럽과 일본이 발버둥치는 지금, 우리는 아무것도 하지 않고 있다.

청년 솔로 문제가 구조화되어가면서 직접적으로 우리가 관찰할 수 있는 변화는 공간의 재구성일 것이다. 지금까지 우리가 바라고 기대했던 수도권으로부터의 인구 분산과는 다른 방향으로 전개될 가능성이 높다. 대도시와 도심 지역으로 더 많은 청년이 몰리는 반면, 베드타운과 농촌 지역은 현재의 규모를 유지하기도 어려워질 것이다. 그리고 이러한 변화는 일정 정도 이미 시작되었다고 할 수 있는데, 이를 완화시키거나 해소할 정책은 아직 사회적으로 논의된 바가 거의 없다. 기업하기 좋은 도시, 관광하기 좋은 지역과 같은 토건적 요소에 기반을 둔 지역정책 논의는 많았다.

별로 성과는 없었지만 인구를 늘리기 위한 방안으로 산모들이 지방으로 이사 오는 경우에 지원금을 주기도 했다. 그러나 청년 특히 솔로들이 살기에 편해서 이들이 몰려들 수 있는 도시가 장기적으로 경쟁력을 갖출 것이라는 점은 생각해보지 않은 듯하다. 겉으로 화려하게 치장해놓은 문화센터가 지역의 문화 경쟁력이 아니라는 점에 대해 생각해봐야 한다. 큰 지역은 큰 지역대로, 작은 지역은 작은 지역대로, 청년 솔로 현상과 함께 공간의 재구성이 이루어질 것이다.

2-5
국민경제의 구조 변화

1) 빈곤의 일반화: 상후하박의 강화

핵가족이든 대가족이든 가족이라는 단위를 기본으로 구성되었던 국민경제에서 솔로들이 한 축으로 등장하면서 한국 경제에도 적지 않은 변화가 벌어질 것이다. 내수를 포기하고 수출 중심으로 경제를 구성하면서 대외 경제와 국내 경제가 분리되었고, 이것이 한국의 솔로 현상을 더욱 가중시켰다고 말할 수 있다. 균형 장치 없이 신자유주의와 토건경제를 극단까지 몰고 갔고, 이로 인해 솔로 현상은 문화 현상이 되어버렸다.

공간 구조의 변화는 원하든 원하지 않든 토건을 중심으로 구성된 경제에 직격탄이 된다. 그렇다면 탈토건의 방향으로 국민경제의 흐름을 전환시킬 수 있을 것인가가 중요한 분기점이 될 것인데, 이렇게 나아갈 가능성은 거의 없어 보인다. 복지와 토건이 충돌할 때, 우선적으로 토건에 돈을 집어넣겠다는 게 한국 보수의 기본 성향이다.

그렇다면 이 경제위기는 언제까지 계속될 것인가? 2008년 금융위기 이후, 미국의 주택 지수는 평균 35% 줄어들었고, 이 기간에 가계부채도 줄었다. 정말로 문제가 되었던 지역의 주택들을 집주인들이 반값 이하로 처분하면서 부채를 조정했다고 볼 수 있다. 개인들이 자력 구제에 나선 것이다. 부동산에 버블이 생겨난 것은 미국과는 다르게 경제를 운용했던 스웨덴의 경우도 마찬가지였는데, 여기서는 정부가 배드뱅크를 적극 활용해 가계부채 조정을 적극적으로 유도했다. 개인이 알아서 했든 정부가 주도했든, 부동산발 가계부채에 대한 조정 노력은 여러 나라에서 전개되었다.

2008년 이후, 한국은 정부에서 4대강 등 토건정책을 경기 부양책으로 사용했고, 그 이후에도 집값 부양책은 정부의 기본적인 경제 운용 방향이었다. 그렇다면 개인들이 부동산 분야에서 채무를 조정했는가? 물론 하지 않았다. 한국 전체가 콘크리트를 위해서 죽어라고 달려가는 동안 가계경제든 국민경제든 시멘트에 더 많은 돈을 지불하는 양상을 보였다.

이 문제를 해소하기 전까지, 한국 경제가 만날 새로운 특징은 빈곤의 일반화라고 할 수 있다. 상후하박上厚下薄, 높은 곳에는 후하고 낮은 곳에는 박한 지금까지의 경향이 더욱 강화될 것이라고 예상할 수 있다. 기업 간부들의 연봉이 오르는 것에 비하면 하위 직급의 월급은 물가상승률을 따라가는 것도 어려워졌다. 같이 일하지만 비정규직의 임금은 근속 시간이 쌓여도 오르지 않는다. 가난하면 결혼하기가 어렵고, 비정규직이면 정말로 결혼하기 어렵다.

장기적으로 경제 시스템이 안정되기 위해서는 하후상박, 즉 아래쪽에는 후하고 위쪽에는 박한 구조가 만들어져야 한다. 그러나 지금의 한국 경제는 그 반대 방향으로 질주할 것이다. 어쩔 수 없이 내수 경제는 더욱 위축된다.

2) 중산층 신화의 종료, 계급사회로의 복귀

냉정하게 따져보면, 한국은 100여 년 전까지 신분제가 존재했던 나라이다. 그리고 그 신분제를 우리가 주도적으로 폐지한 것도 아니다. 역사적으로 자본주의의 폐해에 대해서 이야기할 수는 있지만, 자본주의의 사회적 기여를 모두 부정할 수 없는 것은 바로 이 신분제 때문이 아닌가? 귀족들과 성직자들이 모든 결정권을 쥐고 있던 봉건제의 신분사회에서 새로 등장한 신흥부자들, 즉 성곽 근처인 부르크bourg에 거주하던 부르주아들이 주도적으로 만들어낸 사회가 바로 자본주의 아닌가? 민주주의는 피를 먹고 자란다고 했는데, 자본주의야말로 피 속에서 피어난 꽃과도 같다고 할 수 있다. 자본주의가 신분제만 폐지한 것이 아니다. 20세기 중반, 전후 복구 과정에서 30년간의 장기 호황을 맞았고, 대규모의 국민들에게 그야말로 '영광과 번영'을 안겨주었다. 20세기가 시작될 무렵에는 그로부터 50년 후에 노동자들이 비행기를 타고 아프리카와 중남미로 여름휴가를 갈 수 있을 것이라고 상상한 사람은 거의 없었을 것이다. 이때까지만 해도 노동자들이 하루에 8시간만 일하게 될 것이라고 생각한 사람도 별로 없었다. 자동차를 만드는 노동자가 자신이 만든 자동차를 구매할 수 있게 된 것은 T형 포드에서 시작된 컨베이어벨트 혁신이 발생한 1920년대의 일이다. 이러한 기술혁신을 통해 2,000~3,000달러짜리 자동차들 사이에서 300달러까지 가격을 낮춘 T형 포드가 등장한다. 자동차를 만드는 노동자들이 그 자동차를 구매할 수 있게 해주고 싶다는 포드의 놀라운 상상력은 컨베이어벨트 개발과 함께 노동자 임금 상승도 가능하게 했다. 이때부터 대량생산·대량소비라는 새로운 시대의 기반이 생겼고, 케인스 경제의 가장 큰 성과라고 할 수 있는 중산층의 시대가 열렸다. 더 이상 노동자는 중세의 농노에 비교되는 사회의 하층민이 아니라 경제적 풍요의 열매를 만끽하는 중산층으로 전환되었다. 갤브레이스가 '풍요의 시대Age of Opulence'라고 이름 붙인 이 케인스 전성시대는 동시에 중산층의 전성시대라고 할 수 있다. 자본주의가 신분제를 폐지했다면 케인스의 경제는 해방된 — 그렇지만 자유로우면서도(free), 아무것도 가지고 있지 않은(free of) — 사람들에게 경제적 풍요를 주었다. 냉전 시대에 자본주의는 소비에트 경제보다 우수하다는 것을 보여주기 위해서 노동자들에게 줄 수 있는 모든 걸 주었다.

우리에게 이 환상적인 경제 시스템은 외삽된 것이다. 물론 우리도 피를 흘리기는 했다. 나라를 빼앗기고 제국주의에 의해서 자본주의가 도입되었고, 둘로 나뉜 세계체제가 만들어낸 냉전 한가운데에서 전쟁도 겪었다. 군부독재와의 싸움도 했다. 그리고 그 과정에서 우리도 중산층을 만들어냈고, 짧지만 중산층의 풍요도 경험을 했다. 그러나 이 모든 것은 우리가 주도적으로 만든 시스템이 아니다.

산업혁명을 이미 경험한 국가들을 비집고 나온 후발국가들이 있다. 독일과 일본 혹은 러시아 등이 후발국가로 분류된다. 한국은 전형적인 저개발국가였을 뿐이다. 누군가 만들어놓은 시스템을 도입하는 것은 확실히 초기 모색 과정의 노력을 줄여준다는 장점이 있을지도 모른다. 그렇지만 직접 디자인한 것이 아니기 때문에, 시스템에 오류나 문제가 생겼을 때 자체적으로 디버깅 작업을 하기가 어렵다는 애로사항이 지금 우리가 겪는 문제의 본질인지도 모른다. 중산층을 만들어내고 유지하는 것이 후기 산업사회의 시스템 안정성에 얼마나 핵심적이고 본질적인 문제인지, 머리로만 알지 실제로는 아직도 이해하지 못한 것 아닌가?

한국과 마찬가지로 이식받은 자본주의를 운용하던 중남미의 많은 국가가 결국에는 극단적인 계급 경제 양상을 보이면서 주저앉은 것과 지금 한국 경제가 전개되는 양상이 크게 달라 보이지 않는다. 제2차 세계대전이 끝나고 막 복구를 시작한 1950년대, 아르헨티나는 세계 5위의 강국이었다. 경제력도 강했고 국제적 영향력도 강했다. 중남미 농업국가들의 맹주였다. 그렇지만 미국 자본과 연결된 경제 엘리트와 인디오라는 원주민 정체성으로 스스로를 규정하기 시작한 대다수 국민 사이의 경제적 거리가 지나치게 벌어졌다. 일종의 이중경제dual economy가 형성되면서 이 강력했던 경제권의 영향력은 추락하게 된다. 달러화, 종속 자본주의, 주변부 자본주의 등 중남미 경제의 어려움을 분석하기 위해 시도된 경제적 개념은 많다. 이집트 출신의 경제학자 사미르 아민Samir Amin의 부등가 교환론은 한때 제3세계 경제학도들의 필독서였고, 중남미의 경제적 위기를 설명하는 가장 확실한 개념으로 여겨졌다. 한국 경제가 지금 중남미 국가와 전혀 다른 방향으로 가는 중이라고 할 수 있을까?

한국에서 진행되고 있는 청년 솔로 현상은 중산층 붕괴의 또 다른 양상이라고 볼 수도 있고, 계급 경제로의 전환에 따른 부작용이라고 할 수도 있다. 한국의 노동조합이 지나치게 강성이라서 경제가 어려운 것이라는 의식이 팽배해 있다. 그렇지만 세계적인 눈으로 보면, 한국은 계급투쟁의 시기도 거의 없었고, 당연히 계급투표 현상도 없다. 가난한 사람이 가난한 사람들을 위한 정당에 투표하는 것을 계급투표로 정의할 때, 한국에서는 그런 성향이 전혀 보이지 않는다. 고향에 투표하고 친구에게 투표하는, 아주 마음 따스하고 지독할 정도로 이타적인 사람이 많은 나라가 아닌가? 확실한 것은 지금 많은 정치인과 부자가 생각하는 것과는 달리, 1987년 이후의 노동자 대약진이 한국에서 중산층 시대를 여는 결정적 계기가 되었다는 점이다. 계급투표의 존재는 자본주의로서는 기본적인 안전장치라고 할 수도 있다. 그냥 두면 부자들 – 유럽의 경우에는 귀족들 – 이 지나치게 많은 것을 가져가서 장기적으로는 시스템의 안정성을 무너뜨리기 때문에 적절한 선에서 정책들이 움직일 수 있게 해주는 장치이다. 노동조합이 강력해져서 사회주의로 전환한 나라는 20세기에도 없었다. 노동조합이 강해진 나라들에는 자연스럽게 사회민주주의, 줄여서 사민주의라고 부르는 경제적 흐름이 나타났고, 이 흐름이 요즘 복지국가라고 불리는 시스템을 내부에서 만들어낸 힘이 되지 않았나?

역사적으로 따져보면, 3대 노동자가 생겨날 때 계급투표 성향이 완성된다는 가설을 세워볼 수 있다. 그렇다면 한국도 3대 노동자가 생겨나면서 그런 사민주의 흐름이 생겨날 것인가? 한국은 대규모 산업화의 역사가 짧아 2대 노동자도 거의 없다. 그리고 3대 노동자가 등장하기 전에 중산층 시대가 먼저 종료된 것이 아닌가? 그 결과, 중산층은 엄청나게 빠른 속도로 붕괴했고, 이제는 세습이 아니면 경제적 삶을 편안하게 꾸려나가는 것이 불가능해진 계급 경제로 복귀하고 있는 것이 아닌가?

지금 비정규직 문제와 최저임금을 둘러싼 사회적 논란의 양상을 한번 눈을 크게 뜨고 살펴보자. 이 논란은 노예 없이는 국민경제를 제대로 유지할 수 없으며, 유럽 국가들에 많은 것을 빼앗길 것이라는 미국 남북전쟁 시기에 등장했던 흑인 노예제 옹호론과 상당히 닮아 있다. 노예가 없으면 결국 많은 농장이 무너지고, 지역경제에 치명타가 된다는 이야기, 여기에서 노예제를 최저임금으로 바꾸면 21세기에도 똑같이 적용된다. 비정규직으로 평생 살 수밖에 없다고 생각하는 청년들이 세상에 느끼는 절망감이 그 당시 흑인 노예들에 비해서 더할까, 덜할까?

어떤 미사여구를 쓰든지 지금 한국 경제는 이중경제로 전환하는 중이고, 점점 신분제 사회를 닮아가고 있다. 지금의 시스템에서 인생을 어느 정도 결정짓는 두 개의 갈림길은 중1과 중2 사이 어디엔가 있다. 이미 상위 대학의 정원을 채우고도 남을 정도로 늘어난 특수목적 학교들과 그렇지 않은 일반계 고등학교, 그래서 중학교를 졸업하기 전에 어느 정도 자신의 신분이 결정되는 시스템이 운용되고 있다. 중2병이 괜히 등장한 것이 아니다. 일반계 고등학교의 공교육체계에 남을 것인가, 아니면 자사고 등 특목고로 갈 것인가, 늦어도 중2 때는 결정해야 한다. 그리고 그 결정은 앞으로 펼쳐질 미래에 결정적인 요소로 작용할 가능성이 높다.

현 상태가 그대로 진행된다고 할 때, 중남미 국가나 과거의 노예제 경제와는 한 가지 다른 점이 있기는 하다. 과거의 노예들과 달리, 지금의 비정규직들은 출산을 하지 않기 때문에 노예들이 대량으로 재생산되지는 않을 것이라는 점이다. 우리가 지금 만들어내고 있는 이 신분제 사회는 다행인지 불행인지 지속 가능하지는 않다. 경쟁을 완화하는 법을 배우고 내부적으로 균형을 찾아내지 못하는 한 다음 세대에서 다시금 분화가 이루어질 것이기 때문이다.

이런 상황에서 빨리 결혼해서 아기를 낳으라는 말은 너무 잔인한 소리가 아닐까. 부모가 될 사람들이 "자식에게 미안해서 못 낳겠어요"라고 말하는 게 세습 자본주의로 전환해가는 한국의 적나라한 현실이다. 경제 엘리트들과 정치적 지도자들이 공공연하게 세습에 유리한 조건을 만들어나가는 지금의 상황을 보면서, 많은 청년이 자신의 경제적 운명을 자식에게 세습시켜주지 않으려는 것은 어쩌면 너무나 합리적이며 정당하면서도 인간적인 결정이 아닐까? 중산층 2세들은 지금 경제적 약자로 몰려 있다. 3대 노동자 혹은 중산층 3세는 한국 경제에는 허락되지 않은 경제적 단계인가?

솔로 현상을 개인주의의 강화와 소득 수준의 향상에 따른 삶의 질을 확보하기 위한 문화적 현상으로만 본다면, 파편적이고 단편적인 현상으로만 보일 것이다. 출산율 저하의 문제는 1990년대 초중반 프랑스도 겪었다. 그리고 독일과 스웨덴도 수년 전부터 이 문제에 대해서 좀 더 본격적인 고민을 시작했다. 그렇지만 이 나라들에서 세습 자본주의 양상이 나타나지는 않는다. 공민교육체계도 여전히 굳건하고, 사실상 무상 교육과 무상 의료에 가까운 사회적 장치들이 정비되어 있다. 당대에 엄청난 부를 이루기는 어렵더라도 다양한 안전장치들을 통해서 중산층이 갑자기 대규모로 몰락하지 않도록 시스템을 정비하는 중이다.

우리는 한 번도 우리 스스로 자본주의 시스템을 정비해본 적이 없다. 거대한 충격을 만나서 스스로 진화할 것인가, 아니면 물 흐르는 대로 내버려두어 세습 자본주의로 전환하도록 방치할 것인가? 한 가지 분명한 것은 지금과 같이 세습 자본주의 양상을 그대로 두면 신분제 경제로 변할 것이라는 점이다. 계급투쟁 단계를 생략한 자본주의가 결국 계급 경제로 전화하는 것인가, 우리는 이 거대한 질문 앞에 서 있다.

고등학교만 졸업하면, 즉 중등단계의 교육만 완료하면 중산층으로서 살아가는 데 문제가 없게 디자인된 것이 유럽의 기본 시스템이다. 국가별로 차이도 있고 위기도 있지만, 개인이 지나치게 많은 문화적 자본을 갖추지 않아도 생계와 생활에 큰 문제가 없도록 만들어져 있다. 지난 60년간 이 시스템은 잘 작동했고 여전히 돌아가고 있다. 문제가 생기는 것 자체가 문제가 아니라, 그 문제를 극복하는 메커니즘이 내부에 탑재되어 있지 않은 것이 문제가 아닌가? 부자들이야 모든 것이 세습되고, 이로써 간편하게 자신의 힘이 영원할 수 있으면 그것만큼 좋은 일이 어디 있겠는가? 그러나 그게 문제가 되니까 자본주의라는 매우 특수한 경제 시스템이 신분제 사이를 뚫고 등장한 것 아니겠는가? 길게 보면 신분을 세습하지 않게 하는 편이 좀 더 효율적이라는 것이 자본주의의 교훈 아닌가?

3) 인구는 과연 줄 것인가?

　인구와 성장률 사이의 문제는 경제학에서는 조금 민감한 이야기이다. 신고전학파가 한참 전성기로 향하고 있을 때에도 성장론에 대한 뚜렷한 모델을 찾지 못했다. 그러다 이 문제에 대한 해법을 찾은 것이 로버트 솔로Robert Solow의 균형성장론이고, 그는 이 공로로 노벨경제학상을 수상했다. 주류 경제학의 완벽한 승리처럼 보였던 그의 결론은 동시에 많은 사람을 불편하게 했다. 경제가 균형 상태에 도달하면 장기적으로 경제성장률은 인구성장률로 수렴한다. 궁극적으로 모든 사람이 충분한 재화를 누리고 있으면 추가적인 성장은 새로 태어나는 사람이 사용할 만큼만 필요하다는 의미이다. 만약 추가적인 인구 증가가 없다면? 가상적으로만 가능한 이론이지만 궁극적으로 경제성장률은 0에 수렴하게 된다. 자본주의가 무한히 성장한다는 이야기가 많은 사람이 경제성장론에 기대했던 결론이었는데, 인구를 제외하면 더는 성장률이 오르지 않는다는 것은 실망스럽다. 자본주의 경제는 언젠가 정체 상태stationary state에 도달한다는 애덤 스미스의 『국부론』이후 고전학파들이 공통적으로 제시한 결론과 크게 다르지 않았다. 궁극의 경제성장률이 인구성장률과 같다니! 대실망이다. 이후에 폴 로머Paul Romer와 로버트 루카스Robert Lucas 등의 다음 세대 경제학자들이 등장하면서 내생성장모델endogenous growth model이 제시되고 비로소 이 딜레마에서 벗어나게 된다. 내부적으로 축적 효과를 낼 수 있는 요소만 있다면 경제성장률은 인구 규모에 묶이지 않아도 된다. 혁신, 효율성, 제도 혹은 교육과 같은 시스템 내부에 효율성을 만들어낼 수 있는 요소들에 경제학이 주목하게 된 것도 이런 이유 때문이다. 박근혜 정부가 표방하는 창조경제는 의미도 없고 실체도 없다고 많은 사람이 비난한다.

그렇지만 그들이 내생성장론과 같은 방식으로 설명을 하지 않아서 그렇지, 경제학적으로 근거가 없거나 완전히 황당한 이야기는 아니다. 창조라는 요소를 통해서 인구성장률을 상회하는 경제성장률을 지속적으로 만들어내는 것이 적어도 이론적으로는 가능하다. 인구와는 관계없이 경제성장률을 계속해서 플러스 상태로 만들어주는 별도의 요소가 존재한다고 보는 것이 1990년대 이후의 경제학적 해석이라고 할 수 있다.

그럼에도 진짜로 현실적인 경제 대책에 대해서 논의할 때 점점 인구 요소들을 많이 활용하는 것이 최근의 모습이기도 하다. 2013년 11월 8일, 현재 활동 중인 주요 경제학자 중에서 가장 시장근본주의에 가까운 래리 서머스Larry Summers가 IMF 연구자 총회에서 인구 변동과 이자율 사이의 관계를 전제로 현재 미국이 추진하는 양적 완화에 대한 지지를 표명했다. 그는 전통적으로 정부가 빚을 지면서 돈을 풀어내는 것에 대해서 반대하는 입장이었다. 그와 반대의 입장에서 케인스적인 정부 역할을 주장했던 폴 크루그먼이 ≪뉴욕타임스≫를 통해 서머스의 이러한 입장 변화에 대해 자세히 설명했다.

미래를 한번 내다보자. 인구조사는 2015~2025년에 18~64세 인구가 1년에 단 0.2% 증가할 것이라고 예측하고 있다. 노동 참여가 줄지 않을 뿐 아니라 다시 엄청나게 빨리 늘어나지 않는다는 것은, 경제가 더 천천히 성장하고, 그 가속효과로 투자 수요 역시 더 낮아진다는 것을 의미한다.

새뮤얼슨은 소비-대출 모델(consumption-loan model)에서 자연이윤율이 인구성장률과 같다고 이야기한다. 현실은 그보다 복잡하겠지만, 나는 인구 성장의 감소가 그와 같은 규모로 실질 자연이윤율을 감소시킬 것이라는 추측이 바보 같다고 생각하지는 않는다(그리고 경제활동인구가 매우 줄어들든

것은 일본이 일상적인 불경기에 빠진 가장 주요한 요소일 것이다).[*]

그리고 우리 시대를 대표하는 또 다른 경제학자인 제프리 색스Jeffrey Sachs는 서머스와 크루그먼의 돈 풀기 방식에 반대하는 입장을 표명한다. 정부가 돈을 더 풀어야 한다는 것에는 일정 정도 동의하지만, 그렇다고 아무 곳에나 쓰면 안 되며 아동 빈곤이나 기후변화 대응과 같은 공적 목표를 가질 수 있는 곳에 투입해야 한다는 것이다.[**]

이 논쟁은 『국부론』에 등장했던 자연이자율 이야기와 연동된다. 애덤 스미스는 경제는 자연적으로 결정되는 이자율이 있는데, 장기적으로는 경제가 그곳에 수렴되어간다고 설명했다. 이 견해를 좀 더 현대적 용어로 정리한 사람이 폴 새뮤얼슨Paul Samuelson — 지금의 논쟁을 새로 시작한 서머스의 외삼촌 — 인데, 그는 장기적으로 자연이자율은 인구증가율로 수렴한다고 말한다. 사실 경제학의 대상이 되는 국민경제 시스템의 규모를 결정하는 궁극의 변수는 인구이기는 하다. 그래서 크고 작은 기술적이거나 추세적인 요소들을 제외하고 장기적으로 볼 때 결국 인구를 이야기하지 않을 수 없다. 최근 다른 나라도 마찬가지만 미국도 인구 감소와 함께 노동력 공급이 줄어들고 있으므로, 돈을 풀더라도 화폐가치의 하락, 즉 인플레이션이 나타나지 않고 오히려 실질적인 마이너스 금리로 가는 것 아니냐는 게 지금 논쟁의 핵심이다. 케인스는 "장기in the long-term에는 우리 모두 죽는다"고 말하면서 경제위기에 대한 단기 대책을 강조했다. 그렇지만 중

• "Secular stagnation, coalmines, bubbles and Larry Summers," *New York Times*(2013. 11.16.).
•• 이 논쟁에 대한 자세한 설명은 정태인, "천재들의 고백, 글로벌 장기 침체, 새로운 정상", ≪프레시안≫(2013.11.24.) 참고.

장기적 경향을 이야기하면서 가장 기본적인 전제를 인구 변동에 걸어야 하는 시기가 돌아왔다. 2008년 글로벌 금융위기는 그만큼 우리들이 상식적으로 알고 있던 많은 전제에 대해서 재검토하지 않을 수 없게 만들었다.

이런 이야기들을 전제로 우리의 이야기로 돌아와 보자. 중장기적으로는 일단 두 가지 사실을 생각해볼 수 있다.

인구가 줄지 안 줄지 알 수 없다, 정책 결과일 뿐이다

청년들의 상대적 빈곤화와 솔로 현상의 심화가 과연 한국의 인구 규모에 영향을 줄 것인가, 안 줄 것인가? 이 질문에 즉각적으로 답할 수 있는 사람이 있을까? 1990년대 혹은 2000년대에 한국에서 태어난 사람으로 한정한다면 '출산율은 더 줄어들 것이다'라고 대답할 수 있을 것이다. 그렇지만 인구 전체에 대해서 이야기한다면, 이것은 정책 결과이기 때문에 누구도 대답을 할 수 없고 아무리 복잡한 인구 시뮬레이션 모델도 답할 수 없는 이야기일 것이다. 한국에서 태어난 사람이 줄어든다는 것이 한국인이 준다는 것을 의미하지는 않고, 한국에서 거주하는 사람이 줄어든다는 것을 의미하는 것은 더더욱 아니다.

추세적으로는 줄어들 것이라고 말할 수는 있지만, 정말로 노동력 규모가 절대적으로 필요한 상황이 온다면 지금과 같은 개방경제 내에서는 언제든지 적극적인 이민정책을 쓸 수 있다. 노동력만 받아들이는 방식도 가능하고, 이미 제주특별자치도에서 공식화했듯이 투자이민을 받는 방법도 있다. 청년들의 경제 상황을 완화시키고 적극적 복지를 조금 더 적극적으로 펼쳐서 장기적으로 문제를 풀 것인가, 아니면 조금 더 편안하게 외국인 노동자들과 국내 청년들을 경쟁시킬 것인가, 그런 정책적 판단을 경제학이 내려주기는 어렵다. 그야말로 판단의 문제일 뿐이다.

1960~1970년대 노동력이 부족하다고 생각한 유럽 국가들도 주로 자신이 지배했던 과거 식민지들을 중심으로 많은 노동자를 데려왔다. 그 뒤에 외국인 노동자 2세 문제 등 사회 문제가 등장하고, 이런 인종적 갈등에 기반을 두어 제2차 세계대전 이후 처음으로 인종주의를 노골적으로 내건 극우파 정당이 20~30%의 지지를 받는 상황이 되기는 했다. 이러한 사회적·문화적 부작용에도 불구하고 만약 이때 적극적인 이민정책을 펼치지 않았으면 어떻게 되었을까? 여기에 대해서 객관적으로 평가하기는 쉽지 않다. 프랑스 등 몇 나라가 저출산 문제를 해결했다지만, 여전히 이민자들의 출산율이 높다. 민족주의 관점으로 보면 프랑스 민족의 문제는 해결되지 않은 것이라고 할 수도 있다.

한국이나 일본은 이민에 적극적인 나라는 아니다. 단기간 내에 이런 정책 기조가 바뀔 가능성은 없어 보인다. 만약 정말로 인구 감소 자체가 국민경제 운용의 결정적 장애 요소라면 변화는 언제든지 가능할 것이다. 이런 방식으로 경제는 조금씩 균형을 찾아간다.

게다가 아직 한국은 북한이라는 변수가 있다. 지금의 한국 경제구조만으로 장기 예측이 어려운 것은 다른 나라에는 없는 북한이라는 거대 변수가 존재하기 때문이다. 경제적인 눈으로만 본다면, 북한 경제는 자본축적은 약하고 노동 집약은 높은 특징이 있다. 한국 경제가 북한 경제와 결합할 때 발생할 수 있는 여러 가지 가능성은? 일단은 조금 더 열어놓고 많은 것을 생각해볼 필요가 있다.

인구가 줄어드는 상황에서도 경제성장률이 높아질 수 있는가?:
당연히 더 높아질 수도 있다

한국 경제는 극단적으로 수출 부문을 키우는 방식으로 경제 발전을 추진해왔다. 이 방식이 좋은지 나쁜지 이미 유신경제가 시작된 1970년대부터 수많은 논란이 있었다. 여러 가지 논란에도 어쨌든 한국 경제는 대외 경제를 키우는 방식으로 발전해왔다. 1990년대 중후반 이후로는 기계로 노동력을 대체할 수 있는 데까지 대체해왔다. 그리고 그 경향은 IMF 경제 위기 이후 21세기에도 줄어들지 않았다. 그 결과가 지금 우리가 보는 한국 경제의 모습이다.

단기간에 구조를 전환하기도 쉽지 않고, 한국은 단기간에 내수를 늘려서 소위 '내발적 발전'이라고 하는 지역 기반형 경제의 하부구조를 만들어낼 만한 의지도 딱히 없었다. 아마 이런 표준적이지 않은 국민경제 실험을 하고 있는 또 다른 극단으로 최근의 영국 경제를 거론할 수 있다. 금융 부문만 계속 키우면서 자국의 제조업 기반을 약화시키는 경우, 결국은 위기를 만나게 된다. 롤스로이스나 재규어, 랜드로버와 같이 한때 영국 제조업의 상징과도 같았던 자동차 회사들은 이제 다른 나라 기업의 손에 넘어갔다. 수출만 남은 경제, 금융만 남은 경제, 이런 극단적인 해법이 영원히 유지될 수 있을까? 좋은 의미든 나쁜 의미든, 아무도 해보지 않은 경제 실험이 진행되는 중이다. 유사한 논쟁이 1980년대 중후반 미국에서 나이키 본사만 남기고 생산 기지들을 동남아 등 외국으로 내보낼 때 벌어진 적이 있다. 부가가치가 떨어지는 업무들은 해외로 보내고 기획 및 연구 개발, 디자인 등 부가가치가 높은 사업만 미국에 남기면 더 많은 이윤을 낼 수 있지 않겠는가? 10년 후 클린턴 시절에 IT 업종을 중심으로 한 뉴이코노미 New Economy 논의에서 이와 비슷한 이야기가 다시 한 번 전개되었다. 그리고 수많은 제조업은 굴뚝 산업이라는 이름으로 사양 산업으로 분류되었다. 클린턴의 경제 전성기 이후 다시 10여 년이 지난 2008년, 부도 직전의 자동차 기업 GM은 국영화를 통해서 가까스로 회생했다. 국가가 기업을 소유하는 것은 사회주의라고 강력하게 반발하던 미국의 정책이라고 믿기지 않을 정도로 놀라운 일이었다. 무엇보다도 고부가가치와 혁신을 맨 앞에 내세우던 이전의 기조에 비하면 고용이라는 단 하나의 목표를 위해서 기업에 직접 지원을 실시한 것도 격세지감을 느끼게 한다. 그 이후로 미국은 지역의 제조업 지원은 물론 해외로 나간 제조업체들이 다시 국내로 돌아올 수 있는 여러 가지 모색을 시작했다. 세상은 돌고 도는 것이라고 했던가? 요즘은 고용률이 우수한 제조업이 다시 대접받는 시기가 되었다.

청년 솔로들이 여러 가지 이유로 결혼을 덜 하고, 그로 인해 출산율이 줄어들면 한국 경제는 장기적으로 어떠한 영향을 받을까? 우선은 잠재성장률이 하락한다. 경기와 상관없이 현재 가용한 모든 자본과 인력이 충분히 활용되고 있다고 가정할 때 예상되는 성장률이 잠재성장률이다. 물론 이론적이고 가상적으로만 존재하는 수치이다. 실질성장률이 잠재성장률보다 높으면 호황, 낮으면 불황이라는 기준의 의미로 사용되는 잠정 수치에 불과하다. 어쨌든 인구와 노동력 같은 정량 변수들이 이 잠재성장률 계산에 영향을 미치기 때문에 인구가 줄어들면 잠재성장률은 낮아진다. 그러나 실질성장률도 낮아질 것인가? 이건 수출을 비정상적으로 키우면서 끌고 온 이 기형적인 경제 구조를 어디까지 더 끌고 갈 수 있을 것인가라는 질문과 같다. 극단적으로 말하면, 경제 정의에 대한 고려를 완전히 배제하고 효율성만으로 그 한계점을 가늠해보자는 질문과 같다.

국민의 일부가 노예와 같은 상태가 되고 사회는 사실상의 신분제 사회로 변화한다 하더라도 이 자체가 수출 부문에 급격한 영향을 미칠까? 어쩌면 그러면 그럴수록 수출하는 대기업들의 경제적 힘만이 아니라 사회적 혹은 정치적 힘이 더 커질 수도 있을 것이다. 수출 의존도가 더 커지면 누구도 어쩔 수 없지 않겠는가? 게다가 수출업체와 그에 관련된 협력업체들에 필요한 필수 노동력은 정말로 인구의 한 줌이면 충분하다. 지금까지도 그랬고, 앞으로도 당분간은 그럴 것이다. 인구가 줄고 내수가 나빠져 잠재성장률이 내려가는 것과 동시에 경제성장률이 급격하게 내려간다는 법칙은 없다. 일반적이고 표준적인 구조에서는 이 논리가 유효하겠지만 한국처럼 극단적인 대외 의존형 경제 구조에서는 시스템의 안과 밖의 경계가 물질적으로는 물론 경제적으로도 혼재되어 있다. 어디까지가 안이고 어디까지가 바깥인가? 누구도 말하기 어렵다. 더욱 강력한 수출정책으로 수출이 느는 대신, 국내 경기가 악화되어 수입이 줄어드는 경우를 생각해보자. 수출과 수입의 차이에서 발생하는 경상수지가 높아져 오히려 더욱 큰 흑자가 발생할 것이다. 그 진짜 내용이야 어떠하든 더 많은 외환이 유입될 수도 있다. 국민경제의 한 분야로 수출 부문이 있는 일반적인 경제구조와는 달리, 수출에 모든 것을 맞춘 국민 총동원 체제와 같은 경제의 한계가 어디일지 우리는 아직 잘 모른다. 동원으로 만든 경제는 더 극한까지 가도 버틸 수 있을지도 모른다.

전체적인 균형과는 상관없이 수출만 놓고 보면, 국내 노동력이 줄어든다고 해서 수출 규모가 줄어들 이유는 거의 없다. 그 상태에서 인구가 더 줄어들면? 전체 볼륨은 예측하기 어렵지만, 수출이 일정 규모를 유지하고 있다는 전제하에서 인구가 줄어들면 1인당 국민소득은 오히려 더 늘어난다. 실업률이 높고 상당수의 인구가 비정규직 등 불안정고용 상태에서도 시켜만 준다면 언제든지 일을 하겠다고 하는 상황에서 수출 기반 경제의 규모만 유지할 수 있다면, 1인당 국민소득, 즉 우리가 2만 달러, 3만 달러라고 부르는 그 수치는 오히려 더 커진다. 달러로 표시된 1인당 국민소득에 영향을 미치는 외부 변수는 환율과 분모가 되는 인구수 아니겠는가? 물론 이 상태가 좋다는 것도 아니고, 오랫동안 지속할 만한 것도 아니지만, 이 기형적인 경제 구조에서도 수치상 표시되는 1인당 국민소득은 오히려 고성장률을 기록할 가능성도 있다는 말이다. 수출경제와 관련된 분야에 있느냐, 순수하게 내수와 관련된 분야에 있느냐에 따라서 경제적 운명이 극적으로 갈릴 가능성이 높다.

좋아질 일은 없는가?

지금 한국과 가장 유사한 형태의 변화를 겪은 나라는 실증적으로만 본다면 출산율이 급격하게 떨어지던 1990년대 초중반의 프랑스일 것이다. 당시 프랑스는 저출산과 함께 실업률이 높아지고 성장률이 떨어지는 상황이었다. 엄마 실업, 아빠 실업, 나도 실업, 이런 상황을 반영하는 실업가족 famille chômeur이라는 단어가 등장했다. 마침 이 기간에 프랑스의 1인당 국민소득은 지금 한국의 1인당 국민소득과 비슷한 2만 달러 근처에 있었다. 한국과 정확히 같지는 않지만, 여러 가지 이유로 지금 한국과 유사한 상황이 전개되었다. 정치적으로는 극우파 정당이 본격적으로 자리를 잡았고, 자크 시라크Jacques Chirac 연임과 니콜라 사르코지Nicolas Sarkozy 당선으로 이어지는 17년간의 우파 정권이 전개되었다. 기계적인 인과관계는 아니지만, 프랑스가 출산율을 회복하는 시기와 실업 문제를 어느 정도 푼 시기가 대체적으로 일치한다. 출산율만 보면 좌파 정권 말기와 우파 정권 초기에 문제가 생겼다가 우파 정권에서 어느 정도 해소되었다고 할 수 있다.

청년 솔로 현상이 장기적으로 지속될 때, 경제에 좋은 영향보다는 나쁜 영향이 더 많은 것은 확실하다. 좋은 의미든 나쁜 의미든, 미래 수요를 기반으로 도시계획과 건설, 심지어는 출판 등 문화 분야까지 미래를 전망하게 마련이다. 많은 기업이 미래 성장을 전제로 자신들의 사업 계획을 세운다. 그리고 성장률이 높을수록 인구가 늘어날수록 기업들은 자신의 미래가 밝다고 생각한다. 이런 수치가 정체된다고 가정할 때, 극단적인 공격 경영보다는 방어 경영을 하게 된다. 이런 국면에서 창업은 지체되고 투자는 지연된다. 국민경제 전체로 보면, 활력이 줄어들고 기업들은 돈을 쌓아두는 한이 있더라도 투자를 꺼린다. 인구보다 중요한 것은 지출 여력, 즉 구매력이겠지만 인구가 정체하거나 감소하는 경향이 있으면 구매력도 줄어든다고 판단하는 것이 일반적이다.

규모의 효과도 고려해야 한다. 물론 큰 게 좋을 수도 있고 나쁠 수도 있지만, 대부분의 기업은 시장 규모를 소비자의 규모로 판단한다. 대표적인 것이 출판이다. 아직도 진실인지 아닌지는 모르겠지만, 일본에서 출판시장이 활성화된 이유를 출판계는 약 1억 명에 달하는 일본의 인구수에서 찾는 경향이 있다. 인구 1,000만 명도 안 되는 스위스가 독일어권인 취리히, 프랑스어권인 로잔과 제네바를 중심으로 튼튼한 출판시장을 형성하고 있는 것을 감안하면, 인구 규모가 출판 시장에 얼마나 설명력이 있는 요소인지 좀 의심스럽기는 하다. 이런 식이라면 세계 최대의 인구를 자랑하는 중국의 출판계가 전 세계를 움직여나가야 할 듯싶지만, 아직 그렇지는 않다. 어쨌든 미래 독자의 감소 예상과 불황을 이유로, 출판계에 공격 경영이나 과감한 투자가 나오지는 않는다. 현재의 시장 상황만이 아니라 장기적인 예상이 현재의 경제 행위, 특히 투자와 같이 미래에 효과를 발휘하는 행위에 영향을 미친다. 이런 복합적인 요소들이 국내 투자를 지연시키는 효과를 발생시킨다. 자본축적을 통해서 돈을 모으고 다시 투자하는 것, 수백 년이 지났어도 자본주의를 작동시키는 기본 메커니즘은 바로 투자에 있는 것 아닌가?

단기적으로는 생태학에서 사용되는 니치niche, 즉 입지라는 표현이 조금 변형된 틈새시장niche market이 생겨날 가능성은 충분히 있다. 가족 구조의 변형 혹은 전환으로 인해 혼자 사는 사람들이 늘어나고, 어쨌든 이들도 나름대로는 유사한 공통점이 있는 소비자 집단이다. '솔로 이코노미'라는 표현은 이 니치마켓, 즉 솔로들에게 특화된 틈새시장에 관한 이야기이다. 연령과 상관없이 혼자 사는 사람을 모두 합치면 이 시장 자체는 작지 않다. 그러나 연령별로 문화적 취향이나 선호가 많이 다를 것이기 때문에 섬세하게 다루지 않으면 안 될 것이다. 그리고 무엇보다 지불 능력의 차이에 대해서는 많은 고민이 필요하다. 상대적으로 고소득인 전문직 솔로에서 비정규직 청년 솔로를 거쳐, 일본에서 큰 문제가 되었던 히키코모리, 은둔형 외톨이까지 모두 솔로이고 싱글이다. 이들의 등장으로 매우 특수한 틈새시장이 열리는 것은 맞다. 그렇다고 해서 1960~ 1970년대에 막 결혼한 가장들이 이끌었던 '영광의 30년'이라는 거대한 소비에 비하기는 어려울 것이다. '대량생산 · 대량소비'라는 신조어를 만들어냈던 케인스 시기의 소비를 이끌었던 중산층들의 주축이 바로 아빠들 아니었나? 인류 역사에서 그 정도의 대규모 소비는 다시 오지 않을 확률이 높다. 자식을 위해서 집과 자동차를 사들여야 했던 아빠들의 시대도 다시 돌아오기 어렵고, 국가든 개인이든 자원과 에너지 제약 없이 거대하게 사업을 벌이고 미친 듯이 경제활동을 하던 시기도 이제 끝나가기 때문이다. '희소성의 시대', 우리는 석유 등 화석에너지 자원과 식량 자원이 점점 희소해지는 시기로 가고 있다.

소비에는 합리적 소비만 존재하는 것이 아니고, 동일시identification 혹은 과시욕 같은 열정이나 욕망과 관련된 현상이 개입한다. 솔로들의 기본적인 의식주와 관련된 산업이 아니라 그들의 자기 정체성과 관련된 상품들, 예를 들면 고가 브랜드의 명품이나 수입차 등에 이 같은 요소가 개입할 여지가 크다. 이 상품들은 청년 솔로 현상으로 새로운 전기를 맞을 수도 있다. 과연 청년 솔로들은 럭셔리 상품을 대표하는 브랜드 중의 하나인 샤넬을 집을 것인가, 아니면 패스트패션Fast Fashion이라는 별칭을 가지고 있는 스파SPA: Speciality retailer of Private label Apparel를 집어들 것인가? 그야말로 미래의 대중적 분기점이라고 하지 않을 수 없다. 청년 솔로 중 충분한 구매력을 갖춘 집단은 샤넬로 대표되는 럭셔리 브랜드 쪽으로 갈 것이고, 그렇지 않은 집단은 자라나 유니클로로 대표되는 패스트패션 쪽으로 갈 것이다. 하긴 샤넬 그 자신이 평생 솔로로 살았다. 솔로들이 늘어나는 시기에 럭셔리 브랜드 쪽이 더 이로울 것인가, 아니면 중저가 브랜드가 더 유리할 것인가, 이것은 그야말로 지불 능력의 함수일 것이다.

인프라 산업과 공공 부문의 다운사이징

'인구는 늘어날 것이고 경제는 성장한다', 이 경구는 산업화 이후 민간 부문이 아니라 오히려 공공 부문에서 금과옥조처럼 받들던 명제였다. 도시계획에 따른 각종 토건 수요만이 아니라 도로에서 지하철, 이제는 경전철의 수요도 이 경구 위에 서 있다. 그뿐만이 아니다. 가깝게는 우리 모두 사용하는 전력이나 심지어는 댐 건설과 같은 많은 것이 인구와 경제 성장의 각종 지표를 바탕으로 장기 계획이 세워진다. 그리고 지금까지는 뭔가 줄어드는 상황을 한 번도 경험해본 적이 없었다. 토건 측에서는 인구는 늘어나지 않더라도 1인 가구 수는 늘어날 것이므로 여전히 더 많은 주택이 필요하다고 우기면서 지금까지 버텼는데, 전력이나 물 같은 분야에서는 이런 희한한 해석이 통하지 않는다.

솔로 현상이 심화되는 것은 기계적인 저성장 국면만이 아니라 지금까지 우리가 운용하던 경제 운용, 특히 공공 부문의 운용 기조를 바꾸어야 한다는 것을 의미한다. 어쨌든 많은 공공 변수가 인구수와 경제력에 기반을 두고 있었는데, 지금까지의 가족 패턴과 출산 양상에 변화가 온다면 당연히 정책적인 면에도 이것이 반영되어야 한다.

지금까지 공공 부문에서 혁신이 의미하는 것은 수익률 제고였다. IMF 경제위기 이후 민간 분야에서 말하던 효율성 담론은 공공 분야의 경영층이 혁신을 이야기할 때 주로 사용했던 논리였다. 물론 외형적으로는 그랬는데, 실제 운용은 그렇지는 않았다. 4대강 사업으로 엄청난 경영상의 타격을 입은 한국수자원공사, 시장에서의 실제 수익률과는 상관없이 규모를 늘려나간 한국수력원자력공사, 무리한 택지 개발과 주택 건설로 극도의 경영위기에 몰린 한국토지주택공사, 그리고 미래의 위기를 껴안고 억지로 주택연금을 늘려나가는 한국주택금융공사 등이 수익률 계산과는 정반대의 방향으로 나아간 대표적인 사례들이다. 이런 공기업들이 민간 시장이 움직이는 방식대로 경영되었다면 벌어지지 않았을 일들이다. 사회적 효율성과 개별 기관의 효율성 그리고 조직 내에서 벌어질 수밖에 없는 조직의 실패 사이에서 위험한 줄타기를 할 수밖에 없는 것이 공공 부문의 기본 속성이며, 동시에 짊어지고 갈 수밖에 없는 태생적 모순이다. 그렇다고 정부가 손 놓고 가만히 민간 업체들이 하자는 대로 하면? 영화 〈식코〉(2007)에서 적나라하게 보여주었던 미국 의료의 그 기막힌 현실을 보게 된다. 국가적 비극으로 모두 쳐다보고 있는 바로 그 현장에 있던 피해자들마저도 제대로 치료받을 수 없는 현실, 정부는 뒤로 빠지라고 한 채 무조건 민영화로 나아가면 우리는 또 다른 지옥을 만나게 된다. 이럴 수도 저럴 수도 없는 현실에서 그래도 조금은 나은 내일을 생각하며 모순 덩어리의 구조를 짊어지고 가는 것이 공기업이다. 그럼에도 이런 공기업들이 단기간에 민영화되지 않을 희망은 여전히 존재한다. 대선 과정에서 뭐라고 말했든, 무슨 공약을 했든, 일단 집권하면 먹여 살려야 할 수많은 식솔에게 가장 확실하게 기관장과 감사 등 먹을거리를 제공하는 곳이 바로 이 공공 부문이다. 게다가 지금 20대의 절반 정도가 취업을 희망하는 곳이 공무원과 공기업 등 공공 분야이다. 법적으로 종신고용이 가장 마지막까지 유지될 것으로 보이는 곳에 사람들이 몰리는 것은 당연하다.

청년 솔로 현상이 영향을 미칠 가장 직접적이면서도 확실한 분야가 한국 사회의 물리적·경제적 인프라를 담당하는 공공 분야라고 할 수 있다. 개혁이나 혁신은 특정한 문제가 발생했을 때 진행되지만, 시장과 제도 그리고 조직구조라는 문제가 중첩되는 공공 분야에서는 항상적인 개혁에 대한 논의가 없으면 너무 비효율적으로 바뀌거나, 특정 인맥 중심의 소왕국 현상 혹은 마피아 현상이 벌어진다. 이건 태생적인 문제라서 개혁 담론은 언제나 존재할 수밖에 없고, 또 그렇게 해야 그나마 조직의 실패를 줄일 수 있다.

지금까지의 공기업 개혁 담론이 수익률 제고라는 시장적 방식을 경영 패러다임으로 도입하는 것이었다면, 앞으로는 다운사이징이 또 다른 질문이 될 것이다. 어쨌든 커다란 규모로 진행되었던 개발 수요가 줄어든 뒤, 한국의 공기업들은 자신의 덩치를 유지하기 위해서 거의 수요 조작에 가까운 행태를 보이며 진행하던 방식으로 사업들을 계속해왔다. 물리적 인프라에 대한 다운사이징은 한국이 아직 한 번도 겪어보지 못한 일이다. 단기적으로는 물리적 수요 자체가 줄어들 것이기 때문에 조금 더 먼저 다운사이징을 준비한 공기업은 손실이 줄어들 것이지만, 멍하니 앉아 있다가 적자가 누적되면 결국 매각 후 민영화의 길을 걷는 것 외에는 방법이 없는 상황을 맞을 가능성이 높다. '영원한 번영'의 시대가 끝나간다. 그렇다고 공공 서비스의 사회적 수요와 필요성이 아주 없어지는 것은 아니다. 그렇지만 규모가 조정되는 국면에서 다운사이징은 우선적으로 필요한 질문이 될 것이다. 멍하니 있다가 솔로 경제의 충격을 받게 되면, 공공 분야의 인력을 대규모로 감축해야 하는 슬픈 사태가 벌어질 개연성이 높다. 발전소를 더 이상 만들지 않아도 되는 순간, 댐을 더 이상 짓지 않아도 되는 순간, 대규모로 택지를 개발하지 않아도 되는 순간, 이 충격을 어떻게 줄일 것인가. 다운사이징에 대한 고민이 지금부터 필요할 것이다.

제 2 부

무자식자 전성시대의
새로운 균형

|제3장| 충격을 완화할 수 있는가

3-1
완화와 적응의 변증법

이 책은 4장 구조로 디자인되었다. 과정, 전망에 이어 완화mitigation와 적응adaptation이라는 순서로 작업을 시작했다. 일반적인 경제학 서술은 완화 혹은 대응에서 끝난다. '적응'을 다루는 것은 경제학에서는 좀 생소한 방식이다. 유엔기후변화협약과 같이 아주 장기적이지만 성공이 보장되지 않은 대책에 관해서 사용하는 방식이다. 기존의 많은 경제학은 해법을 전제로 서술이 진행된다. 그런 이유로 경제학은 '선택의 과학'이라고 불렸다. 예산 제약 등 제약 조건만 주면 그 안에서 나름대로 최적의 해법을 제시할 수 있다는 자신감이 이 표현에 담겨 있다. 이런 표현은 많은 사람이 지적하는 경제학의 수리화, 계량화와 연관되어 있다. 연성과학sloft science과 경성과학hard science이라는 표현을 쓴다면, 신고전학파가 경제학계를 완전히 장악한 이후로 대부분의 경제학자는 경성과학을 하고 싶어 했다고 할 수 있다. 따져보면, 유엔기후변화협약이나 사막화방지협약 혹은 종다양성협약 같은 유엔환경협약이나 다자간 환경협약 같은 경우에는 일반적으로 경제학자가 다루는 문제보다 많은 과학지식을 필요로 한다. 이 협약들의 특징은 정책을 제시한 이후에 '적응'에 관한 별도의 서술이 있다는 것이다. 인간의 말로 바꾸면, "우리는 나름 최선을 다할 거야. 그렇지만 아마도 잘 안 될 거야. 그럼 어떻게 하지?" 이게 환경협약에서 말하는 적응의 의미이다.

솔로에 관한 많은 책은 대응 혹은 완화에서 끝난다. 우리의 용어대로 하면, 어떻게 하면 무자식자가 유자식자가 될 수 있는가에 대한 질문이라고 할 수 있다. 그러나 이 문제는 잘 풀리지 않을 것이다. 풀 방법이 전혀 없지는 않지만, 일단 현재의 한국 지배층이 이 문제에 대해서 잘 모른다. 또 안다고 해도 경제적 기득권의 일부를 양보해야 하는 경우가 많기 때문에 시도하지 않으려고 할 것이다. 그리고 지금 한국의 부와 권력을 차지하고 있는 50~60대 경제 엘리트들은 개별적 해법을 더 선호한다. 무엇보다 정치경제의 상층부에 있는 그들에게 청년 솔로 현상은 결국 남의 일, 가난한 사람들의 일 아니겠는가?

환경협약에서 일반적으로 완화에 관한 장은 선진국의 의무에 해당한다. 구체적으로는 지금까지 석탄과 석유 등 화석연료를 펑펑 사용하면서 지금의 부를 이룬 유럽과 미국 등 선진국들에 어떻게 감축 의무를 부여할 것인가, 그리고 매우 빠른 속도로 자원을 소비하기 시작한 중국 등 개도국들에 어떻게 가이드라인을 제시할 것인가, 이런 질문들이 해당된다. 즉, 나쁜 놈들에게 책임을 지게 만드는 것이 일반적인 완화의 방식이다. 그에 비하여 적응에 관한 서술은 불쌍한 사람에 관한 이야기가 주종을 이룬다. 남태평양에 위치한 투발루처럼 해수면의 상승으로 국토가 사라진 사람들에게 어떻게 거주할 공간을 마련해주고 그 피해를 완화시켜줄 것인가? 해안지대에 살면서 피해를 입을 수밖에 없는 사람들에게 선진국들이 더 높은 방조제를 쌓게 지원해줄 것인가? 온난화로 열대성 질병이 늘어날 것인데 이 문제에 우리는 어떻게 적응할 것인가? 선진국 내에서도 적응의 문제가 생겨난다. 이상기후로 혹서와 혹한이 반복될 때, 부자들에 비해서 가난한 사람들이 더 고통받는 경우가 많다. 이건 한국에서도 여름마다 관찰되는 일이고, 겨울에는 문제가 더욱 심각해진다. 이렇게 부의 편차에 따라 환경 충격이 동일하게 나타나지 않는 것을 특별히 '환경 정의'라고 부른다. 부자 나라에도 가난한 국민이 있게 마련이고, 이들을 위한 고민 역시 적응이라는 항목으로 분류된다.

모르핀과 수술의 비유라고 할 수 있다. 아픈 환자에게 모르핀 주사를 놓으면 통증은 일시적으로 완화된다. 그렇지만 수술이 필요한 상황일 때, 모르핀 주사만으로는 문제가 풀리지 않는다. 경제학적으로만 계산하면, 솔로들에게 돈을 걷어 결혼한 사람들에게 보조금이나 지원금을 주는 것이 솔로 대책의 주류가 된다. 그러나 이건 '우리가 뭔가 했어'라는, 대책을 만든 것으로 착각하게 만드는 모르핀 요법 같은 것이다. 인간에 대한 예의에 대해서 고민하지 않고 솔로 문제를 경제학적인 기술로만 해소한다고 하면, 솔로로 지내는 데 더 많은 비용이 들게 하고, 결혼하고 출산하는 데 더 많은 편익을 부여하고 싶은 유혹이 들 것이다. 기계적으로 계산하면, 경제학이 할 수 있는 일은 솔로로 지내는 것을 불편하게 해주고 결혼하는 것을 행복하게 해주는 것이다. 그러나 그런다고 문제가 풀릴까? 어차피 결혼하기 힘들거나 아니면 결혼하지 않겠다고 마음먹은 사람들에게 경제적 페널티를 주는 것이 문제의 해법이 되어서는 곤란하지 않겠는가? 예를 들면, 솔로세 같은 것을 물리면 어떻겠는가? 사회적 저항만 생길 뿐,

절대로 도입할 수 없는 종류의 세금이다. 그렇지만 가족수당을 강화하거나 보육 혜택을 엄청나게 늘리면? 간접적이지만 솔로세를 부과하는 것과 같은 이야기이다. 별도의 세원을 마련하거나 유사한 방식으로 솔로들에 대한 지원을 늘려주지 않는다면? 직접, 간접, 단순, 복잡, 그런 차이만 있지 결국 솔로들을 괴롭히고 결혼한 사람에게 혜택을 주겠다는 점에서는 크게 다를 바가 없다.

이 시점에서 '파레토 최적Pareto optimum'이라는 경제학 교과서에만 있는 오래된 개념 하나를 다시 생각해보지 않을 수 없다. 한 사회 구성원에게 제공하는 혜택을 늘릴 때, 다른 사람의 혜택을 줄이지 않을 수 있는 최대치가 바로 파레토 최적이다. 누군가가 행복해지기 위해서 다른 사람이 불행해지면 안 된다는, 근대를 만든 바로 그 정신이 이 개념에 녹아 있다고 할 수 있다. 그리고 1980년대 이후, 전 세계를 강타했던 경제근본주의를 다른 말로 '정글 자본주의'라고도 부르는데, 이때 나의 행복을 위해서 다른 사람을 불행하게 만들어서는 안 된다는 근대의 사회적 약속은 무시된다. 모두가 행복해지는 균형을 생각해볼 수는 없을까?

청년 솔로들의 생활을 불편하게 만들어서 결혼하도록 유도하거나 협박하는 것은 중세적 발상이다. 그 대상이 단순히 재산권이나 소유권 혹은 상품의 구매와 같은 것이 아니라 인간 그 자체의 삶이기 때문이다. 결혼을 선택하고 출산과 육아를 받아들이는 것, 이건 우리의 다음 세대의 출현에 관한 조건이다. 그들은 모두 행복할 권리가 있고, 차별받지 않을 권한이 있다. 청년 솔로들을 괴롭히자, 그건 한국 사회가 불행해지는 가장 빠른 길이다. 앞으로 절반가량의 국민이 솔로로 살아갈 가능성이 높다. 나이도 다양하고 상황도 제각각일 텐데, 국민의 절반이 불행한 상태에서 행복할 수 있는 국민경제는 존재하지 않는다.

여기에서 우리는 거대한 딜레마에 부딪힌다. 프랜차이즈 치킨회사 '굽네치킨'은 여러모로 직원 복지에 신경 쓰는 모범적인 중소기업이다. 굽네치킨의 직원 복지에는 출산지원금도 포함되어 있다. 첫째를 낳았을 때는 50만 원, 둘째를 낳았을 때는 1,000만 원. 두둥! 그리고 셋째를 낳았을 때에는 물경 2,000만 원이 지급된다. 그 취지는 공감하지만, 이런 게 대표적인 유자식자와 무자식자 사이의 딜레마이다. 기업을 자본으로 보고, 노동의 기여도는 임금으로, 자본의 기여도는 이윤으로 본다면, 이 제도는 자본이 자신의 이윤 일부를 출산지원금 형태로 양보한 것으로 이해된다. 훌륭한 미덕이고 칭찬받아 마땅한 일이다. 이 해석은 임금 외에 노동자가 추가로 기여한 것은 없다고 보는 것이다. 그렇지만 솔로이든 가장이든, 노동자 모두 회사 경영활동에 참여해 크든 작든 일정 부분의 이익을 만들었다고 본다면? 이 경우 노동자들이 만든 기여분의 합의 일부가 그들 중 특정한 사람들, 즉 다자녀 출산자에게 이전되는 것이다. 솔로들은 자신이 받을 수도 있는 잉여의 일부가 단지 출산을 하지 않았다는 이유만으로 결혼한 사람들에게 이전되는 것을 두 눈 뜨고 지켜봐야 한다. 경제적인 손해보다는 상대적 박탈감에 의한 심리적 타격이 훨씬 클 것이다. 인간이란 원래그런 존재이다. 물론 굽네치킨은 솔로들이 데이트 자금으로 쓸 수도 있는, 용도가 특기되지 않은 자금을 지원해주기도 한다. 그렇지만 이 지원금은 60만 원으로 출산지원금에 비하면 턱없이 적다. 외국에서는 전문직 여성 솔로들이 자식을 둔 가장들이 자기들끼리 회사 보너스를 나누어 가지는데 반발하여 퇴사하고 프리랜서로 전향한 사례도 있다.

현재 한국에서 운용하는 국민임대주택 등 임대주택 제도에서도 결혼한 부부들에게 우선권이 주어진다. 그리고 자격을 평가하는 과정에서도 유무형의 차별이 존재한다. 임대주택 공급이 턱없이 부족하기 때문에 조건 좋은 임대주택에서 살고 싶으면 결혼을 하라는 무언의 메시지를 전달하는 것이다. '한정된 자원'이라는 눈으로 보면, 부부와 솔로는 동일한 자원을 놓고 경쟁하는 관계라고 볼 수 있다. 임대주택이 한정된 숫자만 있다면, 이 관계는 기계적으로 옳고 동어반복이라서 당연한 말이다. 물론 임대주택은 한정된 것이 아니고, 정부의 정책에 의해서 변할 수 있다. 그리고 그 형태와 조건 역시 물리적이라기보다는 사회적 합의에 의한 제도적 요소가 더 많다. 청년 솔로들을 위한 임대주택을 만들 것인가 아닌가, 이것은 철학의 문제라고 할 수 있다.

유자식자와 무자식자, 그 사이에는 동일 자원을 놓고 경쟁하는 관계도 존재하지만, 기본적으로 이 사람들은 시민이고 동시에 노동자 ─ 혹은 실업자 ─ 이다. 거대 자본에 의해서 삶의 존엄성을 핍박받고 끊임없이 위기로 몰리고 불안해하는 사람들이다. 결혼한 사람은 결혼해서 가난해지고, 그게 두려워서 결혼하지 않은 사람은 불안해하면서 여전히 가난하고. 이 사이에서는 완화와 적응 모두가 필요하다. 그것은 경제적으로 소외된 사람들의 삶이 나아지면 그만큼 사회적 삶이 나아진다는 간단한 원리와 같다. 완화와 적응 사이에서 적절한 균형을 찾고, 좀 더 많은 공통분모를 찾는 것이 유자식자와 무자식자 모두가 공유할 수 있는 공동의 행복으로 나아가는 길이다.

3-2
출산과 보육: 프랑스식 육아

밀레니엄, 즉 새로운 2000년이 열린 그날, 한국의 어느 방송 팀이 영국 총리인 토니 블레어Tony Blair를 인터뷰하러 떠났다. 그가 이야기하는 생산적 복지가 한국에 적용될 여지가 있는지 검토하는 것이 인터뷰의 취지였다. 설마설마하면서 떠났던 그들은 과연 소박하게 꾸며진 영국 총리의 집무실에서 20분간 인터뷰를 할 수 있었다. 인터뷰가 끝나고 블레어 총리가 한국에 대해 궁금해하면서 한국은 솔로 대책을 어떻게 세우고 있느냐고 물었다고 한다. 제작팀은 블레어 총리가 무엇을 물어보는지 그 의도를 정확하게 이해 못 했다. 그런 그들에게 영국 총리가 마지막으로 남긴 말은 가장 심각한 사회 문제는 결국 솔로 문제가 될 것이라는 것. 2000년, 그때는 우리 중 어느 누구도 10년이 지나면 이 문제가 한국 경제의 가장 큰 변수이며 가장 심각한 문제가 될 것이라고 생각지도 못했을 것이다. 나도 마찬가지였다.

그렇지만 토니 블레어가 이끌었던 영국도 이 문제에 대해 뚜렷한 해법을 찾지는 못한 것 같다. 솔로 문제에 대해 나름의 해법을 찾은 나라는 현재로서는 프랑스 정도로 보인다. 영국은 시도를 했지만 별로 성과를 보지 못하고 있고, 독일은 최근에 분발하는 중이지만 아직까지는 사례로 분석할 정도로 특별한 성과를 보여주지 못했다. 스웨덴은 '행복한 솔로'로는 대표적인 사례이지만 청년 솔로 문제의 해법을 찾았다고 보기는 어렵다. 다만 우리가 전통적으로 가족이라고 생각했던 제도 외에 또 다른 삶의 형태가 있을 수 있다는 것을 보여주기는 했다. 혼자 산다고 해서 불행한 것은 아니다. 그건 스웨덴 사회가 어느 정도 만들어낸 것 같다.

한국의 많은 지표나 지수들이 OECD 평균에 턱없이 미치지 못하는 게 많지만, 출산과 육아 분야도 마찬가지이다. 그렇다면 우리는 이 기계적인 지수들을 높이기 위해 많은 돈만 투입하면 프랑스처럼 출산 문제를 어느 정도 완화시킬 수 있을 것인가? 일정 부분은 맞고, 일정 부분은 틀리다. 인간의 일은 극도로 섬세해서 단순히 돈을 준다고 문제가 풀리지는 않는다.

어쨌든 출산과 육아의 부담을 사회적으로 덜어주는 것은 결혼한 사람과 소위 비자발적 솔로가 1차적으로 합의할 수 있는 지점이다. 이미 굳게 결심한 자발적 솔로들에게는 좀 억울한 일이기는 하다. 자신이 사용할 가능성이 전혀 없는 복지를 늘리는 것에 대해서 동의할 수 있을까, 여기에는 복잡한 철학적 문제가 뒤따른다. 그리고 감정 문제도 끼어들 수 있다. 우리 모두가 언젠가는 결혼을 하고 아기를 낳는 것은 아니지 않은가?

2010년에 합계 출산율 2를 회복한 프랑스 보육의 모든 것을 경제적으로만 설명하기는 어렵다. 지난 대선 때는 1세대 동거자가 후보로 나왔고, 이번 대선에는 동거 가정 출신이고 대선 직전 동거자를 바꾼 사람이 대통령이 되었다. 그리고 동거하는 사람들의 권리를 보호해주는 법적 장치들도 정비가 거의 완료되었다. 이런 사회 분위기를 뒷받침하는 문화적인 속성이 분명히 존재한다.

프랑스식 육아와 관련해서는 패멀라 드러커먼Pamela Druckerman의 기가 막힌 관찰기가 있다. ≪월스트리트저널Wall Street Journal≫의 경제 섹션 기자였던 그녀는 급작스러운 정리해고와 함께 예정에 없던 결혼을 하고 파리에서 출산을 하게 된다. 월스트리트 한가운데에서 미국식 삶에 익숙했던 그녀가 프랑스에서 출산과 육아 과정을 거치면서 보고 경험한 생생한 이야기는 『프랑스 아이처럼: 아이, 엄마, 가족이 모두 행복한 프랑스식 육아Bringing up Bebe: one American mother discovers the wisdom of French parenting』(2013)라는 제목으로 전 지구의 육아 세계를 강타했다. 지독할 정도의 극성 엄마인 헬리콥터맘과 같은 미국식 육아가 첨단이고 세련된 것이라고 생각하던 전 세계 엄마들이 프랑스의 독특한 문화에 충격을 받았다. 〈우리 아이가 달라졌어요〉의 원 버전인 〈슈퍼 내니Super nanny〉라는 리얼리티 프로그램이 2004년부터 영국 방송가를 휩쓸고 있을 때, 프랑스에서는 전혀 다른 사회적 흐름이 만들어지고 있었다. 이 모든 것을 문화적인 요소 때문이라고 볼 수는 없다. 6개월~3세 아동의 절반 정도가 다니는 국립 크레슈créche에는 절반 정도의 프랑스 아동들이 보육되고 있다. 요즘에는 신베이비붐이라고 할 정도로 출산율이 급격히 높아져서 국립 크레슈에 들어가기 위해서는 이전보다 훨씬 일찍 신청해야 한다. 프랑스의 전통적인 문화체계와 국립 방식이 결합하면서 아기의 식성 관리는 물론 인성 교육 등 체계적인 프로그램이 마련되어 있다. 프랑스가 국공립 어린이집을 50% 비율로 유지하려고 노력하는 동안, 한국은 가정 육아가 오히려 더 늘어 50%를 넘어섰다. 국공립은 5%를 약간 넘는다. 이런 프랑스식 육아로 대표되는 국가보육 시스템은 한국과 비교해서 확실히 돈과 에너지가 덜 들어가도록 설계되어 있다.

돈의 경우는 상대적으로 비교하기가 쉽다. 베이비 푸어라는 신조어가 생길 정도로 지금 한국의 육아 시장은 극단적으로 양극화되어가는 중이다. 1,000만 원짜리 육아 앨범이 상징하듯 점점 호화로워지고 럭셔리로 간다. 반면에 중산층 이하의 육아 조건은 점점 열악해지는 중이다. 그리고 여기에는 왜곡된 교육 시스템만이 아니라 일하는 여성, 소위 워킹맘과 전업주부 사이의 갈등도 문화적으로 개입한다. 모든 여성이 일을 하는 순간이 올까? 한국이 그런 방향으로 가고는 있지만, 아직은 두 집단의 여성들은 문화적으로 그리고 정서적으로 날 선 충돌을 일으키는 경우가 더 많다. 그리고 서로에게 느끼는 상대적 박탈감이 두 집단 모두를 불행하게 만든다. 고학력의 전업주부들은 자녀 보육과 교육을 통해서 자신의 사회적 정체성을 찾으려는 경향이 강해 보인다. 그래서 마케팅에 손쉽게 노출되고 더 많은 돈을 쓰게 된다. 전형적인 미국식 육아에 영어 교육이라는 식민지 패턴이 하나 더 결합된 것으로 보면 된다.

지나치게 비싼 육아와 조기 교육이 좀 더 교육적이라는 증거는 거의 없고 오히려 더 많은 부작용을 예상할 수 있다. 한국에서 할 수 있는 가장 비싼 교육은 초등학생을 외국인 학교에 진학시키는 것이다. 그리고 많은 경우 3~4학년이 되면 사립학교로 전학시킨다. 외국인 학교는 국제 표준 교육 프로그램을 따르기 때문에 초등학생에게 고강도의 암기형 교육을 시키지 않는다. 그래서 2~3년의 영어 교육으로 얼마간 영어의 기초가 잡혔다고 보고 암기 교육을 시키는 사립 초등학교로 옮겨 가게 된다. 식민지에서나 벌어질 법한 일이다. 이게 한국의 최상층부 엄마들이 연간 수천만 원의 돈을 들이면서 자녀를 가장 창조적이지 못한 인재로 키우는 방식이 아니겠는가?

외국인 학교 입학이 고비용 초등학교 교육의 최상단이라면, 형편에 따라 약간씩 비용을 줄여가면서 유사한 패턴이 동일하게 반복된다. 세계 최고의 고비용 보육이며 동시에 저효율 교육이라고 할 수 있다. 엄마도 행복하지 않고 자녀도 행복하지 않다. 그리고 청년들의 비정규직화가 더 진행되면 될수록 불안 마케팅에 기댄 국제 표준과는 아주 거리가 먼 교육 양상은 더 강해질 것이다. 별로 과학적이지도 않고 이론적이지도 않은 이런 비효율적 교육에 관한 정보는 전업주부들의 폐쇄적인 모임을 통해서 확산되고 강화된다. 여기에 '남들 다 이렇게 한다'라는 표준화의 논리가 개입한다. 돈의 효과에 대한 논의는 사라지고 돈의 크기에 대한 논리만 남는다. 더 많이 써야 좋은 엄마이고, 그렇지 못한 엄마는 그만큼 마음에 상처를 입거나 자식에게 미안해하게 된다. 물리적 돈이 나가거나 아니면 정서적 상실감을 감수하거나!

보육과 교육에 대한 돈 쓰기 경쟁은 워킹맘들의 지갑에서 더 쉽게 돈이 나오게 만든다. 자녀를 위해서 전업주부만큼의 시간을 들일 수 없는 워킹맘에게는 그 대신 더 많은 돈을 지불하고 싶은 경제적 동기가 생긴다. 프랑스식 육아와 비교해본다면, 근본적으로는 국가의 보육 및 교육 인프라 부족과 시스템 디자인의 실패에서 생긴 문제인데, 현상적으로는 전업주부와 워킹맘의 격렬한 갈등으로 드러난다. 이런 과정을 통해서 엄마들은 필요 이상으로 돈을 지불한다. 미국식 육아에 식민지형 교육이 결합되어서 평균적으로는 감당하기 어려운 보육 구조가 형성된다.

돈만이 문제가 아니다. 이 과정에서 '내가 과연 아이를 옳게 키우고 있는가, 남들도 다 한다는데 나만 안하는 건 아이에게 미안한 일이 아닌가?', 이렇게 끊임없이 회의하고 갈등하면서 지불하는 에너지가 더 큰 문제라고도 할 수 있다. 전업주부도 행복하지 않고 워킹맘도 행복하지 않다. 그토록 많은 돈을 들이는데, 그렇다면 자녀는 행복할까? 행복할 리가 없지 않은가.

프랑스가 프랑스식 육아를 통해서 해결한 것은 자녀 출산에 따른 비용의 상당 부분을 국가가 보전해주는 단순한 것이 아니다. 돈도 돈이지만 육아에 따른 개인의 불필요한 에너지를 줄여준 것, 그것이 우리가 놓치고 있는 것이다. 역으로 뒤집으면 출산과 육아에 따르는 돈과 에너지를 줄여주는 방식으로 나아가는 것, 그것이 예비 엄마들이 장기적으로 출산 계획을 세우게 하는 것이고, 더 많은 청년이 결혼할 수 있게 하는 첫 번째 장치이다. 결혼은 남자 혼자 하는 것이 아니지 않은가?

물리적으로는 국가가 공적으로 운용하는 국공립 어린이집의 비중을 50% 정도로 늘려야 한다. 물론 어린이집 건물을 더 짓는 것이 중요한 게 아니라 그 안에 들어가는 표준 보육 프로그램이 중요하다. 더 비싼 보육 프로그램을 위해서 더 많은 비용을 지불하겠다는 사람을 굳이 말릴 생각은 없다. 그리고 사교육을 허용하거나 ― 혹은 권장하는 ― 지금의 교육체계에서 이미 만들어진 어린이집을 없애거나 축소시킬 수 있는 방법은 사실상 없다. 그러나 평균적인 20~30대 여성이 출산과 육아에 대해서 느끼고 있을 거대한 공포는 국공립 어린이집을 늘리는 방법으로 상당 부분 줄여줄 수 있다. 그녀들에게는 럭셔리 육아에 돈을 지불할 여력이 없다. 그리고 비정규직으로서, 만약에 아이를 낳는다면 힘겨운 워킹맘으로 살아갈 것이 분명한 그녀들이, 추가로 쓸 수 있는 에너지가 없다고 판단하는 것은 합리적이지 않은가? 제정신을 가진 비정규직 여성이 보기에 한국의 출산과 보육 시스템은 자신들에게는 그야말로 '넘사벽'이다. 그들이 자신의 2세를 엄청난 귀족이나 유별난 천재로 키우길 바라거나, 언젠가 자신을 행복하게 해줄 필승 카드이길 기대하는 것은 결코 아니다. 다만 혹시라도 자신의 2세가 지나치게 차별을 받을까, 최소한의 기준도 충족시키지 못하면서 아이와 너무 힘들게 살게 되지 않을까, 그런 걱정인 것이다. 완벽하게 내용까지 채우기는 어렵더라도 국공립 어린이집을 전체의 50%로 늘리고, 그 안에서 정부가 안심할 수 있는 프로그램을 제시하는 것이 솔로 현상 완화의 첫 번째 출발점일 것이다.

돈 있는 사람, 알아서 잘들 키우시라! 이렇게 육아에서 엄마의 역할을 강조했던 나라 중에서 솔로 현상이 줄어들거나 출산율이 늘어난 사례는 거의 없다.

프랑스식 육아에서 가장 감명 깊었던 것은 프랑스 여성들에게 출산 후 100일 이내에 출산 전의 몸매를 회복해야 한다는 문화적 압박이 존재한다는 것이었다. 한편으로는 여성의 몸매를 '매력 자본'이라는 눈으로 본다는 점에서 가혹한 이야기이고, 또 막 출산을 마친 엄마가 체육관에 갈 수 있다는 부러운 이야기이기도 하다. 태권도 4단에 사범 자격증을 가진 나의 아내도 그렇게 빠른 시간에 원래의 몸매를 회복하지는 못했다. 여성인권이 가장 높고 여성의 사회적 진출이 가장 많은 사회가 프랑스이다. 엄마에게 가해지는 이런 문화적 압력은 국가가 육아의 많은 부분을 책임지고 있는 경우에만 성립될 수 있다. 자식의 삶은 자식의 삶이고, 엄마의 삶은 엄마의 삶이라는, 프랑스식 육아의 정신은 이기주의적이고 개인주의적이라는 즉각적 비난에 부딪힐 것이다. 그러나 100일도 지나지 않은 아기를 떼어놓고 자신의 몸매를 관리하는 프랑스 엄마들을 뒷받침하는 것은 국가의 육아 시스템이다. 이 이기적으로 보이는 엄마들이 출산을 포기하고, 그래서 결혼을 포기하는 다른 나라의 청년 솔로들보다 이기적이라고 할 수 있을까?

3-3
청년경제를 위한 청년 뉴딜

케인스 이전의 경제학자들을 고전학파라고 불렀다. 케인스 이전과 이후의 경제학자들 사이의 가장 큰 차이점은 시간에 대한 해석이다. 고전학파 학자들은 경제 내에 자연적 법칙이 있어서 최종적으로는 자연율과 같은 특정 점으로 간다고 보았고, 장기적으로는 모든 것이 안정화될 것이라고 보았다. 1929년 대공황과 함께 케인스가 움직일 공간이 생겼고, 그의 유명한 말이 이때 나온다.

"장기적으로는 우리 모두 죽는다."

설령 장기적으로 경제가 균형에 갈지 모른다고 할지라도, 그 장기는 우리가 전부 죽을 만큼 긴 시간일지도 모른다는 케인스의 말은 단기 대책의 중요성을 지적하는 말이다. 그리고 암묵적으로 경제가 장기적으로는 균형에 이르지 않을 수도 있다는 의미를 내포하고 있다. 경제, 아니 시장이 스스로를 균형으로 이끌 수 있느냐 아니냐 하는 문제는 제도학파, 프랑스의 조절학파 그리고 비교적 최근의 진화경제학에 이르는 매우 길고 지난한 논쟁과 연관되어 있다. 어쨌든 1929년의 대공황이 제1차 세계대전의 여파로 복잡하게 얽힌 국가별 배상 문제의 중심에 있던 독일 경제를 강타하면서 결국 1939년 제2차 세계대전이 터졌다. 그리고 이 일련의 과정에서 미국 프랭클린 루스벨트Franklin Roosevelt 대통령이 케인스의 이야기에 크게 귀 기울이게 된다. 「금주법」의 한가운데에서 미국은 물론 세계경제가 지독한 공황을 겪고 있었고, 과연 이 공황이 끝날지, 아니면 자본주의는 시스템 내부의 모순을 넘어서지 못하고 결국 사회주의로 전환할 수밖에 없는지, 이런 문제는 실제 국가 운영에 참여한 엘리트들도 고민할 수밖에 없었다. 소설 『분노의 포도』(1939)에 나오는 거대한 실업자 행렬은 바로 이 시대의 모습이다. 채플린의 영원한 고전 〈모던 타임스〉(1936)도 이 시기를 배경으로 하고 있다.

이런 흐름 속에서 1932년 미국 대통령에 당선된 루스벨트는 이듬해인 1933년부터 뉴딜이라는 이름을 가진 일련의 경제 개혁 프로그램을 진행한다. 한국에서는 뉴딜을 테네시 강 유역의 종합 댐 건설 정도의 정부 토목 사업으로 이해하는 경우가 많지만, 이때의 실제 사업 비중은 농민과 노동자들을 위한 복지 프로그램 구성에 더 많이 할애되어 있었다. 여전히 문제가 많다는 지적을 많이 받기는 하지만 어쨌든 미국에 의료보험 시스템이 도입된 것도 바로 이때다. 그리고 「농업법」이라고 번역되는 미국 농업의 근간을 만드는 「팜 빌Farm Bill」이 처음으로 국회를 통과한 것 역시 1933년의 일이다. 경제위기로 농산물 판매가 어려워진 농민들을 구제하기 위한 의도로 만들어진 것이었다. 바로 이 농업지원책으로 미국이 세계 최고의 농업 강국이 될 줄 당시에는 아무도 몰랐다. 물론 미국의 농업이 너무 막강해진 탓에 이후 다른 나라들과 통상 분규가 끊이지 않고 있기는 하다. 강해져도 너무 강해졌다. 기계농과 화학농 그리고 최근의 유전자조작 식품 문제까지, 정부의 엄청난 지원을 받는 미국 대규모 농가와 도매상들이 만들어낸 폐해가 작지 않다. 결과적으로 뉴딜 이후 정부의 도움을 받는 농민에서 돈을 버는 농민으로 변하면서 미국 농업 경쟁력의 극적 전환이 일어난 건 사실이다. 2008년 광우병 파동 당시 우리가 똑똑히 보지 않았는가? 세계적 가격경쟁력만큼은 확실한 미국의 농산물들, 그 출발이 바로 뉴딜이었다. '잊힌 사람들을 위한 뉴딜', 루스벨트가 선거 당시 사용했던 표현인데, 나중에 정책 집행 과정에서 이것은 '미국인을 위한 뉴딜'로 바뀌었다. 농민이야말로 대공황 국면에서 잊힌 사람들이었지만, 결국 그들의 최소한의 삶을 보장하기 위해 시행한 정부의 돈 풀기, 즉 재정정책이 대성공을 거둔 것이다.

그러나 종합적인 면에서는 여전히 해석이 엇갈린다. 대공황에서 벗어나는 데 케인스의 대책이 효과가 컸는지 아니면 그 이후 발발한 제2차 세계대전의 효과가 컸는지에 대한 논쟁은 끝나지 않았다. 전쟁만큼 큰 소비도 없고, 또 그만큼 생산 유발 효과를 높이는 사건도 없을 것이다. 어쨌든 전쟁이 끝나고 1945년 이후 30년간 세계경제는 '영광의 30년'이라고 불릴 정도로 잘 돌아갔다. 나중에 1974년 석유파동을 만나기 전까지는 정말 팽팽 돌아갔다.

경제학 내에서 케인스 이전에는 정부와 시장의 관계가 이론적으로 정립되지 않아서 어디까지 정부가 개입할지 애매했다. 그러나 대공황 이후 단기적인 경제위기에 시장만으로는 해법이 나오지 않는다는 사실에 많은 사람이 공감하게 되었고, 금융정책과 재정정책이라는 두 가지 개념으로 정부의 경제정책이 정리되었다. 금융정책은 돈을 공급하는 것과 이자율을 결정하는 것, 기본적으로는 한국은행이 하는 일이라고 보면 된다. 반면, 재정정책은 정부가 직접 국민의 세금으로 사업을 하는 것, 각 분야에 보조금을 지급하거나 도로를 건설하고 집을 짓거나 교육을 하는 것 등 정부의 직접 지출을 의미한다. 돈을 움직이거나 몸을 움직이거나, 이 차이에 의해서 금융정책과 재정정책이 구분된다.

자, 이제 정부가 가진 돈을 청년을 위해서 풀 것이냐 말 것이냐, 그게 '청년 뉴딜'이라는 개념 앞에 놓인 사회적 판단이라고 할 수 있다. 정부가 돈을 풀면 그 돈을 직접 받은 사람에게만 혜택이 가는 건 아니다. 수혜자가 들어온 돈을 소비하면, 그 돈은 판매자에게 돌아가고, 다시 돌고 돌아 결국 투자 효과를 만들어낸다. 그리고 비록 적은 양이지만 처음 돈을 쓴 사람에게도 월급 상승 등의 혜택이 되돌아온다. 이걸 전부 합쳐서 승수효과multiplier effect라고 부른다. 원칙적으로는 가난한 사람에게 돈이 갈 수 있어야 승수효과가 커진다. 부자가 돈을 받으면 쓰지 않고 가지고만 있을 확률이 높기 때문이다. 어려운 청년에게 정부의 지원금이든 보조금이든 세금이 흘러가면 그 돈은 극장이든 마트든 혹은 자영업자 치킨집이든 국내 업체로 들어간다. 그렇게 돈은 돌고 돈다. 경제가 위기일 때는 민간 분야에서 공격적으로 투자를 하기가 어렵다. 기업이 고용을 늘리기도 어렵고, 임금은 동결되거나 삭감된다. 꼭 기업에서 해고를 하지 않더라도 많은 기업이 도산하면서 당연히 실업자도 늘어난다. 개인들은 지출 여력이 줄어들고, 사회적으로 소비가 위축된다. 돈 쓸 수 있는 사람이 줄고 소비도 줄고, 이런 조건을 고려해서 투자도 줄어드는 빈곤의 악순환이 반복된다. 그럼에도 적극적으로 투자하는 것을 '공격 경영'이라고 부르는데, 위험 부담이 작지 않다. 이럴 때 정부가 직접 사업을 통해서 돈을 푸는 재정 지출은 굳이 케인스를 거론하지 않더라도 이제는 거시 경제를 운용하는 가장 효과적인 수단 중의 하나로 정착했다. 여기까지는 교과서에 나오는 이야기이다.

이 뉴딜이라는 단기간의 재정 지출을 어떻게 할 것인가, 그게 나라마다 그리고 정권마다 성격이 다르다. 2008년 금융위기로 조지 부시 정권의 인기가 바닥에 떨어지고, 그다음 정권을 놓고 공화당의 존 매케인John McCain 과 민주당의 버락 오바마Barack Obama가 맞붙었다. 전 세계적 경제위기 국면에서 오바마가 내걸었던 공약 중에 녹색뉴딜이라는 것이 있었다. 대규모 발전소를 통한 중앙형 시스템이 아니라 태양광 등 소규모 전원체계로 전환하면 같은 양의 전기를 발전하는 데 더 많은 고용이 필요해진다. 전체적 비용은 올라가지만 고용이 늘어나고 생태적 효과가 발생한다. 동시에 경기 진작 효과도 나타난다. 물론 오바마 집권 후에 이 공약이 대대적으로 집행되지는 못했다.

한편, 같은 시기 한국에서는 이전까지 하던 대로 토건형 뉴딜을 선택했다. 그해 7월까지 계속된 촛불집회로 이명박 대통령은 대선공약이었던 한반도 대운하를 건설하지 않겠다고 공개적으로 약속했다. 그리고 금융위기 발발과 함께 한반도 대운하는 이듬해 4대강 정비 사업으로 버전을 바꾸어 재추진된다. 그때의 논리 역시 오바마와 마찬가지로 경기 부양이었다. 금융위기 극복을 위해 일종의 뉴딜을 한 셈인데, 그야말로 국가적으로 삽질을 한 셈이다. 노태우의 아파트 200만 호 건설 이후로 한국은 경제위기 때마다 뉴딜이라는 이름을 걸고 삽질을 하는 데 익숙해져 있다. 참여정부 때는 이헌재 경제부총리의 지휘로 역시 삽질일 뿐인 '한국형 뉴딜'을 추진했다. 루스벨트의 뉴딜에는 노동자정책과 농업정책이 중심이었다고 지적을 하면, '한국형'이라는 수식어를 살짝 달아 한국은 미국과는 상황이 다르다는 것을 강조한다. 문자 그대로 해석하면 "우리는 삽질을, 삽질만을 그리고도 삽질을" 하는 것이 한국식이라는 의미이다. 1990년대 이후로 '인프라'라는 말이 정책 전문가들 사이에서 대유행이었다. 기왕에 정부가 돈을 쓸 거라면 장기적인 효과를 낼 수 있는 사회 인프라에 쓰는 게 좋을 것이라는 의미이다. 이론적으로는 틀린 이야기가 아닌데, 이때의 인프라를 지나치게 토건으로만 해석한 것이 우리의 문제였다. IMF 경제 위기 때, 국민의 정부에서 벤처육성정책으로 IT 분야를 단기간에 확대시 킨 것 역시 인프라라고 할 수 있다. 산업정책으로서 벤처 IT 육성이 장기 적으로 효율적이었는지는 생각해봐야겠지만, 뉴딜식 재정정책으로서는 효과적이었다.

이렇게 질문해보자. 만약에 2008년에 이명박 정부가 4대강으로 22조 원을 쓰는 대신에 '청년경제' 혹은 '청년 뉴딜'의 이름으로 4대강과는 다른 방식의 재정정책을 했더라면? 적어도 한국의 청년들이 위기 국면에 몰려 절반 이상이 비정규직을 전전하면서 미래에 대해서 아무 계획도 세우지 못하는 지금의 상황보다는 나아진 현실을 목격할 수 있었을 것이다. 22조 원, 크다면 크고 작다면 작은 돈이다. 모든 문제를 풀기에는 부족한 돈이 지만, 단기적으로 상황을 반전시키기에 결코 부족한 돈은 아니다.

이 상황을 한 문장으로 말하면, 그때 우리는 이 땅에 사는 청년들의 미 래를 강바닥에 처박았다고 할 수 있다. 4대강 사업이 반생태적이고 반환 경적이라는 기술적 문제점은 충분히 지적할 수 있다. 그러나 지금 우리의 문제와 관련해서 생각해보면, 다른 곳에 썼더라면 단기적이든 장기적이 든, 훨씬 더 유의미했을 돈을 그렇지 못한 데 썼다는 '기회비용'의 성격이 강하다. 4대강 사업을 핑계로 돈을 쓰고 싶은 사람들은 강력하게 단결하고 있는 반면, 그 돈의 도움이 절실하게 필요한 사람들은 그렇게 강력한 힘을 발휘하지 못하고 있다. 케인스 시대에는 노동자와 농민이 '잊힌 사람들'로 호명될 만큼 정치적 힘을 가지지는 못했다. 만약 루스벨트가 집행했던 뉴딜이 한국에서 이야기하는 것처럼 테네시 강변에 모든 돈을 때려 붓는 것이었다면, 그 시절의 정책성 성과에 대해서 이토록 오랫동안 학자들의 평가가 이어지지는 않았을 것이다.

그러나 뉴딜과 같은 정책 결정의 결정적 약점은 시장에서 자연스럽게 가격이 형성되는 과정과는 달리, 그 선택이 합리적인지 아닌지 보장되어 있지 않다는 점이다. 사회적으로 많이 논의하지 않으면 4대강 사업처럼 특정 업체들에게만 혜택이 가는 부작용이 생길 수 있다. 하이에크로 대변되는 경제적 보수주의자의 철학의 기본은 인간이 내리는 결정에 대한 불신이라고 표현할 수 있다. 그들은 물질과 물질이 부딪히고 욕망이 꿈틀거리는 결정을 더 우월하다고 본다. 그리고 이것을 시장 과정market process이라고 부른다. 제도는 인간들의 결탁에 의해서 부패하지만, 시장은 부패가 발생할 여지가 없다는 것이다. 많은 경우, 아주 틀린 이야기인 것만도 아니다. 경쟁이 정지한 독점 시장에서는 공급을 줄이고 가격을 높이는 독점이윤 현상이 발생하고, 이를 둘러싼 온갖 결탁과 음모가 발생한다. 우리말로는 '짬짜미'라고 부른다. 일종의 제도 실패이다. 정부나 공기업의 결정 과정에도, 아무리 '철저한 검증'과 '장기적 계획'이라는 미사여구로 치장한다고 해도 제도 실패의 위험성은 상존한다. 4대강 사업도 결국은 대표적인 제도 실패의 사례이다. 그때의 제도적 여건과 사회적 흐름이 바뀌지 않는 한, 다시 결정하라고 해도 우리는 4대강과 유사한 사업들을 다시 한 번 사회적으로 선택할 것이다. 끝도 한계도 없이 집값 부양에 계속해서 수십조 원을 투입하는 박근혜 정부의 집값 부양책도 이것의 연장에서 생각할 수 있다.

일본이 그랬다. 1990년 집값 폭락이 시작된 이후에도 한국이 지금 하는 것처럼 경기 부양을 명분으로 계속해서 집값을 올리는 정책을 썼다. 지브리 스튜디오의 애니메이션 〈센과 치히로의 행방불명〉(2001)은 지방 테마파크 건설붐을 다루고 있다(제작 기간 단축을 위하여 한국이 그림 하청을 받았다). 그럼에도 20년 이상 일본의 집값은 계속해서 내려가는 중이다. 집값을 지키고 싶은 사람들은 지배층이고 절대적인 이권으로 단결하고 있는 반면, 그와는 다른 경제적 이권을 놓고 정부와 대화할 사람들의 창구는 없거나 아주 미약하다.

청년을 위해서 단기간에 상황을 호전시킬 수 있는 '청년 뉴딜'의 필요성이나 유효성에 대해서는 모두가 동의할 수 있겠지만, 실제로 이 분야에 돈을 집어넣기는 매우 힘들다. 그래서 「농업법」을 만들고 농민들을 위한 경제 지원을 실시해 장기적으로 농업 경쟁력 강화라는 효과를 만들어낸 루스벨트의 뉴딜이 주는 역사적 교훈에 대해서 생각해볼 필요가 있는 것이다.

한 가지 확실한 것은, 청년들의 경제적 안정성을 높여서 그들의 삶이 장기적으로 나아질 것이라는 희망을 만들어내는 것이 지금의 솔로 현상을 완화시키는 제일 직접적이고 빠른 방법이라는 것이다. 모든 청년이 단기간에 결혼을 결심하거나 혹은 출산을 결심하게 할 방법은 없다. 그렇지만 불안한 미래 때문에 의도치 않게 많은 결정을 미루고 있는 소위 '비자발적 솔로'에게는 이런 변화들이 상당한 도움을 줄 수 있다.

그렇다면 어떻게 청년 뉴딜을 구상할 것인가? 이건 열린 질문이다.

정부에서는 창업 쪽을 생각하는 것 같다. 여기에는 보수들의 이데올로기가 포함되어 있다. 창업이라는 과정은 바로 CEO를 만들어내는 것인데,

이들이 당연히 돈이 있고 결국 정치적으로 보수적일 것이라는 생각이 깔려 있다. 마르크스는 자본가를 '육화된 자본주의', 즉 자본주의가 뼈와 살로 뭉쳐져 움직이는 사람이라고 이해했지만 현실이 꼭 그렇지는 않다. 당장 마르크스의 최대의 조력자인 프리드리히 엥겔스Friedrich Engels 자신이 공장 경영자였다(반면 전자회사 필립스Philips를 창시한 제라드 필립스Gerard Philips의 조부이자 마르크스의 숙부인 리온 필립스Lion Philips는 이념 문제로 조카인 마르크스를 증오했다).

더 많은 청년 사장을 만들면 더 많은 청년이 현재의 새누리당을 지지할 것이라는 생각은 지나치게 이념적으로 국가정책을 끌고 나가는 위험이 있다. 그리고 문제 해결 면에서도 효율적인 방식이 아니다. 물론 청년이든 장년이든 누군가 창업을 하면 더 많은 기업이 새로 생기고, 또 그중에 상당수의 기업이 생존할 수 있다면 더 많은 고용이 창출될 것이기 때문에 문제가 완화될 수 있다는 것은 확실하다. 그렇지만 기본적으로 이것은 동어반복적인 정책이다. 만약 한국이 경제 개발 초기 단계라면 경제 내에 수없이 빈틈이 있고, 그래서 군이 정부가 지원하지 않더라도 더 많은 창업이 생겨난다. 그리고 지금 한국의 창업 숫자가 줄어드는 것은 그만큼 성공할 가능성이 적어졌기 때문이 아닌가? 이 경우에는 새로운 기업들이 시장에서 자리 잡는 데 성공하면 그 숫자만큼 다른 기업이 문을 닫을 확률이 높다는 것이다. 풍선효과이다. 풍선의 한쪽을 누르면 풍선이 더 빵빵하게 보일지라도 풍선 속의 공기가 더 많아지는 것은 아니다. 물론 길게 보면 망할 때 망하더라도 계속해서 새로운 기업이 만들어지는 것이 경제적으로는 유리한 것은 맞다. 기업에서 가장 많은 혁신과 창조가 발생할 때는 창업의 순간이기 때문이다. 그러나 창업은 산업정책의 측면에서 접근할 일이지 청년 대책으로 쓸 일은 아니다. 산업정책이라고 할 때는 DJ의 IT

벤처산업육성정책이나 특정 산업 촉진 방안처럼, 시장의 힘만으로는 아직 폭발하기 어렵지만 정부 지원 등 외부의 촉진 계기를 얻으면 충분히 성장할 수 있는 업종에 대한 지원을 의미한다. 그러나 분야를 가리지 않고 나이를 중심으로 창업을 지원하는 정책은 "우리는 청년 대책을 가지고 있다"라는 말을 하기 위한 이데올로기적 접근이다.

창업 지원과 개별적 복지 지원이라는 극단적 두 방안 사이에 굉장히 다양한 지원 방식이 존재할 수 있다. 뉴딜이라는 재정정책은 제도적인 면이 많기 때문에 그야말로 상상의 영역이다. 많이 상상하면 많이 생기고, 아무것도 상상하지 않으면 아무 일도 벌어지지 않는다. 어쨌든 창업하라고 말하는 것과 복지 차원에서 그냥 돈을 주겠다고 하는 방식 양 극단 사이에서 좀 더 다양한 메커니즘을 생각해볼 수 있다. IMF 경제위기 당시 워낙 급하다 보니 일종의 취로사업으로 노인들에게 숲 가꾸기 같은 일자리를 제공한 적이 있다. 평상시였으면 사회적 반대가 심해서 시행이 어려웠을 정책인데, 경제적 이유로 폭동이 발생할 위기감이 정권 내에 팽배했던 터라 가능했다. 이명박 정권 초기에 시행되었던 청년인턴제도 같은 흐름 내에서 이해할 수는 있는데, 문제는 이 정책이 단기 계약을 일반화시켰다는 데 있다. 정부 기관 등 공공 부문이 주도했던 인턴정책은 그나마 퇴직금도 주기 싫다고 취업 기간을 10개월 미만으로 축소했다. 대학을 졸업하기 전에 교육적인 차원에서 직업 경험을 늘리는 것이 인턴의 본래 취지인 것을 생각해보면, 직업을 찾는 청년들을 인턴이라는 이름으로 단기 고용하는 것은 좀 너무한 정책이었다.

어쨌든 기한을 정해놓고 정부가 직접 일자리를 만드는 것은 경제위기의 단기적 대응이라는 면에서 지금도 충분히 할 수 있는 정책이다. 그리고 인건비 비중이 높은 사회 서비스 분야가 토목사업보다는 훨씬 효율적이다. 한국은행 제조원가명세서에 따르면, 2012년 기준으로 제조원가에서 인건비 비중은 제조업이 7.38%, 종합건설업은 8.17%였다. 그렇지만 출판업은 22.20%, 방송업은 20.14%로 제조업의 두 배 이상이었다. 예를 들면, 영화나 드라마 같은 분화 분야의 비정규직 스태프들에게 3~4년 계획으로 인건비를 지원해주는 것은 국민 사이의 합의도 쉽고 효과도 높다. DJ 정부 이후로 지금까지 문화예술 분야를 육성하는 것에 대해서 정부가 공개적으로 반대한 적도 없다. 게다가 더 많은 청년이 이 분야에서 일하고 싶어 한다. 지난 10년 동안 계속해서 고용조건이 열악해지고 있는 IT 분야를 필두로, 국가적 위기라고 모두가 지적하는 이공계의 연구진들에 대한 인건비 지원 역시 쉽게 합의할 수 있는 부분이다. 모든 분야에 대해서 청년 인건비를 보조할 수는 없지만 청년들의 선호와 국민경제의 필요가 만나는 분야에서 일정 정도 정부 역할을 늘려나갈 필요가 있다. 케인스가 대공황을 고민하던 그 시절보다는 지금 경제 이론도 더 발달했고, 정책 메커니즘을 만들어내는 기술도 더 발전했다. 필요하면 제도와 법은 고치면 된다. 정말 중요한 것은 청년들에게 돈이 갈 수 있도록 하는 일이다. 그리고 가능하다면 그렇게 들어간 돈이 사회의 근본을 재구성하도록 디자인해주는 지혜가 더 필요할 것이다.

시장주의자들이 경제에 대해서 가지고 있는 고정관념이 있다. 경제는 그냥 두면 알아서 고성장 국면으로 가고, 그렇게 경제 규모가 커지면서 자연스럽게 일자리 문제가 해소될 것이라고 보는 시각이 그것이다. 그러나 지금은 비상 국면이라서 시장주의자들의 생각처럼 되지 않을 것이고, 그래서 우선은 정부가 긴급하게 개입해야 한다는 또 다른 시각이 있다. 이 두 번째 시각이 현재 우리가 사용하는 표준경제원론의 후반부 절반에 해당하는 내용이다. 거기에는 거시경제학이라는 타이틀이 붙어 있다. 그렇지만 한국어판(!) 경제원론의 내용은 조금 다르다. 우리는 대학에서 오랫동안 건설사와 지방토호들에게 돈이 가는 것이 국가의 기본을 튼튼하게 만드는 것이라고 가르쳤고, 많은 공무원은 그렇게 생각한다. 그리고 위기가 깊어지면 깊어질수록 토건주의자들이 "우리에게 돈 좀 주세요"라고 더 크게 외친다. 그러나 곰곰 한번 생각해보자. 도로 건설이 잠시 늦어지고 댐 건설이 잠시 늦어지는 것이 한국 사회에서 장기적인 위협일까, 청년들의 삶이 어려워지고 장기적으로 솔로 현상이 일반화되는 것이 더 큰 위협일까? 금융 분야에서 한번 사고가 터지면 10조 원이 넘는 공적 자금이 사고를 수습하기 위해 흘러 들어간다. 한국 정부가 돈이 없는 것은 아니다. 다만 크게 소리치지 않거나 투표하지 않는 사람에게 돈을 주는 것이 익숙하지 않은 것이다. 그래서 지금까지 청년경제가 방치된 것이다. 예산 결정 마지막 순간에는 통과가 급하기 때문에 국회의원들이 개별적 요구에 대해서 '아니'라고 말하기 어렵다. 그런 걸 '쪽지예산'이라고 부른다. 청년들을 위해서 쪽지예산이 던져진 적이 한 번이라도 있는가? 다리를 놓거나 기념 건물을 짓는 것들이 대부분 쪽지예산이다. 시멘트를 위해서는 한 해가 넘어가는 마지막 순간까지도 여의도 근처에서 이해당사자와 국회의원들이 죽어라 움직인다. 그러나 시멘트보다도 근본적으로 우리 경제의 기초가 되는 청년들을 위해서 쪽지예산을 던진 국회의원은 아직까지 없었다. 당분간도 없을 것 같다. 언젠가 정부가 청년들을 위해서 한 번쯤 큰 맘 먹고 거대한 쪽지예산을 던질 때, 한국의 경제학 교과서에서는 그것을 청년 뉴딜이라는 이름으로 부르게 될 것이다.

3-4
새로운 보편적 복지, 최저임금 강화와 기본소득

자본주의도 일종의 시스템이다. 시스템 중에서도 아주 복잡한 내부 메커
니즘을 가지고 있는 전형적인 복잡계complex system이다. 19세기 후반에 노
동자들이 하루에 8시간만 일할 수 있게 해야 한다고 주장했다면 당장 공
산주의자로 몰렸을 것이다. 공동체 운동으로 유명한 로버트 오언Robert
Owen은 1817년 8시간 노동제를 주장했다. 하루 24시간 중에 8시간은 일
하고, 8시간은 자거나 휴식을 취하고, 나머지 8시간은 자신을 위해서 쓰
자는 것이 그 철학적 취지였다. 이 구호를 자신들의 노선으로 채택한 것
은 노동자들의 공산주의 기구였던 제1인터내셔널이었다. 오언이 이 이야
기를 한 후 100년이 지나서야 비로소 서구의 노동자들은 8시간 노동제를
손에 쥘 수 있었다. 자본가들이 알아서 해준 건 아니다. 기나긴 투쟁의 역
사가 있었지만, 결국에는 사회주의 혁명에 대한 위협을 느끼고서야 이 제
도를 받아들였다. 일부에서는 이렇게 자본주의를 개선해나가는 것을 개
량주의라고 비난한다. 자본주의의 모순을 더 심화시켜서 혁명으로 나아
가야 하는데, 자본주의가 자꾸만 스스로를 개선해서 오히려 혁명의 동력
을 떨어트리는 결과가 나올 뿐이라는 것이다. 큰 눈으로 보면 복지라는
장치 자체가 자본주의라는 체제를 유지하기 위한 비용이라고 할 수 있다.
이건 철혈재상 비스마르크Otto von Bismarck가 복지를 도입하면서 귀족들에
게 한 말이다. 시스템을 유지하기 위해서 이 정도의 비용은 치러야 한다
는 말이다. 우리가 흔히 복지국가로 분류하는 나라의 대부분은 좌파가 집
권할 수 있을 정도로 정치적으로 강력한 좌파 기반이 있는 나라들이다.
그래서 경제가 경제계 자체만으로 그 성격이 결정되는 단독 시스템이 아

니라 정치나 문화를 비롯한 다양한 사회적 요소들이 총체적으로 결합해서 결정되는 복잡계라고 하는 것이다. 가만히 있으면 국가가 모든 것을 살펴서 알아서 해준다? 그런 일은 역사적으로 벌어진 적이 없다. 가만히 있으면 가난한 사람의 모든 것을 탈탈 털어서 다 빼앗아간다. 그게 이윤의 법칙이고 자본의 법칙 아니겠는가? 팽팽한 긴장감이야말로 자본주의의 기본 속성 아닌가? 모자 아홉 개 가진 사람이 모자 한 개 가진 사람의 모자를 뺏어서 열 개를 채운다는 셸 실버스타인Shel Silverstein의 『아낌없이 주는 나무』에 나오는 에피소드가 원형 그대로의 자본주의에 대한 묘사 아닌가?

우리가 흔히 신자유주의라고 지칭하는 경제적 흐름은 케인스의 후계자들이 주도하던 1950~1970년대 세계경제의 호황 국면을 주도하던 복지국가 흐름에 반대하면서 나타났다. 영국의 전면적인 철도 민영화, 미국의 가혹한 의료비 등 이 시절의 흐름을 상징하는 대표적인 사례들이다. 일본의 경우, 자민당 고이즈미 준이치로小泉純一郎 총리 시절에 단행된 우리의 우체국에 해당하는 우정국의 민영화가 대표적이다. 한국도 일본과 마찬가지로 유럽식 흐름보다는 영미계열의 흐름을 더 많이 탔다. 론스타 사건으로 알려진 외환은행 매각이 대표적인 사례이다.

이 과정에서 정도의 차이는 있지만 많은 OECD 국가에서 중산층 위기가 발생했고, 무엇보다 중산층의 재생산, 즉 청년 계층의 경제적 지위 유지에 문제가 생겼다. 케인스의 시스템이 가지는 많은 문제에도 불구하고 세상에 중산층이라고 부를 수 있는 경제적 집단을 만들어낸 것은 이 시스템의 공로가 아닌? 그렇지만 이제 위기가 왔다. 청년의 문제로 나타나기도 하고, 생태의 문제로 나타나기도 하고, 때에 따라서는 여성의 경제 문제로 나타나기도 한다. 중산층과 빈민에게 갈 경제적 결과를 가로채는 특수한 힘으로 일본이나 한국의 토건을 지적할 수도 있다. 또 다른 경우에는 냉전 시대의 산물인 군산복합체, 즉 국방과 전쟁의 힘으로 나타나기도 한다. 그리고 1990년대 이후 세계화 흐름과 함께 국제 금융자본이 등장했다. 어쨌든 이런 거대 자본들이 전성기를 구가하는 동안, 그 반대편에 있던 청년들의 삶은 아주 피곤해졌다. 그리고 여기에 청년 솔로 현상이 얹힌다. 사태가 아주 복잡해졌다.

이 흐름의 반대편에서 국가의 역할로서 다시 복지를 강화하려는 흐름이 나타난 것은 어쩌면 너무 당연한 일이다. 물론 복지를 강화한다고 해서 반드시 청년들에게만 효과가 간다는 보장은 없다. 또 그럴 필요도 없다. 설령 청년에게 맞춤형으로 효과가 간다고 해서 청년 솔로 현상이 갑작스럽게 완화되고 출산율이 극적으로 늘어날 것이라는 보장 역시 없다.

2011년 취임 이후 박원순 서울시장이 어린이집 확충 등 규모는 크지 않지만 의미 있는 보육정책을 실시한 것이 사실이다. 2012년에 출산과 관련된 서울시 지표가 다 괜찮았다. 그런데 2013년에 들어서자마자 이런 지표들이 모두 안 좋아졌다. 출산과 관련된 실적 개선으로 2014년 지방선거에서 뭔가 보여주고 싶었던 사람들이 실망하는 기색이 역력했다. 나는 이 상황을 지켜보면서 정말로 크게 웃지 않을 수 없었다. 출산과 관련한 2~3년짜리 지표나 그것의 변동은 통계적으로는 아무 의미가 없는 경우가 많다. 결혼과 출산이 단기 변수나 소소한 지원정책으로 움직이는 변수는 아니다. 2012년은 흑룡의 해였고, 전통적으로 내려오는 것이든 아니면 상업적으로 날조된 것이든, 많은 사람이 그해에 아기를 낳고 싶어 했다. 이미 결혼이나 출산 계획이 있던 사람들은 개인 일정을 조금씩 조정했다. 당연히 2012년에 출산이 늘어났다. 그리고 2013년 출산 수치는 2012년과 비교해서 증감률이 계산되기 때문에 관련 지수들이 떨어지는 것은 전혀 이

상한 일이 아니다. 큰 눈으로 보면 2012년이나 2013년에 아무 일도 안 벌어진 것이다. 그리고 서울시에서 시행했던 정책들의 효과를 통계적으로 확인하기에는 몇 년이 더 필요하다. 만약 그것이 진짜로 효과가 있다면 말이다. 그러나 이것도 어려울 것이라고 생각한다. 서울에 살던 사람들이 정말로 결혼을 하고 출산을 할 때면, 경제적인 이유로 경기도 등 서울 외곽 지역으로 이동하는 경우가 많다. 이러한 교란 효과를 모두 정돈해서 통계를 만들었을 때, 그 통계야말로 오히려 많이 조작을 거친 진짜 쓰레기일 가능성을 배제할 수 없다. 원자료는 사용하기 어렵고, 정리된 자료에는 거꾸로 기술적 노이즈가 들어간다. 흑룡의 해는 경제학적으로나 통계학적으로 처리하기 어려운 빅 노이즈다.

솔로 문제를 고민하는 사람들은 과연 이 정책이 유효할 것이냐는 질문에 부딪힐 것이다. 이라크전에서 미국이 사용했다고 하는 정밀 폭격만큼 기가 막힌 정밀도를 경제정책이 구현할 수 있을까? 그보다는 베트남 정글을 향해서 뿌려댄 네이팜탄이나 고엽제와 더 비슷하다고 할 수 있다. 대량으로 물자를 뿌리고도 미국은 전쟁에서 졌다. 영화 속 상상력으로는 〈람보〉(1982) 같은 용사나 초물질적 존재인 〈왓치맨〉(2009)의 슈퍼 히어로가 있으면 전쟁을 쉽게 끝낼 것 같지만, 현실은 그보다는 훨씬 복잡하다. 정말로 20~30대가 대량으로 솔로를 탈출하고, 게다가 그들이 단기간에 출산을 선택하도록 하기 위해 돈만 많이 주면 될 것인가, 그런 고민을 하지 않을 수 없다. 경제 전체의 안정성을 높이기 위한 별도의 노력 없이, 출산율당 혹은 자녀 1인당 보조금을 지급하는 방식으로는 성공하기 어렵다. 자신의 인생이 보여야 결혼도 하고, 부모들의 장래가 예측되어야 출산도 할 것 아닌가?

1) 최저임금 1만 원 혹은 150만 원 세대

솔로 현상, 특히 청년들의 솔로 현상은 경제와 문화가 복합된 현상이라고 할 수 있다. '싱글족'이라는 표현은 흔히 고소득층 전문직을 은연중에 암시한다. 그러나 경제학적으로 분석이 필요한 청년 솔로 현상은 기본적으로는 빈곤 현상의 연장이라고 볼 수밖에 없다. 현재 한국의 고용 문제는 복합적이다. IMF 경제위기 이후 일본식 종신 고용 모델이 점차 사라져가면서 정년이 보장되었던 자리들이 비정규직으로 바뀌었다. 그리고 전 업종 100% 파견직을 허용하는 쪽으로 정부 방침이 변해가는 중이다. 한국과 일본의 노동시장에서 유일하게 한국이 잘한 것은 파견, 특히 제조업에서의 파견을 아직 막고 있는 것이라고 할 수 있다. 파견 노동이 일반화되면 중간에 개입하는 파견업체가 대기업으로 성장하는 대신, 노동자의 임금 및 근로 여건은 더 열악해진다. 경제가 어려워지면 어려워질수록 노동조건은 더 열악해지고, 줄어든 임금이 국내 경제의 흐름을 다시 어렵게 만든다.

청년 솔로의 눈으로 본다면 상황은 점점 나빠질 것이다. 최소한 일본보다는 열악해질 가능성이 높다. 도요타의 파견 노동자로서 가정을 꾸릴 수 있었던 일본 30대들의 비극은 한국에서는 벌어지지는 않을 것이다. 회사와 직접 계약하는 지금의 비정규직도 결혼이 어려운데, 회사와는 아무 계약도 해볼 수 없는 파견 노동자들이 어떻게 결혼을 할 수 있겠는가?

두 개 조가 밤낮을 교대해서 노동하는 2조 2교대가 한국 야간 노동의 기본 전형이다. 여기서 약간 개선된 형태가 4조 3교대이다. 그나마 조금 숨통이 트인다. 다시 여기서 조금 더 나아간 형태가 4조 2교대이다. 이렇게 하면 이론적으로는 노동자들의 휴식시간과 휴일이 늘어난다. 현재 유한킴벌리와 포스코 등이 4조 2교대를 시행하고 있다. 그리고 이런 식으로 노동자들에게 더 많은 휴식과 교육 기회를 제공하자는 것이 문국현이 대선 후보로 나왔을 때 내걸었던 '일자리 나누기job-sharing'이다. 장기적으로는 과로 현상을 개선해 불량률이 낮아지고, 정규직들은 작업 과정에서의 혁신을 높여 생산성 증가로 연결될 가능성도 높다. 사회적으로는 노동시간을 단축하고 더 많은 정규직 일자리를 만들어내자는 주장이 이런 정신과 연결된다. 노동 투입을 늘리는 대신에 휴식을 늘리고, 늘어난 임금을 상회하는 생산성 향상이 일어나면 이 모델은 움직인다. 그러나 우리는 지금 이 흐름과는 정반대로 가고 있다.

비정규직을 늘리면 단기적으로 인건비를 줄일 수는 있지만, 장기적으로 노동의 숙련도가 떨어진다. 불량률 증가 같은 부정적인 효과가 나타나고, 주로 정규직에게서 발생하는 노동과정에서의 혁신은 점차 줄어들게 된다. 자동차 등 불량이 치명적인 결과를 낳을 수 있는 산업에서 파견을 도입하려는 것은 정부가 제어하는 게 맞다. 가격과 안전, 어느 쪽이 더 중요한지 생각해봐야 한다. 독일과 스위스 등 기초소재와 정밀화학이 강한 국가는 고졸 학력 노동자를 한 분야에서 평생 일할 수 있게 하면서 장인으로 대우한다. 한국은 지금 이와 정반대 방향으로 가는 중이다. 창조경제와도 반대 방향이다. 노동의 질은 교육과 장기근속, 두 가지의 함수가 아닌가? 그럼에도 정부가 계속해서 비정규직을 늘리고 파견을 허용하는 방향으로 노동정책의 기본 기조를 설정하는 이유는? 간단하다. 정규직이 가지는 권한이 싫은 것이다. 노동자들이 싫고, 노동자들이 자신의 목소리를 갖는 게 싫다고 보면 한국의 노동정책의 흐름이 간단히 설명된다.

사람들이 '귀족 노조'라고 부르는 그 사람들이 바로 우리의 중산층이다. 그리고 유럽의 전례를 보면 고등학교만 졸업한 일반 시민들이 정규직이라는 상대적으로 안정된 위치에서 중산층을 형성할 때, 경제가 튼튼해지고 동시에 사회도 안정된다. 아파트 투기와 같은 요행으로 재산을 형성한 사람들이 중산층을 구성하면, 안정적이지도 않고 장기적이지도 않다. 영원히 작동할 수 있는 투기는 없기 때문이다.

불행히도 한국은 지금 노동자를 사회의 적으로 보고, 이들이 더 가난해지고 불행해지는 것이 경제가 발전하는 길이라고 생각하는 사람들이 사회를 이끌고 있다. 가뜩이나 열악한 한국의 노동조건이 더 나빠지는 방향으로 갈 때 청년 솔로 현상은 해법이 없다. 한국은 현재 심각한 딜레마에 빠져 있다. 경제만을 떼어놓고 보면 어떤 방향으로 가야 할지 눈에 보이지만, 그러한 사회적 의사결정을 내릴 힘이나 계기가 없다. '사회적 대타협'이라는 경제학자 장하준의 주장이 의미가 있는 건 그런 이유에서이다. 결혼할 것인가 아니면 출산할 것인가 하는 판단을 내리는 것은 개인 인생전체를 관통하는 총체적인 선택이다. 그리고 그러한 결정을 관통하는 가장 큰 사회적 여건은 역시 고용의 안정성 아니겠는가? 한국 경제는 노동을 더욱 위태롭게 만드는 방향으로만 가고 있다.

이 상태에서 우리가 생각해볼 수 있는 가장 보편적이고 국가적인 방식은 최저임금제라고 하는 특수한 제도이다. 한국은 최저임금 자체가 낮다. 게다가 2012년 기준으로 전체 노동자의 23.45%가 최저임금 수준에서 임금이 결정될 정도로 최저임금 노동의 비율도 높다. 최저임금 혹은 그 이하로 임금을 받는 사람들이 부모가 될 준비를 할 수 있을까? 어렵다고 본다. 청년은 물론이고 60대 이상 고령층, 그리고 많은 여성의 삶이 최저임금에 의해 결정된다. 최저임금을 결정하는 것은 한국 내에서는 최저의 삶을 결정하는 것과 마찬가지이다. 그리고 '육화된 자본'이라고 마르크스가 표현한 사용자와 노동자의 갈등이 최저임금만큼 격렬하게 터져 나오는 경우도 별로 없을 것이다. 자신이 작은 회사나 식당, 아니 치킨집이라도 운영하고 있으면 최저임금제 상승에 대해서 격렬하게 반대하게 된다. 최저임금 이상의 월급을 받고 있지만, 아르바이트생의 시급이 높아져 자신과 신분 격차가 줄어들 것이라고 생각하는 중소기업 노동자들이 반대하는 경우도 많다.

경제적인 이유에서는 지금의 최저임금 논의가 앞으로도 오랫동안 지지부진하게 방치될 것이 분명하다. 한국 자본주의라는 시스템 내에서 최저임금을 올리기 위한 강력한 힘은 존재하지 않는다. 효과 면에서 보면 현재로서는 최저임금이 결혼과 출산을 위한 최소한의 기준으로 가장 효율적이라고 할 수 있다. 새롭게 제도를 도입할 때는 논란도 많고 시간도 많이 걸린다. 그렇지만 기존의 제도를 보완하고 적당한 정책적 지원을 덧붙이는 것은 그보다는 쉽다. 최저임금제를 도입한 이유는 그 나라의 최소한의 노동조건을 만드는 것이다. 그러나 시대 변화에 발맞춰 여기에 시스템의 안정성을 통한 청년 솔로 완화라는 새로운 기능을 부여한다면?

현재 장기적인 관점에서 최저임금의 개선 목표로 제시되는 몇 가지 숫자가 있는데, 그중에 가장 대표적인 것이 시간당 최저임금 1만 원이다. 물론 상징적인 숫자이기는 하다. 1일 8시간, 주 5일 근무한다고 치면 4주 기준으로 160만 원이다. 여기에 4대 보험 등 각종 세금을 제하면 대략 월 150만 원이다. 1인당 평균 국민소득 2만 달러를 월급으로 환산하면 역시 월 150만 원 근처의 수치가 나온다. 단 한 명이 평균 국민소득을 올린다고 할 때, 이 기준이 최저임금 1만 원이다. 지금보다는 두 배가량 높은 수치이다.

이 계산에 따르면, 부부가 같이 일을 할 때 가구소득이 월 300만 원이 된다. 도시 근로자 가구 연평균 소득액 4,616만 원(2013년 4/4분기)에 미치지는 못하지만, 지금 한국에서 상상해볼 수 있는 최대치일 것이다. 이 정도 소득이 결혼을 하고 출산을 하는 데 충분하다고 말하기는 어렵다. 그

표 3-1 한국의 사회임금

	시장임금	사회임금		총임금 (가계운영비)
		현금급여	서비스급여	
한국	92.1	7.9	3.4	4.5	100
미국	83	17	8.6	8.4	100
영국	74.5	25.5	12.6	12.9	100
일본	69.5	30.5	17	13.5	100
독일	61.2	38.8	24	14.8	100
프랑스	55.8	44.2	27.3	16.9	100
스웨덴	51.5	48.5	25	23.5	100
OECD 평균	68.1	31.9	18.5	13.4	100

자료: 사회공공연구소, '한국의 사회임금은 얼마일까?', ≪이슈페이퍼≫(2009.5.).

렇지만 OECD의 다른 국가들과 유사한 수준 정도로 사회임금을 높여나간 다고 하면 아주 불가능하지는 않다. 가계가 지출하는 돈은 직접 임금과 다른 복지 지출을 합친 사회임금으로 구성된다. 한국에서는 개인이 쓰는 돈 중에서 사회임금이 차지하는 비율이 7.9%밖에 안 된다. 프랑스는 총 가계운영비에서 사회임금이 44%를 넘게 차지하고, 미국도 17% 가까이는 된다. 복지와는 거리가 멀 것이라고 생각하는 일본도 30.5%로 OECD 평 균치(31.9%)에 거의 근접한다. 사회임금의 비율이 낮기 때문에 한국에서 는 월급의 중요성이 절대적이다.

이러한 복지 구조의 개선과 함께 부모의 지급 여력을 높여주는 방안이 솔로 완화 대책으로는 효과적일 수 있다. 출산과 관련된 복지 지출을 획기 적으로 확대한다고 수많은 청년이 갑자기 결혼과 출산을 결심하지는 않는 다. 사람은 아기를 낳기 위해서 결혼을 하는 게 아니다. 선진국일수록 더 욱 그렇고, 산업화된 경제 내에서는 더더욱 그렇다. 자신의 경제적 삶이 장기적으로 희망적이지 않은 데도 결혼할 사람은 한국에 이제 거의 없다.

최저임금을 보장해주는 것은 두 가지 의미가 있다. 일단은 예비 부모들에게 삶의 최저 수준을 알 수 있게 해준다. 한국에서 매일 8시간씩 일을 하면 기본적으로 어떠한 삶을 꾸릴 수 있을지 가시적으로 보여준다. 그러나 그보다 중요한 것은 자신들의 2세의 삶의 최저한도를 알려준다는 것이다. 자신의 경제적 삶도 불투명한데 2세의 삶은 더욱 불투명하다는 사실, 그게 지금 한국의 솔로 현상을 이끄는 가장 큰 공포다. 이 무서움을 줄일 수 있는 거의 유일한 방법은 최저임금을 높이는 것이다.

이 효과에 대해서는 대부분 공감할 수 있을 것이다. 그렇지만 문제는 지불 여력이다. 이것도 공감할 수 있는 문제다. 한국에서 풀타임으로 일을 할 때 150만 원을 월급으로 지불할 수 없는 곳이 적지 않다. 일부러 안 주는 게 아니라 줄 수 없는 곳도 상당할 것이다. 이 문제를 부정할 수는 없다. 청년들이어서 가능하면 돈을 안 줘도 된다고 생각지 말고 가능하면 주면서 전체적인 문제를 풀자, 이렇게 생각하면 정책적 해법이 아주 없지는 않다.

법적 최저임금을 단번에 올리기는 쉽지 않다. 그렇지만 메커니즘을 전혀 디자인해볼 수 없는 건 아니다. 최저임금을 감당하기 어려운 분야에는 지원하는 방식을 사용할 수도 있다. 우선순위를 정해서 장기적으로 정부 지원이 필요한 곳을 먼저, 그렇게 정부 지원 방식을 덧붙이면 최소 월 150만 원의 임금을 주는 업종을 늘려나갈 수 있다. 초기에 많은 지원을 시행하고, 점차 줄여나가면 생각보다 쉽게 초기 참여 업종을 확보할 수 있을 것이다. 법정 최저임금을 단번에 높이지는 못하더라도 편의점 아르바이트, 문화, IT, 농업 등 사회적으로 모두가 인정할 수 있는 부문에 정부 보조금이 들어가는 것은 우리가 생각하지 못할 건 아니다. 이런 식으로 최소 임금을 사회적으로 높여나가다 보면, 법정 최저임금도 순차적으로 높일 수 있는 경제 구조가 만들어진다.

최저임금과는 별도로 공공 부문을 중심으로 조금 더 현실적인 임금을 주기 위한 장치로는 생활임금제를 거론할 수 있다. 조례를 통해 최저임금보다 20~30% 높은 수준에서 공공 부문의 기간제 노동자들을 지원하는 방식은 이미 부분적으로 도입되었다. 최저임금 자체가 높아지면 불필요한 제도이지만, 현실과는 상관없이 최저임금이 결정되는 한국에서는 보완적인 제도가 될 수 있다.

1970~1990년대에 한국에도 케인스식 경제가 어느 정도는 자리를 잡아 중산층도 만들어냈고 '삶의 안정성'도 만들어냈다. 이 시기에 산아제한을 도입하지 않을 수 없는 인구 팽창이 발생했다. 그리고 이제 20년이 지난 지금, 우리는 그 역의 흐름을 타고 있다. 그 시절에 아버지 혼자 감당할 수 있었던 삶의 안정성을 지금은 엄마와 아빠의 모든 힘을 다 합쳐도 만들어내기 어렵다. 그래서 새롭게 이 문제에 대한 정부의 개입이 시급해졌다.

최저임금의 또 다른 변형으로 생활임금living wage를 언급할 수 있을 것이다. 최저임금과는 별도로 노동자들이 자신의 가족과 함께 생활할 수 있는 정도의 임금을 보장해주자는 것이 그 취지이다. 민간에 이것을 강제할 방법이 별로 없기 때문에 주로 공공 부문이나 지방자치단체의 비정규직에 한해서 먼저 제도화되는 경향이 있다. 현재 서울시의 일부 구청 그리고 경기도에서 시행되고 있다. 민간업체에 대해서는 아직 사회적 권고 차원이다. 경제 피라미드의 가장 밑단에 있는 저임금 노동자들의 생활을 어떻게 보장할 것인가, 이게 앞으로는 경제적인 질문은 물론이고 사회적 질문의 맨 앞에 서게 될 것이다.

2) 기본소득

모든 사람에게 월급을 주자! 기가 막힐 정도로 환상적인 이 발상은 자본주의 초기부터 많은 이론가가 가지고 있었다. 마르크스 이전에 존 스튜어트 밀이 이미 유사한 언급을 했고, 심지어 지금의 신자유주의를 만들었다고 맹공격을 당하는 밀턴 프리드먼도 '음의 소득세negative income tax'라는 개념으로 비슷한 이야기를 한 적이 있다. 사람들이 더 많이 일하게 하기 위해서는 일하지 않는 자에게는 불이익을 주어야 한다고 믿는 신자유주의 맹신자들이 가장 싫어할 제도일 테지만 현실은 그렇지 않다. 1970년대에는 미국에서도 여러 가지 방식의 기본소득에 대한 논의가 있었지만, 결론적으로는 1982년부터 알래스카 주에서만 제한적으로 실시하는 것으로 논의는 끝났다. 알래스카는 석유 소득이 충분하고, 인구도 그다지 많지 않기 때문에 다분히 시혜성이 있는 결정이었다.

신자유주의의 전성기가 지나가면서 책상 위에서 오랫동안 잠자고 있던 기본소득에 대한 논의가 다시 세상 밖으로 튀어나왔다. 현재로서는 기본소득이 중도좌파와 급진좌파를 나누는 기준선이라고 할 수 있다. 그러나 1970년대의 기본소득 논의와 요즘 논의의 차이점이라면, 최근에는 기본소득 도입의 당위성으로 청년 문제가 얹혔다는 점이다. 마르크스의 프롤레타리아에 '위험하다'는 뜻의 precarity를 합성한 프레카리아트precariat는 2000년대 이후 청년 실업 문제와 외국인 2세 같은 문제를 통칭해서 말하는 개념이 되었다. 일본 청년 운동의 상징이 된 아마미야 카린雨宮処凜을 '프레카리아트의 잔다르크'라고 부르기도 한다. 동명의 책 『프레카리아트Precariat: the new dangerous class』(2011)를 발간한 영국의 스탠딩 가이Standing Guy는 프레카리아트 문제 해결을 위해서 기본소득이 도입되어야 한다고 주장하는 대표적인 사람이다.

한국에서 기본소득과 가장 유사한 개념은 박근혜가 공약했던 노인 기초연금이다. 많은 좌파가 이 방안에 찬성한 것은 일단 노인들을 대상으로 변형된 형태라도 기본소득이 도입되면 나중에 다른 연령대로 확대할 여지가 생길 수 있기 때문이다. 이 제도에서 주목해야 할 점은 지불하는 금액의 많고 적음이 아니라 보편성이다. 어떻게 보면 박근혜 세력이 기초연금을 국민연금과 연동시키면서 의도한 진짜 효과는 바로 이 보편성을 없애는 것 아니었을까? 그들이 말하는 재정 건전성, 즉 돈의 크기의 문제라기보다는 '누구에게나 같은 돈', 즉 보편성이 더 싫었을 것이다. 자신들이 도입한 이 제도가 나중에 기본소득의 도입 근거가 될 수도 있다는 것을 나중에 누군가가 알아차렸을 것이다.

어쨌든 현재 경제학에서 제시된 다양한 정책 개념들 중에서 청년 솔로 문제에 가장 적합한 것은 바로 기본소득이다. 처음에는 빈민정책으로 제시된 것인데, 신자유주의 이후로 청년들이 바로 대표적인 빈민이 되었다. 청년들에게 소득을 보존해주는 방식은 기술적으로는 다양하게 존재할 수 있다. 슈퍼펀드 같은 것을 만들 수도 있고, 연령에 따른 한시적 지원금 같은 것도 충분히 고민해볼 수 있다. 그럼에도 이러한 대책들과 기본소득이 근본적으로 다른 것은, 기본소득은 부모 혹은 예비부모들의 경제적 삶의 안정성만을 높이는 것이 아니라 자신들의 2세에게 삶의 안정성을 보장해주기 때문이다. 기본소득이 도입되면 지금과 같은 과도한 교육비 부담이 상당히 줄어들 것이다.

좋든 싫든 기본소득제는 이미 국제적인 논의 테이블에 올랐다. 2013년 말 스위스에서는 기본소득제가 발의되어 국민투표로 가게 되었다. 스위스의 안은 모든 스위스 국민에게 월 300만 원 정도를 지급하는 것이다. 국민소득의 차이를 감안해 기계적으로 계산하면 한국의 경우는 월 100만 원 정도 된다. 이 경우 월 100만 원 정도의 최저임금 수준을 받는 아르바이트생의 월 소득이 200만 원이 된다. 소득이 많은 사람들은? 기본소득을 받기 위해 자신의 연봉을 포기하는 경우는 없을 것이다. 그렇다면 최저임금 수준을 받는 사람들은? 최저임금이라도 받으면 자신의 전체 소득이 두 배가 되는데 누가 일하기를 포기하겠는가?

어쨌든 앞으로 국가별로 다양한 논의가 진행될 것이다. 모두에게 줄 것인가, 아니면 일정 소득액 이하에게만 줄 것인가에 대한 복잡한 논의가 펼쳐질 것이다. 그리고 그 세원을 어떻게 마련할 것인가, 이걸 해결하기 위해서도 지난한 기술적 논의가 필요하다. 스위스에서 기본소득 방안이 국민투표 안건으로 상정되면서 이 환상적인 제도에 대한 논의는 본격화되었다.

우리가 상상할 수 있는 범위 내에서 청년 솔로 대책으로는 기본소득이 가장 진화된 방식이다. 나이가 많든 적든, 남자든 여자든, 솔로든 솔로가 아니든, 프레카리아트라는 분류에 자신이 포함된다고 생각하는 사람에게는 모두 도움을 줄 수 있는 방식이다. 그리고 태어나지 않은 2세들에게는 이것이 가장 정의로운 방식일 수 있다. 존 롤스의 태아 영혼들의 계약인 신계약론을 형성하는 바로 그 사회 정의에 따르면 말이다. 2000년대를 맞아 자본주의가 또 한 번 진화한다면 ― 혹은 또 한 번 자본주의를 수정한다면 ― 그 한가운데에는 기본소득에 대한 논의가 자리 잡고 있을 것이다. 만약에 구좌파와 신좌파를 구분한다면, 역시 기본소득이 그 분기점이 될 것이다. 구좌파들이 경제 공부하던 시절에 봤던 교과서에는 기본소득에 대한 절이 없었다.

3-5
가족친화형 기업이란

한국에서 몇 년째 대학생들의 선호 기업은 삼성전자와 한국전력이 1, 2위를 다투고 있다. 각각 민간 업체와 공공 부문을 대표한다. 두 기업이 인지도가 높아서 그렇지, 사실 한국에서 제일 좋은 직장은 아니다. 남성 입장에서 좋고 편하고 또 의미도 있는 직장은 따로 있다. 내가 만약 직장을 선택해야 하는 상황이라면, 나는 삼성전자나 한국전력을 선택하지는 않을 것이다. 잘 몰라서들 그렇지, 이보다 좋은 여건을 갖춘 곳이 적지 않다.

그렇지만 질문을 한번 바꿔보자. 만약 내가 여성이고 대졸 학력을 가지고 있고, 결혼을 생각한다면? 이 질문은 아주 어렵다. 출산과 관련해서 생각할 때 절대적 우위를 차지하는 직업은 교사다. 소득 자체는 높지 않지만 육아휴직 등 결혼과 관련된 복지후생만큼은 한국 최고이다. 교사를 정점으로 두고 한 칸 내려갈 때마다 결혼을 둘러싼 노동조건이 점점 나빠진다. 공무원과 공기업이 현실적으로 1년의 육아휴직을 마련해준다. 민간으로 넘어가면 법적 육아휴직 3개월을 넘어서기가 어렵다. 많은 여성이 선호하는 로펌이나 금융권의 고소득 전문직 여성도 3개월 이상 쉬는 건 불가능하다. CPA라고 부르는 회계사들도 회계법인에 소속되어 있는 한 조건이 크게 나아지지는 않는다. 많은 여성에게 여전히 선망의 대상인 방송사 PD도 출산 앞에서는 조건이 낫지 않다.

그리고 이 이하로 내려가면, 이제 임신과 동시에 퇴사를 생각해야 하는 비정규직의 세상이 나온다. 계약 기간 중에 출산을 하기는 어렵다. 물론 법적으로는 출산으로 인한 불이익을 주면 안 되지만 현실은 그렇지 않다. 많은 비정규직 여성은 출산은 물론이고 결혼계획 자체도 정규직 전환 이후로 미룬다. 기다린다고 해서 정규직이 되는 것도 아니다. 수많은 돌발 사태가 그들을 기다리고 있다. 이 상황에서 솔로 현상은 완화되기는커녕, 비정규직 비율이 늘어나면서 더 강화될 것이 너무 뻔하지 않은가?

정부가 적절한 기준을 적극적으로 정하면서 이 문제에 좀 더 깊게 개입하면 문제를 완화시킬 수는 있다. 그러나 2~3년 내에, 기업 경쟁력을 이유로 기왕에도 열악한 비정규직을 파견직으로 전환하는 것을 정부 방침으로 삼고 있는 정부가 그렇게 하겠는가?

기업은 그냥 돈만 버는 곳이라고 생각하기 쉽지만, 기업도 자체적으로 여러 가지 경영 기준을 만들고 있다. 국제표준화기구ISO: International Organization for Standardization에서 논의하는 경영 기준을 한국의 대기업들이 상당히 따라온 것도 사실이다. ISO-9000은 제품 불량률과 관련된 품질경영이다. ISO-14000은 환경관리와 관련된 인증이다. 때때로 환경경영이라고 번역하기도 하지만, 실제 내용은 환경관리에 더 가깝다. 가장 최근에 도입된 ISO-26000은 윤리경영이다. 사회의 도덕성과 책임성에 대한 기준이 점점 높아지면서 기업도 이런 변화에 나름대로 적응하면서 국제적으로 시스템을 인증받는 게 최근의 추세이다. 기업 자신을 위해서도 도움이 된다. 엄청나게 높은 비용을 감수해야 하는 상황이 아니라면 많은 기업은 추가적인 비용을 지출할 용의가 있다. 기업이 알아서 할 수도 있지만, 기업 내부를 외부에서 일일이 들여다보기 어렵기 때문에 '블랙박스'라는 별칭을 가진 제3의 검증 장치를 두어 인증을 받게 된다. ISO는 정부가 아니라 국제민간기구이기 때문에 공신력이 높은 편이다. 어쨌든 공무원에게 얼마 쥐어주고 뒷구멍으로 인증서를 받는다는 불신은 피할 수 있다.

자, 이제부터 상상을 좀 해보자. 만약 기업 자체적으로 혹은 기업들 간의 협의체를 통해서 '가족친화형 기업'이라는 인증을 만든다고 가정하자.

이때 어떤 기준이 필요할 것인가? 설날이나 추석에 떡값을 더 많이 준다고 하면, 그건 가족친화형 기업이 아니라 아빠 친화형 아니, 할아버지 친화형 기업이다. 지금도 한국의 기업들은 충분히 아빠들에게 맞추어져 있고, 할아버지 중역들에게는 최고로 친절한 조직이다. 사실 한국 사회의 모든 시스템이 경쟁에서 살아남은 할아버지들을 위해 최적화되어 있고, 그들의 영광을 위하여 청년과 중장년에게 죽도록 일할 것을 요구하는 것 아니겠는가? 이 시스템을 조금, 아주 조금 우리 모두의 미래를 위해서 바꾸자는 것이 가족친화형 기업에 대한 사회적 수요라고 할 수 있다.

지금 한국의 기업들이 가족이라는 관점으로 설명될 수 있는 기업 복지가 전혀 없다는 말은 아니다. 결혼하고 자녀를 가져야만 받아 갈 수 있는 기업 복지는 지금도 차고 넘친다. 초등학교부터 대학교, 대졸 이후의 유학까지도 지원하는 경우가 많다. 심지어는 조기유학 지원금이 나오기도 한다. 그러나 이 정도로는 문제가 전혀 안 풀리고 있는 것 아닌가? 엄마 혹은 예비 엄마들이 결혼을 생각하고 출산을 계획할 수 있는 방식으로 지금의 기업 복지가 전환될 필요가 있다.

아빠에게 더 많은 돈을 전달하는 방식은 솔로들에게 너무 많은 경제적 불이익을 준다. 모두가 결혼하고, 모두가 아빠가 되는 시기에는 이것이 통상임금, 즉 공식적으로 명기된 임금을 올리지 않고 편법으로 실질임금을 올리는 방식이었다. 그러나 지금은 시대가 변했다. 통상임금에 대한 논의도 바뀌고 있다. 예전에는 가족에게 지원되는 상여금 등이 사실상 모든 조직구성원에게 공평하게 주는 통상임금의 속성을 가지고 있었지만, 솔로가 증가하는, 아니 솔로 일반화의 흐름 속에서 이런 방식은 지나치게 솔로들에게 불평등을 주는 가혹한 방식이다.

할아버지들은 이렇게 반문할 것이다. 그럼 결혼해서 더 많은 회사 복지를 가져가면 될 것 아닌가? 그러나 지금까지 아빠 위주의 변형된 임금 구조가 존재하는데도 더 많은 회사 복지를 받기 위해서 결혼이 늘어나지는 않았다. 기업 내 출산과 관련한 남녀 사이의 비대칭성으로 인하여 출산은 물론 결혼도 염두에 두지 않는 여성들이 오히려 늘어났다. 결혼하지 않았다는 이유로 솔로들에게 임금 및 회사 복지 차원에서 차별을 두는 것보다는, 그 반대편에 있는 여성들을 위한 장치를 만드는 편이 더 효율적이다. 한국은 짧은 기간에 경제 발전을 하느라 국가가 해야 할 복지의 몫을 기업에서 감당하는 형태로 기형적으로 발달해왔다. 장기적으로 보면 그렇게 기업이 떠안은 아빠적 관점의 기업 복지를 국가의 몫으로 넘기고, 그 여력만큼 기업이 엄마들을 편안하게 해주는 편이 낫다. 가족친화형 혹은 가족에게 상냥하다는 이 개념을 아빠 중심에서 엄마 중심으로 좀 바꾸어보면, 우리가 같이 할 수 있는 일이 생겨난다. 결혼과 출산, 남자 혼자 하는 일이 아니다. 그 과정에 놓여 있는 긴박한 병목을 조금 줄여주는 일은 한국 기업들도 얼마든지 할 수 있는 여력이 있다.

가장 간단한 것부터 생각해보자. 제일 쉬운 일은 직장 어린이집을 갖추는 것이다. 아이와 함께 출퇴근을 할 수 있게 되면, 여성들이 겪는 육아의 많은 문제가 줄어들 것이다.

스위스 취리히 연방대학에 갔다가 대학 정문에 있는 2층짜리 어린이집을 보고 거의 문화충격이라고 느낄 정도로 놀란 적이 있다. 교직원은 물론이고 학생들도 아기를 키우는 경우가 많다. 직장 내 보육시설을 유지하는 데 천문학적인 비용이 들어가는 건 아니다. 게다가 이제는 이런 기본적인 육아에 대해서는 정부에서 보조금도 나온다. 물론 한국에도 최소한의 직장 어린이집이 갖추어져 있기는 하지만 대부분 형식적이다. 아기들의 숫자에 비해서 한국의 직장 어린이집의 규모는 아직 너무나도 열악하다. 엄마들이 국공립보다 직장 어린이집을 선호하는 데도 시행하지 못하는 이유는? 운동장 규모 등 소소한 기술적 문제가 있지만, 이런 문제는 제도적으로 얼마든지 풀 수 있다. 직장 어린이집을 중심으로 엄마들을 위한 간단한 프로그램을 만드는 것만으로도 회사에 대한 여성들의 선호도를 꽤 높일 수 있다. 규모를 늘리고 프로그램을 내실화하는 것이 크게 어려운 일은 아니다.

유급휴가와 무급휴가를 결합해서 1~2년짜리 출산 프로그램을 만드는 것은 직장 어린이집을 설치하거나 규모를 늘리는 것보다는 복잡한 일이다. 하위직 직원인 경우에는 회사가 조금만 관심을 기울이면 쉽다. 그렇지만 변호사나 세무사처럼 전문성을 갖추고 많은 결정권을 가지고 있는 여직원을 고용하고 있는 회사에서는 문제가 좀 더 복잡해진다. 직급이 올라갈수록 그 수준의 인재풀을 대규모로 유지하기가 쉽지 않기 때문에 해결하기 어려운 일들이 발생한다. 그렇지만 국민경제 전체를 놓고 볼 때는 여성들이 결혼과 출산을 경계로 일을 그만두고 나중에 다시 찾아야 하는 경력 단절의 문제를 사후적으로 해소하는 것보다는 바로 그 현장에서 해결하는 편이 싸다. 기업이야 그만두고 나가라고 하거나 다시 돌아오기 어렵게 하는 게 간편하겠지만, 여성인력의 전문지식이나 경력을 활용하지 못하는 것에 대한 사회적 비용이 발생한다. 여기에 장기적으로 별로 도움이 되지도 않을 시간제 고용을 만든다고 들어갈 정책 비용이 추가된다. 결혼하고 출산할 사람들은 결국 퇴사하는 지금의 흐름에서, 직장에 다니는 여성들이 복합적인 미래 계획에서 결혼을 적극적으로 생각할 수 있는 여건을 만들어주는 것이 솔로 문제 완화의 직접적 변수라고 할 수 있다. 이미 결혼하고 출산한 사람들을 시간제 일자리라는 기이한 편법으로 다시 일할 수 있게 하는 것은 청년 솔로 현상의 완화와는 관계가 없다.

이 정도의 정책 프로그램은 국가가 나서서 적극적으로 개선하는 게 맞지만, 요즘은 정부가 공사다망하여 이런 일에 전혀 관심이 없으니 어쩌랴! 게다가 점점 정부의 요직은 물론이고 고급 사안을 결정할 수 있는 정치적 엘리트들이 딸의 결혼과 출산마저도 이미 오래전에 끝나버린 점점 더 나이 많은 할아버지들로 채워지고 있으니 말이다. 어쩔 수 없이 기업끼리의 경쟁에 호소하는 수밖에 없지 않겠는가? 기업이 좀 더 적극적으로 출산을 위한 사내 프로그램이나 경영 여건을 조성하도록 해서 얻는 장점도 있다. 현재 명목상으로만 존재하는 출산 장기휴가나 육아휴직을 현실화시킬 수 있다. 휴가 후 복직이 불투명해 보여서 있는 제도도 활용하지 못하는 엄마들에게 이 이상 효과적인 안정장치가 있겠는가? 고용주가 직접 디자인한 프로그램만큼 확실한 게 뭐가 있겠는가?

2년 미만의 단기 계약직의 출산을 기업이 권장하는 게 맞느냐, 하지 않는 게 맞느냐 하는 문제는 현 시점에서 굉장히 철학적인 질문이라고 할 수 있다. 원칙대로 하면 2년 이상 고용 상태를 유지한 비정규직은 박사학위 소유자가 아니라면 그 후에는 정규직으로 전환된다. 그러니 기다려서 정규직이 된 후 출산하는 게 논리적으로는 합당하다. 같은 이유로 출산만 연기하는 게 아니라 결혼도 연기하고, 연애도 연기한다. 그러나 정규직 전환은 특별한 계기를 만나지 않는 한 쉽게 이루어지지 않는다. '어차피 결혼할 사람은 결혼하는 것 아니냐'라는 명제를 다시 만나게 된다. 그리고 지금 우리는 출산의 계획을 세울 수 없고, 그래서 결혼도 '언젠가는'이라며 미루어놓은 여성들의 출산 활동에 대해서 고민하는 중이다.

아주 최소한의 조건은 출산을 앞둔 비정규직 여성이 모든 계약이 정지된 상태에서 출산휴가를 떠나고, 출산휴가 후에는 다시 직장으로 돌아올 수 있는 것이라고 할 수 있다.

"자, 저 다음 달부터 출산휴가 갑니다."

현재의 비정규직 여성은 이렇게 말할 수 없다. 현실적으로는 출산을 앞두고 있다는 것을 동료들이 아는 순간부터 시스템은 기민하게 돌아가 출산휴가 전에 진짜 실직 상태를 만들어준다. 차라리 출산 때문에 해고하는 것이라고 말하면 좀 덜 억울할 텐데, 회사는 직원 평가 등을 동원해서 '빵점 직원'을 만들어서 내보내려는 유혹을 느낀다. 기계적으로 이제 엄마가 된 비정규직 여성이 출산 전에 있던 그 자리 혹은 그에 상응하는 자리에 올 수 있게 해주는 것만으로도 많은 도움이 될 수 있다. 작은 조직, 즉 팀장이나 부장 수준에서는 자신이 운용할 수 있는 인력풀이 아주 제한되기 때문에 이 결정을 내릴 여력도 없고 기술적 조건도 안 된다. 좀 더 큰 눈으로 봐야 해법이 나올 수 있다.

1970년대 중후반 중동 개발이 한창일 때, 주요 건설사 사옥에서 아침마다 소복을 입은 여인들이 회사 사장 등 중역의 출근길을 막아섰다. 직원이든 하청계열사 직원이든 건설사 사장이 보상을 해주어야 할 사람이 그렇게 많았다. 그날 오전 혹은 오후에 어떤 일이 벌어졌는지 아무도 모른다. 어쨌든 그 여인들은 그날 사라지고, 그 다음 날 또 새로운 소복을 입은 여인들이 나타났다. 많은 사람이 죽고, 어떻게든 합의를 하고, 또 많은 사람이 죽거나 피해를 당하는 사이 한국 경제의 초기 발전기가 지나갔다.

그런 기업의 속성을 감안할 때, 비정규직 여성들의 출산 후 계약 중 복귀를 행정적으로 처리하지 못한다는 것은 말도 안 된다. 문제는 단기 계약직인 여성들의 출산까지 고려해서 판단할 필요가 있느냐, 그런 거 아니겠는가? 그래서 이 문제는 행정적 능력이나 비용의 문제라기보다는 사회적인 판단의 문제이고, 기업의 경영 철학의 문제라고 보는 것이다. 할 수 있느냐, 없느냐의 문제가 아니라 할 거냐 말거냐 혹은 왜 할 거냐 등의 회사 경영 철학의 문제이다.

회사도 정규직, 비정규직 등 여러 기준에 의해 계급사회처럼 변형되고 있는 것이 한국의 현실임을 부인할 수는 없다. 그럼에도 비정규직 여성의 출산에 대해서 더 많은 인센티브는 아니더라도, 최소한 출산과 함께 계약이 정지되고 출산 후 다시 그 위치에 복귀할 수 있도록 보장해주는 기업이 등장하는 것이 나의 작은 소망이다. 2009년부터 여성가족부의 기업인증 제도로 가족친화인증이라는 제도가 운용되고 있고, 지금까지 대기업 포함 총 522개사가 인증을 받았다. 아직까지는 기준이 좀 헐렁해서 별로 그렇게 보이지 않는 기업들도 포함되어 있지만, 몇 개의 기업은 정말 잘하는 걸로 알고 있다. 어쨌든 사람들이 관심이 있든 없든 경영 패러다임의 하나로 출산과 관련된 요소들이 한 축으로 들어가는 중이다. 장기적인 변화가 지금 시작되고 있다.

표 3-1 가족친화인증 기업 · 기관 명단

년도	구분	기업 · 기관명
2009년 (15개사)	대기업 (5개사)	롯데백화점, 매일유업(주), 아시아나항공(주), 에스케이하이닉스주식회사, 한미글로벌(주)
	중소기업 (4개사)	경남스틸, 경은산업(주), (주)삼광, 동화세상 에듀코
	공공기관 (6개사)	기술보증기금, 한국가스안전공사, 한국남부발전(주), 한국수자원공사, 한국정보화진흥원, 한국중부발전
2010년 (23개사)	대기업 (7개사)	경남에너지(주), 삼성카드(주), 엘오케이(유), 우리에프아이에스(주), 한국애보트(주), (주)KT, LG 유플러스
	중소기업 (6개사)	(주)대건테크, (주)솜피, 신화철강(주), (주)엠아이케이21, 한국아이시스(주), (주)해피브릿지
	공공기관 (10개사)	강남구청, 국립공원관리공단, 성동구청, 송파구청, 신용보증기금, 한국농어촌공사, 한국동서발전(주), 한국보건복지인력개발원, 예금보험공사, 한국철도공사
2011년 (95개사)	대기업 (22개사)	(주)경동도시가스, (주)광주은행, (주)NS홈쇼핑, 동아오츠카(주), 롯데쇼핑(주)롯데시네마 · 롯데엔터테인먼트, 메리츠화재해상보험주식회사, (주)바텍, 삼성화재해상보험(주), 서비스에이스(주), (주)세아에삽, (주)세아제강, 에스엘(주), (주)엔투비, 존슨콘트롤즈 오토모티브 코리아(주), 주식회사 포스코, 지에스네오텍(주), 코오롱인더스트리(주), 푸르덴셜생명보험(주), 한국릴리 유한회사, 한국아이비엠(주), (주)한독, (주)한솔홈데코
	중소기업 (33개사)	(주)골프존, 나이스알앤씨(주), (주)남양, (주)농협물류, (주)디알엑시온, 대영전자(주), (주)동서기전, (주)동진곤포, (주)동화엔텍, 메리케이코리아(유), (주)바이저, 비아이피(주), 비엔스틸라(주), (주)비투엔컨설팅, SM C&C, (주)산호수출포장, 선일금고제작, (주)신라명과, (주)신진, (주)애드맨, (주)에스에이테크, (주)에스케이이엠, (주)유엔아이텍, (주)잉카엔터웍스, 전북무용촌(주)익산하이테크, 천호식품(주), (주)체리쉬, (주)커뮤니케이션웍스, 태림산업(주), 파나소닉코리아(주), 프렉스에어코리아(주), 한국의학연구소, 한화제약(주)
	공공기관 (40개사)	경기도 수원시청, 경기도 안산시청, 경인지방통계청, 광주광역시 남구청, 광주광역시 북구청, 광주광역시청, 국가핵융합연구소, 국립암센터, 국립재활원, 국방과학연구소, 대한적십자사, 보건복지부, 부산광역시청, 부산교통공사, 사립학교교직원연금공단, 서울특별시 강동구청, 서울특별시 금천구청, 서울특별시 노원구청, 서울특별시 여성가족재단, 서울특별시 종로구청, 서울특별시강동구도시관리공

		단, 재단법인 한국연구재단, 재단법인충북테크노파크, 중소기업진흥공단, 충청남도청, 한국관광공사, 한국남동발전(주), 한국마사회, 한국보건복지정보개발원, 한국보건산업진흥원, 한국보훈복지의료공단, 한국산업인력공단, 한국서부발전(주), 한국수력원자력(주), 한국원자력연료(주), (재)한국장학재단, 한국전력공사, 한국주택금융공사, 한국청소년상담복지개발원, 한국청소년활동진흥원
2012년 (101개사)	대기업 (23개사)	(주)넥슨네트웍스, 대성산업(주), 듀폰코리아 주식회사, 롯데쇼핑(주) 롯데마트, 서비스탑(주), 서울도시가스(주), 스태츠 칩팩코리아, (주)신세계푸드, (주)씨제이오쇼핑, 아시아나에어포트(주), 에릭슨엘지(주), SK이노베이션(주), 에프앤유신용정보(주), LG Display, 이랜드월드, 코웨이(주), 포스코에너지, 풀무원식품 주식회사, (사)한국선급, 한국 MSD, 한국지엠, 한국피앤지판매유한회사, 현대C&R(주)
	중소기업 (29개사)	경성정공, (주)다린, 동남특수강(주), (주)동양엔지니어링, 동양종합식품주식회사, (주)동화씨엔에프, (주)리한, (주)미래컴퍼니, (주)박스터, 365병원, 삼정E&W, 삼화유업, 성도정밀, 신대양(주), 주식회사 세영기업, (주)애강그린텍, 에스에프하이월드, (주)에스유, 주식회사 엔에프, (주)엠티에스코리아, (주)원진엠앤티, 위더스케미칼(주), 주식회사 코스틸, 태영엔지니어링, (주)프라코, 한국아스텔라스제약(주), 한국오츠카제약주식회사, 한백디스템(주), (주)한성기어
	공공기관 (49개사)	경상남도 양산시, 관악구시설관리공단, 광주광역시 광산구청, (재)광주광역시 광주여성재단, 광주광역시 동구청, 광주광역시 서구청, 광주광역시 광주도시철도공사, (재)국제방송교류재단, 대구광역시 달서구청, 대전광역시 서구청, 대전광역시 유성구청, 대한무역투자진흥공사, 대한지적공사, 부산광역시 중구청, 부산도시공사, 부산시설공단, 부산여성가족개발원, 부산지방공단스포원, 서울올림픽기념국민체육진흥공단, 서울특별시 서대문구청, 안양시시설관리공단, 안양시청, 여수광양항만공사, 오산시시설관리공단, 우체국금융개발원, 의정부시 시설관리공단, 인천광역시 부평구청, 인천항만공사, 전라북도 익산시, 제주특별자치도청, 충청남도 당진시청, 천안시청, 한국감정원, (주)한국거래소, 한국과학기술연구원, 한국과학창의재단, 한국교육학술정보원, 한국방송공사, 한국보건의료인국가시험원, 한국석유공사, 한국예탁결제원, 한국원자력안전기술원, (재)한국장애인개발원, 한국전력거래소, 한국전력기술(주), 한국지역난방공사, 한국지질자원연구원, 한국천문연구원, 한국한의학연구원
2013년 (288개사)	대기업 (87개사)	(주)교보문고, 군인공제회 제일F&C, 금호고속(주), 대성에너지(주), (주)대우건설, 도시바 일렉트로닉스 코리아(주), (주)동성하이켐, 디아지오코리아(주), (주)락앤락, 롯데로지스틱스(주), (주)롯데리아, 롯데정보통신(주), 롯데카드(주), 롯데푸드(주), (주)호텔롯데, 롯데

	면세점, (주)벡스코, (주)부산은행, 비알코리아(주), (주)사노피-아벤티스, (주)삼성경제연구소, 삼성디스플레이주식회사, 삼성물산(주), 삼성비피화학(주), 삼성생명보험(주), 삼성서울병원, 삼성석유화학(주), 삼성선물(주), 삼성에버랜드(주), 삼성엔지니어링, 삼성자산운용(주), 삼성전기(주), 삼성전자(주), 삼성정밀화학(주), 삼성중공업(주), 삼성증권주식회사, 코닝정밀소재(주), (주)삼성테크윈, 삼성토탈(주), (주)삼성SDI, 삼성SDS, (주)서원유통, 스테코(주), (주)신한서브, (주)신한은행, (주)아모텍, 애경산업(주), (주)에스원, (주)SK브로드밴드, 에스케이씨앤씨(주), 에스케이텔링크주식회사, 에쓰-오일(S-OIL)(주), 에어부산(주), 영화금속(주), 우리은행, (주)우진산전, (주)제이앤비컨설팅, (주)제일기획, 제일모직(주), KB생명보험(주), (주)코리아세븐, (주)포스코건설, (주)하나금융지주, 하나은행, 하이트진로(주), (주)한국고용정보, (주)한국스탠다드차타드은행, (주)한국씨티은행, 한국엔지니어링플라스틱(주), (주)한국외환은행, (주)한솔교육, (주)한컴, (주)한화, 한화손해사정(주), 한화 L&C(주), (주)한화저축은행, 한화케미칼(주), 한화테크엠(주), 한화호텔앤드리조트(주), (주)호텔신라, 홈플러스테스코(주), 효성ITX(주), (주)CJ헬로비전, 에스케이텔레콤(주), 교보생명보험(주), (주)대웅제약, 유한킴벌리
중소 기업 (111개사)	주식회사 EG, (주)가람디자인컨설팅, (주)골프존네트웍스, 광주일곡병원, 구주기술(주), (주)그랜드, (주)금우, (주)기전사, 기주산업(주), (주)녹원, 농업회사법인(주)금돈, (주)뉴스텍시스템즈, (사)늘푸름 늘푸름보호작업장, 대신통신기술(주), (주)대열보일러, (주)대원기전, 대평제관, (주)덕산코트랜, 델리팜상사(주), (주)동신유압, (합)동양아이텍, 동양의학표준과학원, (주)디엔비, (주)떡파는사람들, (주)루키스, (주)마크로밀엠브레인, (주)명문코리아, (주)모든테크, (주)무학, (사)문화프로덕션 도모, 벡톤디킨슨코리아(주), 범일산업(주), 부건비엠(주), 부산의용촌 GNT, 브니엘네이처주식회사, (주)비더스토리, (주)비엠디, 비타민하우스(주), (주)삼영이앤티, (주)삼진보안, 상영산업(주), (주)새한트라비스엘리베이터, (주)서울에프엔비, (주)선재하이테크, (주)성도테크, (주)성호특수강, 세계실업(주), 세계유압, (유)세양종합식품, 세일엠보, (주)센텍코리아, (주)솔트룩스, 시스트로닉스(주), (주)신진도아스, (주)아이패밀리SC, 안양노인전문요양원, 암페놀커머셜인터커넥트코리아(주), 에덴노인전문요양센터, (주)에스아이엠, 에스엠텍, (주)에스엠티, (주)에싸, (주)에이스텍, (주)에이텍, 엘에스웨어(주), (주)영창기업, (주)오성기전, 오케이오병원, (주)우리별, (주)우행티엠에스, 원창스틸(주), (주)유니젠, (주)이너트론, (주)이브자리, 이스트힐(주), 이지웰페어(주), (주)인피닉, 일신전자통신(주), 제로투세븐, 제일산업(주), 제천운수(주), (주)중외정보

	기술, (주)쥬비스, 지인지기교육, (주)참고을, 창영산업, (주)창의와 탐구, (주)청해진수산, (주)케이포엠, (주)코마스, 주식회사 킴, 트라이언소프트주식회사 , (주)티에스케이에프, (주)티플러스, (주)포웰, 주식회사 피티엠에스, 하지공업(주), 한국애브비, 한국에자이주식회사, 한성기계공업사, 한성아이엘에스(주), 한일에코산업(주), 함께일하는세상(주), 해암테크(주), (주)현대호이스트, (주)현보, 현항공산업(주), (주)활기찬중부관광, 비엠더블유코리아(주), (주)GBSTYLE, GS목재
공공 기관 (90개사)	가평군시설관리공단, 경기관광공사, 경기중소기업종합지원센터, 경상북도청, 공무원연금공단, 광주광역시도시공사, 교통안전공단, 구로구시설관리공단, 구미시설공단, 구미시청, 국가기상위성센터, 국가평생교육진흥원, 국립나주병원, 군포시청, 그랜드코리아레저, 근로복지공단, 김대중컨벤션센터, 김해시, 남양주시청, 논산시청, 농림수산식품교육문화정보원, 농림수산식품기술기획평가원, 대구광역시 남구청, 대구도시철도공사, 대구광역시청, 대전광역시청, 대전광역시 중구, 대한주택보증(주), 도로교통공단, 동대문구청, 부산항만공사, 부산환경공단, 부천시시설관리공단, 산림청, 서산시청, 서울디자인재단, 서울메트로, 서울신용보증재단, 서울특별시, 노원구서비스공단, 서울특별시농수산식품공사, 서울특별시도시철도공사, (재)서울산업통상진흥원, 서울특별시서대문구도시관리공단, 서울특별시은평구시설관리공단, 선박안전기술공단, 시흥시시설관리공단, 충청남도 아산시, 경기도 의왕시청, 의정부시청, 인천광역시 남동구도시관리공단, 인천광역시서구시설관리공단, 인천여성가족재단, (재)광주디자인센터, (재)전남여성플라자, 재단법인 서울시복지재단, (재)제주테크노파크, 제주특별자치도개발공사, 서울특별시 종로구시설관리공단, 충청남도 청양군, 포천시시설관리공단, 하남시도시개발공사, 한국건강관리협회, 한국공항공사, 한국광물자원공사, 한국국제교류재단, 한국기계연구원, 한국노인인력개발원, 한국도로공사, 한국무역보험공사, 한국문화예술위원회, 한국방송광고진흥공사, 한국보건의료연구원, 한국우편사업진흥원, 한국원자력환경공단, 한국인터넷진흥원, 한국전자통신연구원, 한국조폐공사, 한국표준과학연구원, 한국해양과학기술원, 한국화학연구원, 한국환경공단, 해양환경관리공단, 에스에이치공사, 건강보험심사평가원, 국민건강보험공단, 국민연금공단, 인천국제공항공사, 제주국제자유도시개발센터(JDC), 한국농수산식품유통공사

주: 2013년 12월 현재 인증이 유효한 기업임.
자료: 여성가족부.

3-6
더 많은 장기적 안정성을 위하여, 사회적 경제

우리 집에는 매주 소비자생활협동조합, 줄여서 생협이라고 부르는 곳의 트럭이 쌀과 채소, 과일 등을 작은 상자에 넣어 가져온다. 물론 내가 모든 음식을 유기농 혹은 친환경으로만 먹는 것은 아니다. 그렇지만 미리 계획할 수 있는 물품은 기본적으로 생협에서 구매하려고 한다. 내가 모든 먹거리를 생협에서만 구매하는 것도 아니다. 일부러라도 재래시장에서 밑반찬 등을 구입한다. 술이나 그때그때 필요한 물건을 사기 위해서 마트에도 간다. 내가 다른 사람과 조금 다른 것은, 생협에 매주 두 상자 분량의 쌀과 우유, 두부와 각종 채소를 주문한다는 사실이다. 어떤 때는 쇠고기 양지머리같이 다소 비싼 먹거리가 오기도 하고, 어떤 때는 아기가 먹을 우유와 채소들, 아니면 쌀만 덜렁 오기도 한다. 나는 매끼는 아니더라도 집에서 음식을 준비하는 편이고, 전부는 아니더라도 가사의 일부는 맡아 한다. 내 삶에 전격적인 변화가 생겨서 갑자기 외국이나 지방에서 오랫동안 살아야 하는 경우가 아니라면, 지금과 같은 먹거리 소비 패턴이 변하지 않을 것 같다. 이제는 80만 명 정도로 어느 정도 자리를 잡은 한국의 생협 소비자들이 나와 유사한 패턴의 소비를 유지할 것이다. 이렇게 지낸 지 10년 정도 되었다.

지난 10년 동안 우리 집에 먹거리를 배달해준 사람은 한 명이다. 잠실 쪽에 살던 시절의 좁은 아파트 현관 앞에서 우리는 처음 만났다. 총각 시절의 그를 보면서 '이걸로 생활이 될까' 걱정을 하곤 했다. 그리고 몇 년후, 강북의 어느 주택으로 이사를 했는데 그때도 그는 나타났다. 바뀐 건 찾아오는 요일뿐이었다. 그리고 나는 한 번 더 이사를 했다. 지금도 여전히 그 사내는 우리 집에 쌀과 과일 그리고 우유 등이 담긴 상자를 배달한다. 이제는 아파트 현관이 아니라 주택 대문을 열고 상자를 넘기고 인사를 나눈다. 더운 여름이면 그에게 주스 한 잔을 건네기도 한다. 그도 나도, 세월이 많이 흘렀다. 전국적으로 유례없는 폭설이 온 날도 있었고, 이러다가는 지구가 터져버릴 것 같다고 말하던 지독한 폭염이 찾아온 날도 있었다. 우리 집에 아무도 없어서 대문 앞에 상자를 두고 가는 날도 있었다. 몇 주째 상자를 돌려주지 못해서, 생협 매장으로 산더미 같은 생협 상자들을 실어다 돌려준 적도 있었다.

그렇게 짧지 않은 세월을 지나면서 더벅머리 총각이던 그가 어느덧 결혼을 하고 아기 아빠가 되었다.

나는 그 사내를 잘 모르지만, 그의 상사를 잘 알고 그 위의 상사도 잘 안다. 지금의 그 생협을 만들기 이전, 그 이전의 단체부터 같이 활동하던 지인들이다. 그 생협의 대표에 해당하는 사람들 혹은 생협을 만들자고 처음에 발의했던 사람들도 잘 안다. 그 시절에 우리는 협동조합을 만드는 것이 사회의 공공성 제고에 도움이 되고, 지역경제의 기반을 만들고, 고용을 창출한다고 말로는 그랬지만, 진짜로 어떻게 될지는 정확히 몰랐다. 해본 적이 없었기 때문이다. 일본이나 유럽의 사례에 대한 피상적인 연구만 했지, 실제 어떤 일이 벌어지는지 경험해보지 못했다.

지금 대학생들이 스펙 5종 세트나 스펙 7종 세트를 이야기하면서 취업하고 싶어 하는 곳들과 내가 지금 여기에서 이야기하는 생협은 조금 다르다. 생협에 취업하는 데 스터디나 스펙 등 취업용 준비가 필요 없고, 많은 경우 대학 졸업장도 필요 없다. 물론 아무나 갈 수 있다는 건 아니다. 여기도 조직이라 나름대로의 기준은 존재한다. 그러나 소위 스펙과는 조금 다르다.

생협 초기에 내가 만났던 생협 활동가들은 남자든 여자든 지금은 다 결혼했다. 생협이 삼성전자만큼 많은 월급을 주지는 못한다. 유럽의 경우는 공무원 월급이 워낙 낮아서, 공무원보다는 높지만 대기업보다 높지 않은 정도의 액수가 유럽에서 소위 활동가나 생협 상근자가 받는 월급이다. 한국에서는 DJ와 노무현 시절에 공무원 월급을 꽤 높여놓아서 유럽처럼 결정하기는 어렵다. 그래도 많은 사람이 공무원만큼은 월급을 줘야 한다고 말해서 어느 정도는 그 수준을 맞추게 된 곳도 생겼다. 20~30년의 장기 전망을 해보면, 공무원의 월급이 상대적으로 내려가고, 생협 등 사회적 경제의 임금이 올라서 서로 비슷해지거나 역전 현상이 벌어질 가능성도 있다.

지난 10년을 돌이켜보면, 생협은 공무원만큼은 아니더라도 민간기업보다는 훨씬 우수한 경제적 안정성을 만들어냈다. 물론 그 기간에 친환경 농산물과 유기농 먹거리 등 조금 비싸더라도 기꺼이 돈을 지불하는 생태적 소비자들도 생겨났고, 친환경 무상급식도 사회적으로 자리를 잡았다. 이런 변화가 한국 생협의 안정적 성장과 관련되었다는 것은 당연하다. 사회적 경제라고 해서 늘 잘되는 것이 아니라, 시대적 상황의 영향을 받게 된다는 것은 인정해야 할 것이다.

어쨌든 생협에서는 배달을 하는 사람도 동등한 활동가로 인정을 받는다. 사업을 기획하거나 결정하는 사람만 우대하지 않는다. 이런 게 생협 정신 중의 하나이다. 대단한 소득은 아니더라도 기본적인 생활이 가능한 소득과 안정성을 얻는다. 그 안에서 재미있게 살아간 사람 대부분은 결혼을 했고 아기도 낳았다. 지난 10년간 청년들에게는 출구의 향방이 보이지 않는 격동이 시간이었는데, 그 시간 동안 내가 본 생협 상근자들은 화려한 삶은 아니더라도 불안에 떠는 청년들과는 조금 다른 삶을 살았다. 그 근간에는 안정성이 존재한다. 엄청나게 큰돈을 주지는 않더라도, 생협에서는 해고나 구조조정이 거의 없다. 엄청난 수익 배당은 없어도 일정한 규모로 움직인다. 오래된 생협의 조합원들이 갑자기 대형마트나 백화점으로 구매처를 옮기는 사태는 벌어지지 않는다. 좋든 싫든 세상은 생태적인 방향으로 가고 있고, 한국의 생협은 대기업이나 정부, 심지어는 대형마트보다 먼저 그곳에 자리 잡고 있었다. 성장이 지체될 수는 있어도 거꾸로 가지는 않을 것이다.

일자리라는 면에서 가장 안정적이고 정년이 약속되며 일정 정도의 지속적인 성장을 보장받고 있는 곳이 한국의 생협이다. 게다가 저성장 경제와 함께 지금까지의 중앙형 경제가 위축되면서 각 지역의 분산형 경제의 중요성은 더 커질 전망이다. 동네에서 안정적으로 배달해주면서 믿고 먹을 가게들만 살아남는 것, 그건 일본의 대표적인 생협 지역인 고베를 통해 이미 우리가 확인한 것이다. 지난 20년의 경제위기 동안 일본의 생협은 비약적으로 발전했다.

우리 집에 지난 8년 동안 생협 먹거리를 상자에 담아 트럭으로 배달해주던 젊은 총각이 어느덧 아빠가 된 사회적 조건에 대한 해석은 명확하다. 뒤집어서 말하면, 초등학교 교사가 최고의 신붓감이라고 말하는 것과 같다. 1990년대에는 약국 문을 열어주고 닫아주는 남편을 일컫는 '셔터맨'이라는 말이 나올 정도로 최고의 신붓감이 약사라고 말하는 데 주저하는 사람이 없었다. 시대가 변했다. 약사보다 교사에 대한 사회적 선호가 높아진 것은 소득보다 안정성이 중요해졌기 때문이다.

전통적으로 국가는 제1섹터, 기업은 제2섹터, 시민경제는 제3섹터로 분류한다. 그러나 말만 시민단체지 사실상 정부에서 보조금을 받으면서 운영하는 관료화된 시민단체에 대한 반발로 제4섹터라는 용어까지 사용되고 있다. 역사적으로 보면, 국가도 아니고 기업도 아닌 시민들의 경제는 종교적 기원을 가지고 있다. 생시몽Claude Henri de Rouvroy Saint-Simon 같은 사람들을 마르크스는 '공상적 사회주의자'라고 불렀다. 요즘 식으로 말하면, 사회주의적 혁명이 아닌 다른 방식으로 세상을 좋게 만들 수 있다고 생각한 망상가 정도로 이해할 수 있을 것이다. 게다가 혁명으로 정권을 만든 레닌을 승계한 스탈린 시절에는 협동으로 자본주의 문제를 풀 수 있다고 한 사람들을 좋게 볼 리가 없었다.

프랑스 공산당원이었던 마르셀 모스Marcel Mauss 그리고 나중에 미국에서 『거대한 전환』이라는 저작으로 케인스 급의 학자가 된 칼 폴라니Karl Polanyi가 20세기의 공상적 사회주의자라고 할 수 있다. 한국에서 여러분이 기억할 수 있는 경제학자 중에서 자본주의 내에서의 사회적 경제의 중요성을 가장 강조한 사람으로 홍기빈과 정태인을 거론할 수 있을 것이다. 협동조합이 작동하는 원리 자체는 어렵지 않다. 주주의 이익을 극대화하는 1원 1표 주의를 따르는 게 주식회사라면, 협동조합은 조합원의 이익을 극대화하는 1인 1표 주의를 따른다. 주식회사는 보유한 주식의 수로 의사를 결정하지만, 협동조합은 조합원 수로 의사를 결정한다. 그러다 보니 큰돈을 내지 않은 조합원이지만 이들이 지구, 환경, 인권, 공동체 등의 공적 가치에 맞춰서 원칙대로 할 것을 요구하는 목소리를 무시하기 어렵다. 물론 주식회사의 경우처럼 큰돈이 걸리면 결정이 어려워지기도 한다. 또한 조합원의 직접적 이익과 공익이 갈등하기도 한다. 공정무역 바나나를 수입할 것인가, 아니면 생수도 취급할 것인가 등은 생협에서 종종 벌어지는 논쟁 중 하나이다. 기왕 마실 생수라면 생협을 통해 좀 더 안전하게 마시고 싶다는 조합원과, 지하수 채취를 통해서 생태계를 위험하게 하고 운송 중 에너지 사용도 늘리는 생수를 취급할 수는 없다는 공익적 가치가 충돌한다. 많은 주식회사가 전혀 하지 않을 논쟁이지만, 협동이라는 이름으로 묶인 사람들에게는 피하기 어려운 논쟁이다.

역사적으로 협동조합이 종교와 노동자, 농민 그리고 빈민에 기반을 두었지만, 좌파의 전유물이기만 했던 것은 아니다. 지금 우리가 독재를 지칭할 때 쓰는 파시즘이란 말은 이탈리아에서 베니토 무솔리니Benito Mussolini가 집권할 때 사용했던 용어이다. 파쇼facio는 이탈리아어로 '묶음'을 의미하는데, 요즘 우리말로 하면 '통합' 정도의 의미라고 할 수 있다. 무솔리니가 만든 파시스트당을 현대적 의미로 번역하면 국민단결당 혹은 국민통합당 정도일 것이다. 이러한 계급적 · 전국적 통합을 내세우면서 무솔리니가 전면에 내건 것이 바로 협동조합이다. 자본가와 노동자, 어느 한쪽에 치우지지 않고 양쪽 모두를 국가 기본체계로 만들기 위해서 시도했던 것이 일종의 협동조합 국가였다. 전국 단위의 협동조합연합체를 만들고, 거기에서 국회의원도 뽑을 수 있게 했다. 일종의 관제 조합인데, 이러한 영향으로 지금 이탈리아의 강력한 협동조합의 전통이 생겨났다고 보아도 과언이 아니다. 물론 이들이 무솔리니에 대해서 고분고분하기만 했느냐, 꼭 그렇지는 않았다. 인종주의적인 파시즘의 협동조합 운영에 반대하면서 지역 협동조합이 강해지기도 했다.

한국의 경제 발전 역사는 일본에 비해서도 많이 짧다. 그래서 정상적으로 시민사회가 형성되지도 않았고, 종교와 관련된 경제는 제대로 형성되지도 못했다. 초기에 협동조합을 형성하는 공동체 정신은 많은 경우 종교와 관련되어 있었다. 한국은 경제 발전 역사도 짧고 기독교 역사도 짧다 보니 아직 협동조합을 축으로 하는 사회적 경제 혹은 시민경제가 형성되지 못했고, 국가와 대기업이라는 두 거대 축으로만 국민경제가 구성되어 있다. 그렇지만 많은 경우 사회적 경제가 대공황과 같은 경제위기 속에서 비약적으로 발전한 것처럼, 한국에서도 점차적으로 사회적 경제의 흐름이 본격화할 것으로 예상된다. 물론, 아직 우리가 가보지 않은 미래에 관한 이야기이다.

한국에서 사회적 경제가 가지는 가장 큰 잠재성은 역시 고용이다. 모두가 공무원이 되는 경제도 불가능하고, 모두가 대기업 정규직이 되는 경제도 불가능하다. 그렇다고 농업에서 대규모의 일자리가 나올 가능성도 거의 없어 보인다. 그 과정에서 아직 비어 있는 틈새를 협동조합 등의 사회적 경제로 재구성하는 것이 우리에게 남은 마지막 가능성이 아닌가? 사회적 경제의 대표주자인 사회적 기업은 참여정부가 거의 끝나갈 무렵에 정부에서 주도적으로 추진되었다. 물론 그다음 정부에서는 "도대체 이게 뭔 짓거리야!" 하면서 그냥 털어버리려고 했다. 그렇지만 2008년 글로벌 금융위기가 터지면서 청년 실업 등의 사회 문제에 대해 정부에서 뭔가 하고 있다는 모습을 보여줄 필요가 생겼다. 그래서 살아남았다. 성과에 대해서는 여전히 논란이 있다. 현재 사회적 기업정책은 고용 지원에 대한 정부 보조금 사업처럼 디자인이 되었기 때문이다. 그 와중에도 나름대로 성과를 올리는 기업들이 나오기 시작했다. 그리고 정부의 간섭을 불편해하는 사람들은 '소셜 벤처'라는 이름의 또 다른 형식을 모색하기 시작했다. 소셜 벤처는 정부 지원금을 받지 않는다. 이 분야에서도 성공사례가 만들어지는 중이다.

생협의 흐름 속에서 원주의 신용협동조합과 의료생협도 어느 정도 모습을 갖추어나가고 있다. 소셜 하우징social housing이라는 이름으로 집을 함께 지어 사는 사람들도 이 범주에 들어갈 수 있다. 지금은 정부가 택지를 개발하고 건설사에 택지를 분양하면서 아파트라는 이름의 공동주택을 짓는다. 그렇지만 유럽의 사례를 참고하면 좀 더 많은 협동조합 주택이 등장할 여지가 있다. 집을 정부나 대기업만 짓는 것은 아니다. 조합 아파트라는 이름으로, 일종의 마을 만들기를 패키지로 진행할 수 있다. 스웨덴은 22%의 주택이 협동조합에 의해서 공급되고 유지되며, 주택 가격을 유지하는 효과는 보너스이다. 조합에서 거품 없는 아파트를 공급하면 건설사도 마냥 높은 가격을 유지할 수가 없다.*

2012년 대선을 코앞에 두고 「협동조합 기본법」이라는 법률이 만들어졌다. 비로소 좀 더 다양한 분야에서 협동조합이 생겨날 가능성이 열렸다. 물론 아직까지는 거의 시범사업 기간에 가깝기 때문에 수많은 시행착오는 피할 수 없다. 그렇지만 정부와 시민단체로 구성된 육아와 보육을 포함하는 사회적 서비스 분야 등 아직 한국의 사회적 경제가 움직일 공간이 많기 때문에 미래가 밝다고 생각한다.

사회적 경제의 가장 큰 장점은 그것이 시민경제라는 원론적인 당위성만 아니라 일자리의 안정성을 줄 수 있다는 점이다. 대기업은 위기가 오면 사람을 내보내는 방식으로 대응하지만, 사회적 경제에서는 그렇게 무지막지하게 처리하지 않는다. 월급을 줄이는 것과 고용을 줄이는 것 사이의 선택, 만약에 이 결정이 본인의 일이라면 여러분은 어떤 선택을 하겠는가?

사회적 경제에서 부부가 맞벌이를 한다고 할 때, 둘을 합친 소득이 대기업 연봉을 넘어가면 이 모델은 장기적으로 성공할 것이다. 소비자생협 중에서는 이미 그 조건을 넘어서는 곳들이 생겨났다. 사회적 경제가 GDP의 10~20%를 차지하는 것은 한국에서도 가능할 것이다. 외국의 주요 도시 중에는 사회적 경제가 지역경제의 60%에 도달하는 곳이 이미 존재한다. 문제는 지금 청년 솔로들이 감성적으로 원하는 일자리가 이게 아니라는 데 있다. 월급과 안정성만이 필요한 게 아니라 폼도 나야 하는 것 아닌가? 어떻게 이러한 사회적 경제가 폼 나는 곳이 될 것인가? 이건 아직 우

---

* 새로운 사회를 여는 연구소, "강한 자생력의 스웨덴 협동조합"(2013.5.8.).

리가 가보지 못한 길이다.

에단 호크Ethan Hawke가 나왔던 〈비포 선라이즈〉(1995)는 이후 후속작
이 계속 나오면서 시리즈물이 되었다. 이 영화의 까칠한 여주인공 줄리
델피Julie Delpy는 여대생에서 환경활동가 그리고 공무원을 거치면서 자신
의 프랑스식 삶을 살아간다. 그에 비하면 한국의 영화나 드라마는 재벌과
공무원 세계를 주 배경으로 하고, 제3부문에 대한 조명은 여전히 좀 빡빡
하다. 스위스 가치 1위 기업인 미그로Migro는 사주가 자신의 회사를 협동
조합으로 전환한 경우이다. 이런 사례를 만나려면 우리는 좀 더 기다려야
할 것 같다.

3-7
미래를 위한 거품 빼기, 교육 개혁

자본주의는 자신의 재생산을 위해서 나름대로 시스템을 진화시킨다는 것
이 시장주의자들의 일반적인 시각이다. 시장의 자기조절적 메커니즘, 그
게 바로 하이에크식의 시장 이론이다. 같은 현상을 조금 더 개인의 특성 차
이로 보는 눈도 있다. 미국 자본주의를 분석하면서 엔지니어 본능을 지적
한 소스타인 베블런Thorstein Veblen의 분석도 이때만큼은 제도적이라기보
다는 개인주의적이었다. 그러한 흐름의 연장선에서 조지프 슘페터Joseph
Schumpeter는 아주 오래전에 기업가 정신을 이야기한 적이 있다. 하이에크
처럼 시스템으로 보든 슘페터처럼 특출한 개인들의 정신적 역량으로 보
든, 여기에는 자본주의가 문제는 많아도 스스로 자신을 조절해나가면서
문제를 풀 수 있다는 시각이 전제되어 있다. 그러나 많은 식민지에서는 이
같은 이야기가 먹히지 않는다. 어쨌든 스스로 자신의 문제를 결정할 수 있

는 독자성이 있는 시스템이라야 하이에크식이든 슘페터식이든 움직여나 갈 수 있을 것 아닌가? 아프리카 경제에 대해 연구하다 보면, 식민지 모국의 흔적과 영향력을 고려하지 않고는 분석하기 어려운 경우를 종종 만난다. 공식적으로는 독립한 지 오래되지만 프랑스와의 관계에 대한 이해 없이 알제리나 모로코를 분석하기는 어렵다. 미국과 소련이 각각 후견을 맡은 인접국 케냐와 탄자니아도 두 거대 경제권의 냉전적 대결 양상을 빼고는 분석이 어렵다. 그리고 그 과정에서 군벌이 형성되어 뒤엉킨 상황을 보지 않으면 인접 국가 소말리아의 해적 사건을 영원히 이해할 수 없다. 이 나라들이 아직도 식민지인 것은 아니다. 그러나 그 영향력을 배제하기가 어렵다. 영화 〈호텔 르완다〉(2004)는 악명 높은 인종 전쟁의 실화를 다루고 있다. 군벌들이 호텔 밀 콜린스에 들어가 숨어 있는 사람들을 끌어내지 못한 것은 이 호텔의 국적이 바로 르완다의 모국이었던 네덜란드였기 때문이다.

아프리카의 많은 국가에서 족장이나 추장 혹은 군벌에게서 똑똑한 자식이 태어나면 식민지 시절의 모국으로 보낸다. 누구도 거기에 대해서 비난하지 않으며 오히려 부러워한다. 그리고 그렇게 서구식 교육을 받은 사람들이 모두 국가의 배신자가 되거나 모국의 앞잡이처럼 조국을 핍박하는 것도 아니다. 일제시기에 한국의 많은 지식인이 일본으로 유학을 떠났다. 그들이 모두 친일파인 것도 아니고, 유학을 갔다는 이유만으로 그들을 욕하지는 않는다. 「별 헤는 밤」의 윤동주도 일본 유학생이다. 그렇다. 우리는 그 시절에 그저 제국의 식민지였을 뿐이다. 식민지 백성이 뭘 할 수 있었겠는가? 그 시절의 아프리카와 한국은 경제적으로나 정치적으로 크게 다르지 않았다.

지금 한국과 아프리카의 경제는 완전히 다르다. 한국은 자동차를 만드는 곳, 아프리카는 제조된 차, 특히 중고차를 수입해 가는 나라로 극단적으로 대비할 수도 있다. 그렇지만 상류층 자제의 교육 양상은 아주 약간의 차이만 빼고는 기이할 정도로 흡사하다. 아프리카에서 진행되는 교육을 한번 살펴보자.

상중상은 아버지가 식민지 모국에서 일자리를 갖는 것이다. 외교관이나 통상관 같이 자국의 월급을 받는 자리보다 국제 표준의 월급을 받는 국제기구가 최고로 선호된다. 이러한 과정을 통해서 돈만이 아니라 권력도 세습한다. 아버지와 함께 돌아온 아들은 그 나라에서 새로운 권력의 축으로 성장하기 시작한다.

상중하는 자식만 식민지 모국으로 보내는 경우이다. 때때로 일부다처제가 유지되는 국가에서도 아들에게 자기 아내를 딸려서 같이 보내는 경우는 거의 없다. 이 선택지가 상중상이 되지 못하는 것은 혼자 나간 아들에게 부모가 기대하는 바가 자국으로 돌아와서 실력자가 되는 것이 아니라 아예 그 나라에서 눌러사는 것이기 때문이다. 이제는 아프리카도 사회적으로 초기 자본주의화를 지났기 때문에 외국 경험이 있다는 이유만으로 상류층의 권력을 갖기가 쉽지 않다. 식민지 모국에서 좀 더 많은 경제적 혜택을 누리면서 살았으면 좋겠다는 부모의 애틋함이 가슴 아프다.

하중상은 국내의 외국인 학교나 국제학교에 보내는 경우이다. 지금 당장 모국으로 보내기에는 경제적 여건 등이 여의치 않기 때문에 미래를 위해서 일단 자국의 국제학교로 보낸다. 그리고 덤으로 아프리카에 파견 나왔거나 비즈니스차 거주하고 있는 식민지 모국 실력자의 자제들과의 친교도 기대할 수 있다.

하중하는 자국의 보통 학교에 보내는 경우이다. 그래도 힘 있는 사람들은 절망을 선택하지는 않는다. 사립학교 등 갖은 명목으로 귀족학교를 만들고, 자신의 자녀가 입학한 학교에 특권을 몰아준다. 대다수의 흑인 민중과 자신의 자식을 같은 학교에 보내고 싶어 하는 아프리카 특권자들은 거의 없다.

이런 방식으로 시간이 지나면 아프리카 국가들은 흔히 이야기하는 자발적 발전이라는 경제 발전의 길을 걸으며 자생적인 시스템으로 진화하게 될 것인가? 세계은행의 원조를 비롯해 지금까지 수많은 시혜성 차관과 원조가 아프리카로 들어갔지만 OECD 국가와의 격차는 더 벌어지고 있다. ODA Official Development Assistance라고 불리는 공적개발원조 제도가 있다. 선진국이 자발적으로 아프리카 등 개도국에 주는 국제공조 차원의 시혜성 지원이다. 일본의 자이카JICA, 한국의 코이카KOICA 등의 ODA가 수혜 국가의 진정한 발전을 목표로 하는 경우는 별로 없다. 자신의 국제적 영향력을 늘리거나 경제적 이득을 위한 장기 포석으로 활용된다는 것은 슬프지만 진실이다. 고래 보호와 관련된 조약을 가장 앞장서서 반대하는 나라 중의 하나가 일본이다. 일본은 국제회의에서 자신의 득표력을 높이기 위해서 ODA를 적극 활용한다. 한국에서 극우파라고 부르는 아베 정권에서 아프리카에 ODA 등 경제적 지원을 늘리겠다고 연일 발표하는 이유도 마찬가지이다. 그렇다면 한국은 좀 다를까? 대놓고 '자원외교'라는 표현을 사용하는, 국제 상식상 무식해 보이는 일을 하는 나라가 한국과 일본이다. 아프리카에서 진행되는 모국과 식민지 사이의 수탈 문제는 장 지글러Jean Ziegler의 『왜 세계의 절반은 굶주리는가』(2007)를 읽어 보면 가장 빠르게 이해할 수 있다. 청소년용 책이라고 무시할 게 아니다.*

---

* 중남미 버전으로 좀 더 본격적인 책을 원한다면 에두아르도 갈레아노 Eduardo Galeano의 『수탈된 대지』(1999)를 보아도 좋을 것이다.

자, 아프리카의 상류층 교육 관행을 자본주의 시스템이 스스로 진화하면서 풀어나갈 수 있을까? 일단 식민지 현상과 결합되면 자본주의 양상 분석이 아주 어려워진다. 게다가 많은 경제학자가 금과옥조로 생각하는 경제원론 저자들은 대부분이 제1세계 출신으로 피식민지 경험이 없다. 아, 물론 미국을 영국으로부터 독립한 식민지로 치면 이야기가 많이 바뀌기는 하겠지만 그건 좀 억지이다.

　위의 네 가지 경우 중 국민경제의 시각에서 구조적으로 가장 문제가 되는 건 하중하다. 아예 모국 시민권을 얻어 모국에서 살겠다는 사람들의 숫자가 많은 것도 아니고, 어차피 그렇게 살려고 하는 사람을 막을 이유도 없고 방법도 없다. 이민과 귀화라는 제도가 법적으로 존재하기 때문에 처음부터 외국에서 살고 싶었던 사람은 막을 필요가 없고, 막는다고 효과가 발생하지도 않는다. 그 정도 숫자의 귀화는 자연적인 경제적 흐름을 크게 넘어서지 않는다. 큰 시각으로 보면, 아예 모국에서 살겠다고 결심한 사람은 차라리 모국에서 사는 게 서로를 위해서 나을 수도 있다. 하지만 반면에 그렇게 하고는 싶은데 여러 가지 형편상 갈 수 없는 사람들이 식민지 내부 지배층을 위한 귀족학교 등 특수학교를 만드는 것은 전체 시스템에 근본적인 위협이 된다. 아주 소수의 정원을 가진 귀족학교는 영국에도 존재하고 프랑스에도 존재한다. 그렇지만 공교육 자체를 위협할 정도로 귀족학교의 비중이 커지지는 않는다. 귀족 교육이 전체 시스템의 위기를 초래하지 않도록 하기 위해서는 많은 지혜가 필요하다.

　한국에서 교육을 정상화할 수 있는 기회는 역설적으로 이명박 시절에 딱 한 번 있었다. 당시 정권 실세였던 정두언이 외고 폐지를 시도한 적이 있었다. 그의 권력이 조금만 더 오래 지속되었더라면 아마 우리의 미래가 지금과는 다르게 전개되었을 수도 있다. 프랑스에서 문제투성이의 꼴불

견을 보여주던 대학들을 국유화해서 지금의 고등교육체계로 전환한 것은 사회당 좌파 정부 때가 아니다. 68혁명이라는 시대적 분위기가 있었지만 문제의 해법을 제시한 것은 당시 우파 정권, 그것도 카리스마 넘치는 드골 정권 당시의 일이다. 그해 11월 교육부에서 대학 정상화 방안을 제시하면서 대학 간 서열화가 사라지고 국립대학 시스템이 도입되었다. 드골이 아니라 프랑수아 미테랑François Mitterrand이었어도 그렇게 할 수 있었을까? 쉽지 않았을 것이다. 돈과 지위를 가진 사람들이 자신의 것을 지키기 위해 똘똘 뭉칠 때, 자본주의가 붕괴하는 정도의 혁명적 상황이 아니라면 근본적인 변화를 만들어내기 어렵다. 외고를 없애고 특목고들을 정리하는 수준의 근본적인 개혁은 당시 정권 실세였던 정두언 정도가 아니면 실행하기 어렵다. 식민지 시절을 아직 구조적으로 청산하지 못한 아프리카에서 대중 교육을 발전시키지 못하는 것과 같은 이유이다.

중등교육에서 고등교육으로 이어지는 중간단계를 우리는 대학입시라고 부른다. 역사적으로 한국만 유별나게 사교육이 성행하고 부자들이 교육과 관련된 일탈을 일삼은 것은 아니다. 프랑스의 바칼로레아Baccalauréat가 입시에서 자격시험으로 바뀌면서 정상적으로 운영되기 전, 프랑스 귀족의 사교육 열풍은 보통이 아니었다. 오죽하면 이런 이상한 교육에 반발한 속칭 퀴리 부인이라 불리는 마리 퀴리Marie Curie가 자신의 자식들을 학교에 보내지 않겠다고 동료들과 홈스쿨링이라는 것을 만들어냈겠는가? 더 거슬러 올라가면 이보다 황당한 일들이 벌어진다. 경제학의 아버지라는 애덤 스미스가 『국부론』을 쓰던 시절, 그는 대학교수직을 내려놓고 귀족의 과외선생을 하고 있었다. 우리 식으로 말하면, 장하준 정도의 경제학자가 하던 일을 작파하고 명문가 자제의 개인 과외선생을 했던 셈이다. 그리고 그 무료함을 달래기 위해서 쓴 책이 결국 노벨상 이상의 역사적 명

저가 된 것이고.

냉정하게 말하면, '참교육'을 모토로 내세운 전교조만으로 지금의 교육 문제는 풀리지 않는다. 교사들 중심의 노동조합이 교육 개혁을 이루어낸 사례는 거의 없다. 그보다는 더 거대한 힘이, 그리고 그보다는 더 높은 단위의 결심이 필요하다. 작은 불공정 혹은 '기분학'상 느껴지는 일부의 상대적 박탈감만으로 교육 개혁이 이루어지지는 않는다. 자본주의 자체가 재생산될 것인가 혹은 유지될 것인가, 그 정도의 큰 사안이 있어야 변화가 생겨난다. 그리고 식민지적 속성을 가진 나라에서 교육 개혁은 더 힘든 일이다.

지금 한국 교육은 식민지 시절의 모국 연계 고리를 끊어내지 못해서 속으로 힘들어하는 아프리카와 동병상련의 처지이다. 차이점은 아프리카의 교육 문제가 청년들의 솔로 문제와 연계될 정도로 전면화되지 않은 데 비하여, 한국은 이미 예상 교육비용이 집단적이고 대규모의 솔로 문제의 진원지가 되었다는 점이다.

한국의 보수가 '결혼이 곧 애국이다'고 말하는 것은 이 시스템에 아무런 도움이 되지 않는다. 그러나 정두언처럼, 조금만 생각하면 누구나 알 수 있는 문제를 풀어보자고 하는 사람이라면, 보수 혹은 우파라도 좌파들을 포함해서 온 국민에게 사랑과 지지를 받을 수 있다. 드골은 1969년 그 자신이 걸었던 국민투표를 계기로 대통령직에서 물러난다. 그렇지만 좌우를 막론하고 지금까지 그렇게 광범위하게 지지받은 정치인은 프랑스에서는 아직도 없다. 그가 만들어낸 교육 시스템은 프랑스가 청년 솔로 현상과 출산율 저하를 극복하는 데 여전히 도움을 주고 있다. 전면적으로 외고를 없애자는 이야기를 한국 좌파는 못 한다. 프랑스에서도 국립대학 체계를 흔들기 위한 시도가 아주 없었던 것은 아니지만, 그야말로 '진화적으로 안정적인 전략ESS: Evolutionary Stable Strategy'으로 작동하고 있다.

한국의 공교육을 간단히 말하면 '반에서 5등까지'를 위한 교육이다. 그나마도 공교육 붕괴 속도가 점점 빨라지면서 5등도 소용없다는 게 지금의 현실이다. 우리는 위를 우러러보고 승자들을 칭송하는 분위기에서 1998년 이후의 시간을 보냈다. 한국의 문화는 사실 그렇다. '1등만 기억하는 더러운 세상'이라는 한 개그 프로그램에서 유행한 이 대사가 괜히 나온 것이 아니다. 우리는 상위 몇 퍼센트에 대한 개념이 더 익숙하다. 그렇지만 청년 솔로 문제 앞에서 우리는 밑에서 세는 게 더 빠른 학생들의 형편 혹은 절반 이하의 사람들에게 시선을 맞추어야 한다. '앞에서 5등'을 위해서 만들었던 사교육 등 일련의 교육체계를 '뒤에서 5등'을 배려하고 편하게 해주는 것으로 바꾸어야 한다. 그렇게 생각하면 교육 개혁의 방향이 아주 어려운 것도 아니고, 기술적인 검토를 엄청나게 해야 하는 것도 아니다.

미래 세대의 교육을 부모들의 돈을 빼내기 위한 볼모로 생각하는 한, 그걸 감당하기에 버거운 예비 엄마들이 출산은 물론이고 일련의 결혼활동 자체도 포기하는 게 오히려 당연하다. 교육체계의 전환은 다른 유럽 국가들은 국민소득 1만 달러를 넘어가면서 했던 것이다. 한국은 국민소득 2만 달러가 넘은 시점에서도 못하고 있다. 다른 어느 나라보다도 한국에서 빠르게 청년 솔로의 비중이 높아지는 데는 한국의 고비용 저효율 교육 구조가 핵심 요소로 자리 잡고 있다.

암기를 무기로 한 지금 한국의 서열식 교육 현장에서 창의적 인재를 육성하지 못하는 것은 당연하다. 교육 프로그램에 대한 개편 없는 창조경제에 대한 그 어떤 수식도 장기적으로는 모래 위에 세운 성과 같다. 마찬가지로 교육 개혁에 대한 청사진 없는 청년 솔로 대책은 그야말로 말의 성찬에 불과하다. 기형적으로 진화한 한국 교육 시스템이 이제는 자신의 모집단 자체를 위험에 빠트린 것 아닌가? 이걸 한국 자본주의가 스스로 극복하거나 개선할 수 있을지, 그야말로 새로운 허들이 아닐 수 없다.

솔로 탈출을 원하는 남성들에게 해주고 싶은 조언

지금까지 청년 솔로들이 실제로 결혼활동에 나서고 출산을 계획하기 위한 경제적 조건에 대해서 생각해보았다. 정부가 할 수 있는 것이 있고, 기업이 나서서 해결할 수 있는 것도 있다. 그러나 결혼과 출산은 경제적인 조건만으로 모든 것이 결정되지 않는다. 인간이 하는 수많은 경제적 결정 중에서 가장 사적인 것이 결혼이다. 특히 근대 이후에 연애결혼이 일반화되면서 그 사적 결정성은 더욱 강화되었다. 어쨌든 결혼은 하고도 후회하고 안 하고도 후회한다. 그때그때 행복과 후회가 교차하는 것이 결혼이다. 메이팅이라는 것이 원래 그렇다.

한국에서는 전통적인 남아선호 때문에 일종의 유아 살해라고도 할 수 있는 여아 낙태가 공공연하게 행해졌다. 그래서 보편적인 남녀 출산 비율을 상회하는 남아 출산 현상이 한동안 관찰되었다. 지역별로 남녀 유아 출생 비율도 통계적으로 두드러질 정도로 차이가 났다. 2000년대 후반이 되어서야 이런 현상이 완화되었다. 그 시절에 태어난 남자 아이들이 성인이 되면 결국 짝을 찾지 못할 것이라고 많은 사람이 걱정했던 적이 있다. 시간이 지나서 돌아보니 그때 사람들은 쓸 데 없는 걱정을 했다. 지금 남자든 여자든 솔로인 것은 파트너의 절대적 숫자가 모자라기 때문이 결코 아니다. 성별 인구구조의 문제는 아닌 것이다.

사랑을 경제적으로 설명할 수 있을까? 우리는 아리스토텔레스Aristoteles

가 『니코마코스 윤리학』에서 이야기한 '정당한 거래just exchange'라는 관점에서, 어느 한쪽이 이 거래가 부당하다고 생각하여 무르지 않는 것이 경제적 정의라는 다소 허망한 이야기를 할 수밖에 없다. 돈과 재산 등 유형 가치는 물론이고 상징적 자본 혹은 최근 이야기되는 매력 자본까지 전부 계량화하여 남녀의 절댓값이 같아지는 순간이 just, 즉 정의로운 순간이라는 것이 아리스토텔레스 이후의 전통적인 관념이다. 그러나 메이팅은 이렇게 합리적이고 계량적인 방식만으로 작동하지 않는다. 사랑이라는 계량하기 어려운 개념은 수많은 우연과 열정 혹은 '오만과 편견'이 모두 작동하는 거대한 우주와도 같다.

여기에 또 하나 개입하는 것이 유혹이다. 사회학자 장 보드리야르Jean Baudrillard는 『유혹에 대하여』라는 1979년 저서에서 합리적 이성의 뒤에서 은밀하게 작동하는 유혹에 대한 전면적 사유를 시도한 적이 있다. 솔로 현상의 한 층위로 이러한 유혹의 메커니즘이 작동한다. 물론 전혀 그런 과정 없이 집안에서 결정하는 방식으로 결혼이 움직이던 시기도 분명히 존재했지만, 개개인의 인권이 높아지고 경제적 결정권이 커져서 스스로 독립된 시민이 되는 시기에 메이팅을 둘러싼 유혹이 개입하는 것은 당연한 일이다. 회사들끼리 습관적으로 원자재 구매를 결정하는 건조하고 따분한 과정의 몇 배나 되는 유혹과 판타지 등의 문화적 요소, 심지어는 무의식까지 개입한다.

젠더경제학이라는 틀로 한국 경제를 들여다보자. 여성이 남성에 비해서 경제적으로 불리하다는 점은 거의 대부분의 경제 현상에 깔린 기본 전제이다. 정치경제적 지배구조의 질서를 감안하면, 적어도 경제적인 면에서 한국 사회는 경상북도 출신 중장년 남성들에게 최적화된 사회라고 할 수 있다. 그 핵심 집단에서 멀어지면 멀어질수록 많은 경제활동이 불리해질 확률이 높다. 또한 전통적인 가족 모델, 아빠는 돈 벌어오고 엄마는 집에서 살림하는 모델은 점점 사라지고 있다. 더 많은 남자들이 자신의 배우자가 경제활동을 하길 원하고, 그러면서도 더 많은 육아휴가로 자신의 아이를 잘 키워줄 수 있기를 원한다. 한국의 경제 구조에서 일하면 힘든 것은 남자든 여자든 마찬가지이고, 과로 상태가 되는 것은 똑같다. 다 잘 할 수 있지 않느냐? 그건 슈퍼우먼 신드롬이다. 그런 슈퍼우먼은 이제 남자들의 환상 속에만 존재한다.

모 대학의 교수 임용 과정에서 후순위였지만 엄청난 연구 성과를 약속하고 결국 앞 순위에 있던 자신의 경쟁자들을 뛰어넘어 임용된 여성 학자가 있다. 그녀는 엄마이자 주부로서 거의 완벽한 삶을 살았다. 임용 이후에도 일반적인 연구자들과 비교하기 어려울 정도의 높은 성과를 냈다. 그러나 이 슈퍼우먼 스토리는 해피엔딩이 되지 못했다. 그렇게 몇 년을 보내면서 주위 사람 모두를 놀라게 했던 이 여성 학자는 어느 날 원인불명의 혼수상태에 빠졌다. 그리고 코마 상태가 지속되면서 이제는 회복되더라도 정상적인 삶을 살기는 어려울 것이라는 진단이 나왔다. 지금도 여전히 코마 상태이다.

이 사건은 가정과 연구 성과 사이에서 슈퍼우먼이 되어야 한다는 압박감에 시달리던 동료 여성 학자들에게 많은 충격을 주었다. 한 아이의 엄마인 어느 박사 연구원은 이 상황을 지켜보면서 교수 임용 과정을 포기했다. 거의 슈퍼우먼 급으로 살아가던 세 아이의 엄마인 또 다른 연구원은 박사과정 진학을 포기했다. 인간이 버틸 수 있는 육체적 부하와 정신적 스트레스에는 한계가 있다.

내가 만난 많은 30대 초중반의 솔로 남성들의 경우 현실적으로 결혼하기 어렵다는 판단을 내리고 있었지만 정말 평생 솔로로 살겠다고 굳게 마음먹은 경우는 별로 없었다. 대기업에 다니는 솔로 남성들의 경우 개인 재무 상태를 같이 고민해보기도 했는데, 외부에서 생각한 것보다 저축액이 많지는 않았다. 아버지가 100억대 재산을 가지고 있는 직장인의 사례를 검토해보았다. 그의 아버지는 자식에게 재산을 통으로 물려줄 생각이 없었고, 아들도 물려받을 마음이 없었다. 자신이 번 돈으로 자신의 삶을 누리고자 하는 생각이 강했는데, 그는 주변의 결혼 권유를 물리치고 아직 청년 솔로로 살아가고 있다.

이들 중 상당수는 자기 삶을 혼자 꾸려가는 것만으로도 경제적으로 버거워했다. 돈이 많으면 많은 대로, 적으면 적은 대로 저축액은 적었다. 주식으로 한두 번쯤은 크게 손해를 본 적이 있거나, 2008년 글로벌 금융위기를 계기로 펀드에서도 작지 않은 손해를 본 사람이 많았다. 마이너스 통장을 쓰지 않고 한 달을 살 수 있으면 그런대로 재정이 양호한 편이라고 할 수 있다. 창업을 하면 크게 성공할 잠재성이 있는 사람들도 있지만, 워낙 불확실성이 높아서 창업 결심이 쉽지 않다. 만약 결심을 한다고 해도, 몇 년은 금방 지나서 지금 30대인 이들은 40대가 될 것이다. 그 사이에 청년 벤처 창업주로서 결혼하기는 쉽지 않아 보였다.

매력 자본이라는 개념을 놓고도 함께 고민해보았다. 30대가 넘어간 이 남성들은 '별에서 온' 슈퍼 울트라 매력 자본에서는 비껴 있는 사람들이다. 이미 얼굴 뜯어먹고 살기는 어렵다고 사회적으로 인정받은 것이라면 너무 잔인한 표현일까? 그렇다고 지금부터라도 초고속 승진을 하기도 어렵고, 단기간에 엄청나게 많은 돈을 얻을 가능성이 있는 케이스는 없어 보였다.

그들의 파트너가 될 30대 초중반의 여성 솔로들과 만나면서 남자들의 이런 조건들을 들려주었는데, 그다지 호의적인 반응이 나오지는 않았다. 그렇다면 어떤 조건이 추가로 갖춰지면 결혼을 생각해볼 수 있을지 꽤 많은 여성 솔로들과 지속적으로 논의했다. 내가 만나본 솔로 여성들은 정규직이든 비정규직이든 혹은 임시로 실업 중이든 경제활동을 하고 있거나 앞으로 할 의지가 있는 여성들이었다.

경제활동을 하는 30대 초중반의 남녀가 결혼을 하면 아주 편안하게 살지는 못하더라도 기본적인 삶을 꾸려갈 수는 있다. 그리고 출산도 가능하다. 그러나 30대 초중반의 남성들은 그간의 결혼활동으로 지친 것인지, 여성에 대한 약간씩의 혐오증과 원망이 있는 것 같아 보였다. 그야말로 프로이트식의 양가적 감정이다. 좋아하면서도 증오하는. 반면에 여성들은 자신들이 전부 짊어지게 될 가사노동과 육아노동에 대해서 깊은 공포감을 느끼고 있는 듯했다. 평균적인 한국의 남성들이 결혼 후에 어떻게 돌변하는지 여성들은 이미 잘 알고 있는 듯 했고, 지난 연애의 경험으로 남자의 극적인 변화에 대해서 거의 체념하고 있는 듯했다.

이러한 경제적 조건에서 대부분의 여성들이 동의하는 사실이 하나 있었다. 그건 돈이나 재산 혹은 시댁의 다양한 조건과는 좀 달랐다. 외모 등 매력 자본의 조건도 아니었다. 식사용 빵을 구울 줄 아는 남자, 이 조건에 많은 여성이 반응했다. 만약 정말 그런 남자가 있다면 진지하게 결혼과 출산을 고민해볼 것이라는 게 그녀들의 답변이었다. 물론, 이건 빵만 구울 줄 아는 남자라는 의미는 아니다.

빵을 구울 줄 아는 남자라는 의미는 재료 다루기와 불 다루기 등 기본적인 요리를 할 수 있다는 것과 함께 부엌에 들어가는 것을 거부하지 않는다는 의미가 있다. 설거지를 가사 참여의 전부라고 생각하는 많은 한국 남자와 확연히 구분되는 점이다. 물론 결혼 후에 실제로 그럴 시간을 낼 수 있느냐는 것은 별도의 문제지만, 아무것도 할 줄 모르는 '마마보이'와는 완전히 다르다. 정말 재산이 많은 남자가 아니라면 마마보이와 결혼하고 싶은 여성은 한국에 거의 없는 것 같았다.

여기에 조건 하나를 더 걸어보았는데, 이 조건에 모든 여성이 100% 환호했다.

"아이와 같이 빵을 굽는 남편."

이 조건의 의미는 명확하다. 가사만이 아니라 육아에 참여하겠다는 의지를 나타낸다. 그냥 성실하게 가사를 돕고, 육아에도 가담하겠다는 의지의 표명이나 약속보다는 손에 잡히는 구체적인 이미지로 상상할 수 있는 편이 소통 면에서 전달력이 더 좋다. 앞으로 돈을 많이 벌겠다거나 최선을 다하겠다는 이야기는 남성의 화법이다. 믿어달라는 말도 마찬가지이다. 그러나 실제로는 그렇게 하지 않을 것이라는 사실을 연애 경험이나 주변의 사례들로 30대 솔로 여성들은 이미 너무 잘 숙지하고 있다. 지금 한국에 엄마를 대신해서 마마보이를 보살펴주는 삶을 살고 싶어 하는 30대 솔로 여성은 없다. 그러느니 그냥 혼자 살고 말겠다는 게, 그 조건의 그 나이대 여성들의 집단적인 판단이다(이런 현실적인 이유로 연상연하 커플은 경제적·정서적 조건을 충족한다고 볼 수 있다). 남편의 물리적 도움 — 정서적 지지가 아니라 — 없이 워킹맘으로 살고 싶은 여성은 별로 없다. 평균적이고 확률적으로 30대 초중반의 남성이 엄청나게 돈을 벌거나 초고속 승진을 할 가능성 역시 거의 없다. 지금은 뭘 해도 더 큰 것을 기대할 수 있던 1980~1990년대의 경제 팽창기가 이미 아니다.

여성들이 이 일련의 대화에서 가장 좋아했던 이야기는, 아빠가 아이에게 빵 굽는 법을 가르쳐주면 나중에 자녀들이 학교에 들어갔을 때 '빵 서틀'은 피할 수 있지 않겠느냐는 것이었다.

빵 사오라고 하면, "잠깐 기다려, 빵 구워다 줄게."

　일하면서 아이를 키우게 될 것이 분명한 예비 워킹맘들은 자신의 자녀가 왕따가 될 수 있다는 공포감을 조금씩은 가지고 있었다. 설령 문제가 생기더라도 어떻게 할 수가 없기 때문이다.

　식사용 빵인 바케트나 호밀빵을 굽는 법을 배우는 데 어마어마한 정성과 기술이 필요한 건 아니다. 아무래도 아빠가 직접 빵을 구우면 좀 더 안전한 밀가루를 쓸 것이고, 설탕도 덜 넣을 것이 아닌가. 서른 살이 넘으면 돈이나 사회적 지위 등의 조건을 단시간에 바꾸기 어렵다. 마흔이 넘으면 더더욱 어려워진다. 그러나 빵 굽기로 상징되는 가사와 육아 등 집안일에 참여할 수 있는 '스킬'을 갖춘 남자는 확실히 여성들에게 현실적인 조건이다. 이게 지금 30대 초중반의 한국 남성이 큰 비용을 들이지 않고 바꿀 수 있는 가장 효과적인 결혼 준비가 아닐까 싶다. 솔로 남성과 솔로 여성 사이의 젠더 비대칭은 남성 쪽이 푸는 게 더 빠르고 더 효과적일 것이다.

　2010년대 한국, 빵 굽는 남자가 매력적인 시대가 되었다. 그 정반대편에는? 아마도 게임 중독 남성이 있지 않을까 싶다.

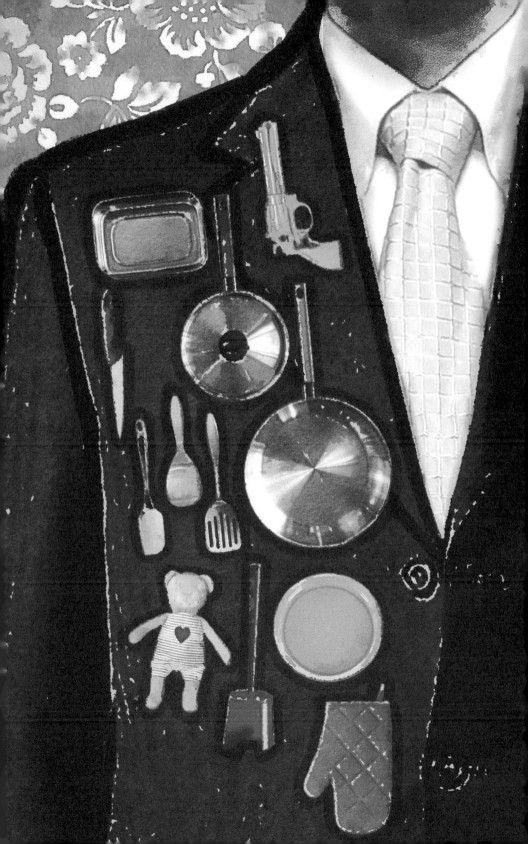

제 2 부

무자식자 전성시대의
새로운 균형

개인들은 부유해졌는가

탈산업화disindustrialization라는 표현은 IMF 경제위기 직후에 한국에서도 사용된 적이 있다. 물론 명확하게 정의된 개념은 아니다. 산업화라는 말도 생각보다 모호한 표현이다. 단순히 공장이 더 많이 생긴다는 것을 의미하지는 않고, 마르크스식의 초기 자본축적 혹은 케인스적인 발전경제학에서의 도약take-off과 같은 의미를 복합적으로 농축한 개념이다. 쉽게 사용하기는 하지만, '선진화' 같은 족보 없는 개념만큼이나 모호하다. 우파가 늘 강조하는 정량적 방식으로 산업화를 규정하기는 어렵다. 산업화는 다분히 정서적인 개념이다. 산업화를 규정하기 어렵기 때문에, 그 반대 방향으로 움직이는 탈산업화를 규정하기는 더더군다나 어렵다. 탈산업화를 2차 산업에 비해서 3차 산업이 늘어나는 서비스 산업의 비중 강화로 보려는 시도가 있다. 유럽은 일반적으로 제조업으로 규정되는 2차 산업이 3차 산업보다 비중이 높다. 반면에 미국은 서비스업인 3차 산업의 비중이 더 높다. 한국도 미국 모델을 따라갔기 때문에 미국과 같은 경향을 보인다. 2차 산업에 비해서 3차 산업의 비중이 높아지는 것도 일종의 탈산업화이다. 글로벌 경제와 함께 자기 나라에 있던 제조업들이 싼 인건비를 찾아서 제3세계로 떠나는 것도 일정 규모를 넘어서면 탈산업화로 볼 수 있을 것이다. 유럽의 패션 산업은 물론이고 한국과 일본도 지난 10년 동안 외국으로 떠나는 공장들 때문에 많은 경제적 고통을 호소한 것이 사실이다. 또한 1990년대 초반, 동구 국가들이 붕괴하면서 사회주의도 아니고 자본주의도 아닌 경제 시스템의 아노미 상태에서 벌어진 혼동을 탈산업화로 표현하기도 한다.

20세기 초반까지는 축적accumulation 혹은 자본축적이라고 불렸고, 그 이후에는 발전, 성장과 같은 개념이 자본주의의 장기적 변화를 지칭하는 이름이었다. 개념마다 약간씩 차이가 있기는 하지만, 어쨌든 뭔가 커지고 더 좋아진다는 의미이다. 인구도 늘어나고, 기업도 많아지고. 사람들은 시간이 지나면서 더 부유해질 것이라고 생각했다. 1970~1980년대부터 유행하기 시작한 미래학에서 바라본 우리의 미래는 그야말로 '영광과 번영' 일색이었다. 시스템이 커지면서 개인이 누릴 수 있는 경제적 혜택도 점점 커질 것이라고 예상했다. 그러나 2010년대가 되면서, 근본적인 질문 앞에 설 수밖에 없게 되었다. 자본축적은 개인들에게 과연 무엇을 의미하는 것일까? 저축액이 많아지는 것? IMF 직후에도 일본과 함께 세계 저축률 1~2위를 다투던 한국에서 개인 저축은 이제 기업 저축분을 제외하면 가처분소득 대비 3% 남짓으로 하락했다. 그 대신 가계부채가 1,000조 원이 넘었다. 사실상 개인의 부채인 전월세 보증금을 합치면 1,300조 원이 넘는다 (통계청 시도별 자산 및 부채 현황 참조). 개인의 저축은 줄고 빚은 늘어나는 일이 지난 10년 동안 한국에서 벌어졌다. 한국의 경제 발전 단계에서 개인에게 도대체 무슨 축적이 이루어졌단 말인가?

지금 한국의 청년 인구 절반 이상이 결혼에 대해서 경제적 부담을 느낀다. 우리가 너무 많은 돈을 쓰고 있는 것인가, 아니면 그만큼 우리가 가난해진 것인가? 가난해지니까 결혼이 어려운 것인가, 아니면 결혼을 안 해서 오히려 더 가난해지는 것인가? 좋든 싫든, 가난한 청년들의 솔로화는 국민경제 내에서는 충격으로 작용한다. 그리고 이 현상을 완화시키기 위한 정책은 실제 문제를 풀기에는 턱없이 부족할 것이고, 앞으로도 오랫동안 한국의 할아버지들은 결혼하지 않는 청년들을 힐난하면서 시간을 보낼 것이다.

경제위기는 내부에서도 올 수 있고 외부에서도 올 수 있다. 자원 가격의 등락이나 국제 시장 규모의 감소 등은 외부에서 오는 위기이다. 분배의 실패나 지역정책의 실패 등은 전형적으로 내부에서 오는 위기이다. 청년 솔로 현상은? 두말할 필요 없이 내부에서 오는 위기이다. 저개발 국가에서는 청년 솔로 현상이 벌어지지 않고, 그 많은 위기에도 불구하고 저출산 현상은 목격되지 않는다. 마르크스는 이렇게 시스템 내부에서 오고 궁극적으로도 해소되지 않을 위기를 모순contradiction이라고 불렀다. 애덤 스미스를 비롯한 고전파 경제학자들은 더 이상 확장되지 않는 자연, 즉 외부적 요소 때문에 궁극적으로 경제가 정체 상태stationary state로 갈 것이라고 생각했다. 청년 솔로 현상은 구조적으로 내부에서부터 오는 위기인데, 이 문제에 대해서 고전학파와 마르크스주의자들이 고민한 적은 거의 없다. 착취라는 표현을 쓴다면, 한국의 경제 시스템은 청년들을 착취하는 형태로 IMF 경제위기 이후로 덩치를 키워온 것이 아닌가? 그나마 착취라도 좀 해달라는, 마르크스가 룸펜이라고 불렀던 산업예비군 현상이 본격적으로 심화된 것은 지난 10년간이다.

이 상황이 계속 진행되어도 당분간 명목상의 국민소득은 올라갈 것이다. 수출과 내수의 양극화 현상이 만들어낸 기이한 불균형 시스템이다. 그렇지만 이 과정에서 개인은 점점 더 가난해지고, 자식이 있으면 이미 부자라는 슬픈 상황으로 나아갈 가능성이 높다. 유자식자가 무자식자보다 행복하거나, 무자식자가 대책 없이 불행하다고 말할 수는 없다. 그러나 포괄적인 표현을 쓴다면, 무자식자가 유자식자보다 자본축적이 덜 된 경우라고 할 수 있다. 노동과 자본의 비율을 의미하는 장비율 혹은 노동장비율이라는 개념을 쓴다면, 유자식자가 무자식자보다 장비율 자체는 높다. 아무래도 3명 혹은 4명이 살아갈 때 필요한 가정에 장비가 더 많지 않겠는가? 돈이 없어서 결혼하기 어렵다는 말을 뒤집으면 결혼에 필요한 장비를 갖출 만큼의 자본축적을 달성하기 어렵다는 말이다.

싱글족 혹은 싱글 현상을 장비율로 표현하면, 1인당 장비율은 가정 구성원보다 높지만 전체 장비율은 낮은 현상이라고 할 수 있다. 전문직 솔로에 해당하는 이야기이다. 그러나 가난한 솔로는 개별 장비율도 떨어지게 된다. 고시원이나 독서실에서 살면서 편의점에서 아르바이트하는 청년에게 무슨 개인 장비가 있겠는가? 휴대전화? 빈곤화와 연결된 솔로 현상은 개인의 장비율을 낮춘다. 길게 보면 특정 산업들에서 탈산업화 혹은 역산업화 현상도 관찰될 것이다. 개개인의 소비가 줄어들면 투입-산출 효과에 의해서 전체적으로 산업화로 가는 힘이 줄어든다. 산업의 산업이라고 할 수 있는 기초소재, 정밀화학 그리고 공구산업 같은 것은 그 나라 산업화의 한 지표이다. 한국의 공구산업은 이미 불황이 깊어지고 있다.

기본적으로 경제를 운용할 때, 인구는 물론이고 모든 것이 많아진다고 전제한다. 짧은 IMF 경제위기를 제외하면, 한국은 저성장 혹은 탈산업화 국면에서 어떻게 의사결정을 해야 하는지 경험해본 적도 없고 훈련받은 바도 없다. 그렇지만 그 충격이 지금 우리에게 오고 있다. 외환위기 등 각종 유동성 위기는 단시간에 폭발적으로 발생하지만, 솔로 현상에 의한 인구 충격과 소비 조정 등은 체감하기 어려울 정도로 천천히 전개된다. 인구는 경제학이 다루는 변수 중에서 가장 장기 변수가 아닌가. 천천히 식어가는 경제를 1990년대 이후 일본에서 본 적이 있다. 대응하지 못하면 적응해야 한다. 그리고 지역경제와 같이 한국 경제의 약한 고리에서는 자본이 철수하고, 부분적으로 산업이 해체되는 탈산업화를 정말로 목격하게 될 것이다.

오랫동안 한국은 낙수효과라고 부르는, 부자들이 돈을 벌면 결국 돈이 흘러서 가난한 사람들에게 간다는 종교에 가까운 특별한 성장담론이 우세했다. 그렇지만 개인들은 점점 더 가난해졌다. 잠재성장률은 그 나라 경제의 모든 요소가 완전히 활용되는 경우에 달성할 수 있는 가상적 성장률이다. 그리고 이제 한국은 추세적으로 잠재성장률이 하락할 가능성을 목전에 두고 있다. 청년 솔로 현상에 제대로 대처하지 못하는 경우, 결국 이 새로운 충격에 경제 시스템이 적응해나갈 것이다. 적응하는 것 외에 달리 방법이 없지 않겠는가?

4-2
방송국형 산업

빈곤 현상과 청년들이 결혼하지 못하는 솔로 현상이 결합되면 어떤 분야에서 가장 먼저 그리고 가장 큰 문제가 발생할까? 인구가 큰 폭으로 감소하면 일부 산업은 국내 시장 규모가 줄어들어서 망할 것이라고 생각하기 쉽지만, 그렇게 간단하지는 않다. 스웨덴, 스위스, 노르웨이 등의 북구 유럽 국가들은 모두 인구 1,000만 미만의 나라들이다. 네덜란드, 벨기에도 역시 작은 나라들이다. 인구 규모에 따른 피상적인 견해로는 이처럼 인구가 적은 나라에서는 출판 시장도 스스로 성립하기 어렵고, 내수가 작으니까 예술도 문화 활동도 어려울 것 같지만 현실이 그렇지는 않다. 〈말괄량이 삐삐〉는 스웨덴 작품이고, 〈개구쟁이 스머프〉는 벨기에 작품이다. 많은 산업에서 한국 내수 규모가 일본 수준인 1억 명 정도는 되어야 한다고 했던 지난 시대의 진단들은 지나치게 기계적인 접근이었던 것 같다. 산업이 제대로 작동하기 위해서는 인구 규모에 따른 내수 시장 규모만이 아니라 소비자들의 지불 여력과 문화적 다양성에 따른 소비 패턴과 같은 복합적 요소들이 개입한다. 인구 규모가 훨씬 큰 프랑스도 문화복지라는 공적 안전망과 시민들의 자발적 참여 등을 통해서 특정 장르나 분야를 겨우겨우 유지한다. 인구 크기만으로 모든 산업 구조를 환원해서 설명하기는 어렵다.

솔로 현상으로 출산이 줄어들면 완구 등 육아용품 산업이 가장 큰 타격을 받게 될 것이라는 직관적인 생각이 들 것이다. 그렇지만 역설적으로 한국에서 출산율 감소에 가장 대비가 잘되어 있어서 가장 적은 충격을 받을 산업으로 육아용품 산업을 꼽아도 이상하지 않다. 호주 인구가 2,000만 명이 조금 넘는데, 육아용품으로는 상당한 경쟁력을 갖추고 있는 나라이다. 한국 유아 수의 절대 규모가 줄어든다고 하더라도 단일 시장을 유지하기에 부족하지는 않다. 스웨덴 등 북구 국가의 럭셔리 유모차가 아동의 숫자라는 물리적 배경만으로 성장한 것은 결코 아니다. 무엇보다도 육아용품 산업에는 조기경보Early Warning가 1990년대 후반부터 있었다. 그들은 신생아가 점점 줄어들 것을 이미 예상하고 있었고, 이에 따른 적응 준비가 되어 있다. 좋다고 말하기는 어려울지 모르지만 고급화 · 세밀화 등 시장 규모를 유지하거나 혹은 키울 기본적 준비가 되어 있다. 한국에서 인구 절반만이 출산을 하게 된다면, 태어난 아기는 어쨌든 상대적으로 상위 50%가 될 가능성이 높다. 유자식자들의 숫자는 줄지언정 구매력 자체가 심각하게 떨어지지는 않는다. 육아용품 시장과 유사한 구조이지만 아직 준비가 되지 않은 곳은 고등교육, 즉 대학이다. 솔로 현상에 의해서 장기적으로 대학생 인구도 줄고, 경제위기의 장기화 등 사회구조의 변화로 대학 진학률도 줄어들 것이다. 육아산업과 대학만 비교하면 한 가지는 명확해진다. 육아산업이 정부의 안전 기준 등 정부정책의 영향을 일부 받기는 하지만 그 자체로는 완전경쟁 시장에 가깝다. 게다가 대기업이 들어와서 독점적 지위를 누리는 절대 강자가 있는 것도 아니다. 서열이 명확해서 내부 품질과 명성 사이에 별 상관관계가 없는 대학에 비하면 육아시장은 제도시장의 성격이 훨씬 약하다. 입시제도와 대학 평가 등 제도에 의해서 기본 성격이 결정되는 경우 시장 변화에 대한 적응 능력이 떨어질 수밖에 없다.

그렇다면 한국 청년의 솔로화로 인해 가장 많은 피해를 보고 또 대책도 세우기 어려울 산업 분야는 어디일까? 여러 분야들을 검토한 후에 내가 내린 잠정 결론은 바로 방송국이다. 인구라는 변수는 눈에 띌 정도로 급격하게 바뀌는 변수가 아니지만, 누적된 감소가 결국은 내수 부진과 소비 지출력 감소로 나타난다. 이에 직접 영향을 받는 게 바로 기업의 광고비 지출액이다. 어차피 광고를 해도 특별하게 더 소비가 늘어날 여지가 없으면 광고비는 결국 줄어든다. 전체적으로 조금씩 감소한 것이 공중파나 케이블 등 방송국 광고시장에서는 최종 변수로 작용한다. 여기에 청년의 빈곤화도 영향을 미친다. 요즘 광고주들은 타깃 시청자로 남녀 구분 없이 30~55세를 설정한다. 평균적으로 경제활동을 하는 나이에 맞추어져 있다. 슬픈 사실은 남녀 구분 없이 20대는 제외된다는 것이다. 20대를 대상으로 하는 마케팅은 공중파 등 방송이 아니라 디지털 성격의 신매체로 간다.

큰 눈으로 보면, TV는 전형적인 가족 산업이다. TV의 보급은 1950년 대 이후 케인스 시대의 중산층 가정에서의 거실 문화와 밀접한 관계가 있다. 루스벨트가 노변정담을 할 때 주 매체는 라디오였다. 1962년 쿠바 사태 당시 케네디가 대국민 연설을 할 때는 주 매체가 TV로 바뀌었다. 거실에 있던 TV는 그대로 둔 채 안방에 한 대 더, 그리고 다시 자녀들의 방에도 한 대 더 두는 식으로 보급되었다. 그런데 청년 솔로가 늘어나면서 이제 TV가 없는 집이 생겨나기 시작했다. TV를 중심으로 한 가족 문화와 TV 방송국의 경제적 힘이 같이 성장해온 것이다. 그리고 전통적인 의미의 가족이 해체 경향을 보이면서 TV의 힘도 같이 줄어든다. 광고비가 줄면 제작비도 줄고, 소위 방송 생태계 전체가 축소되면서 위기를 맞게 된다. 지금은 외주 제작을 맡는 제작사와 케이블 방송에서 고통이 먼저 시작되었지만, 시간이 지나면 공중파 방송국도 이 충격에서 자유롭기는 쉽지 않다.

방송국형 산업이라는 표현을 사용할 때의 특징은 제품의 직접 판매가 아니라 광고비 같은 간접 판매를 매출액으로 잡는 산업들을 분류할 수 있다는 것이다. 물론 방송국에서도 드라마 등 제작된 방송을 판매하기는 하지만 그 판매 역시 재송출이다. 결국 방송을 산 다른 방송국에서 광고비로 올린 수익을 자기들끼리 나눈 것에 불과하다. DVD나 블루레이 디스크를 대규모로 직접 판매하는 전격적인 영업 전략의 변화가 있기 이전에는 공중파든 케이블이든 근본적으로 장부상의 수익은 다른 회사의 광고비에서 나오는 것이었다. 이 구조에서 광고비 수주액이 줄어들면 손익을 맞추기 위해 기계적으로 지출 항목을 줄일 수밖에 없다. 1차로는 외주화,

2차로는 내부화와 구조조정이 뒤따르게 된다. 문제는 청년 솔로의 심화라는 장기적 트렌드 내에서는 이 상황을 역전시킬 계기가 거의 없다는 점이다.

현재 KBS, MBC 모두 적자 상태다. 이 적자에 대한 해석은 음모론을 포함해서 다양하지만, 이 상황을 관통하는 구조적 요인은 청년 솔로 현상과 빈곤 현상이다. 당분간은 내핍으로 버티겠지만, 여기에도 한계가 있다는 데 사태의 어려움이 있다. KBS는 이제 더는 황금알을 낳는 거위가 아닌 광고에 기대는 대신 수신료를 높이려고 한다. 해볼 수 있는 손쉬운 대책이기는 하지만, 여기에도 몇 가지 문제가 여전히 남아 있다. 물가상승률이 반영되지 않은 수신료 상승은 그 효과가 제한적이다. 게다가 TV를 두지 않는 청년 솔로들이 늘어나면서 수신료를 낼 가구 자체마저 줄어들 가능성이 있다. 그럼 수신료를 더 올리면 되지 않느냐? 너무 높이 올리면 TV를 두지 않는 집이 더 많이 늘어날 것이다. 이 현상을 경제학에서는 탄성치라고 부른다.

똑같은 영상물이지만 방송과 영화는 청년 솔로 현상에서 움직이는 방향이 다르다. 영화는 극장에서 직접 제품을 판매하는 사업이다. 방송은 제품을 판매하지는 않고, 광고비를 통해서 간접적으로 수익을 올린다. 방송국이 광고비를 지출하는 일은 거의 없지만, 영화는 자신의 물건을 팔고 오히려 광고비를 지불한다. 작동 메커니즘이 다르다. 어떤 영화를 만들 것이냐, 어떻게 홍보할 것이냐 등 영화 산업에는 복합적인 전략이 움직일 수 있는 공간이 존재한다. 그렇지만 방송국은 전체 매출액 대비 책정되는 광고비를 간접적으로 받기 때문에 솔로 현상으로 경제가 저성장 국면으로 들어갈 때 자신이 주도적으로 할 수 있는 일이 거의 없다. 물건을 팔고 광고비를 지출하는 산업과 광고비만으로 수익을 올려야 하는 산업 사이의 명암이 극단적으로 갈리게 된다. 그뿐만이 아니다. 1929년 대공황 이래로, 불황이 오면 영화는 성업을 이루었다. 해외여행이나 골프가 가장 값비싼 레저라면, 영화는 가장 싼 레저 중의 하나이다. 경제가 어려워지면 대체재로 값싼 레저의 수요는 늘어나게 마련이다.

그렇다면 신문은 어떨까? 방송국과 신문은 적어도 한국에서는 광고비에 의해서 움직인다는 점에서는 같다. 한국의 신문이 인터넷과 결합해 무료화 전략을 쓴 데 비하여, 일본의 대표적인 신문인 ≪아사히신문朝日新聞≫은 주요 기사를 인터넷에 올리지 않는 거리두기 전략을 사용했다. 신문 기사를 돈을 내고 봐야 하는 유료화 외에는 장기적인 전략이 나오지가 않는데, 이미 무료로 기사를 돌리던 신문사에서 다시 유료화하는 것은 쉽지 않다. 그렇지만 유료화 외에 신문이 살아남을 다른 대안은 보이지 않는다. 청년 솔로 현상과 빈곤화 그리고 디지털화가 결합되면서 전통 매체의 생존은 점점 어려워질 것이다.

유선방송이 시작되면서 지난 10년간 한국에는 방송국이 폭발적으로 늘어났다. 제조업 중심으로만 구성되던 1990년대까지의 한국 경제에 문화 경제라는 새로운 요소가 탑재되면서 형질 변화가 생겨나는 과정이라고 할 수 있다. 그리고 이 시기에 마케팅 사회가 형성되면서 돈이 방송 채널을 향해 몰려들었다. 사람들은 채널권 확보 자체가 돈이 될 거라 생각했다. 그렇지만 이 시기는 끝나간다. 방송국들은 외부에서 끊임없이 비용을 충당 받으면서 적자 경영을 계속할 수 있는 곳과 어쩔 수 없이 장부상의 균형을 맞추면서 계속 경쟁력이 떨어지는 것을 감수할 수밖에 없는 두 범주로 나뉠 것이다. 방송국으로 오는 광고비의 전체 규모뿐 아니라 광고 단가도 줄어드는 일련의 변화를 피하기가 어렵다. 구매체에서 신매체로의 전환 과정과 청년의 솔로화, 빈곤화가 중첩되어 위기로 작용하는 방송국형 산업은 솔로 현상에 대한 적응이 가장 시급한 분야이다. 케이블 TV 의 몇 군데에서는 상상을 초월하는 높은 시청률이 나오기 시작했다. 그러나 그를 상회하는 제작비 지출이 있다. 시청률이 개선됨에 따라 더 큰 투자가 필요하지만 이게 그대로 손실로 남는 상황에 대한 해법이 그리 많지는 않아 보인다.

누가 정치적으로 괴롭히지도 않았는데 자체적으로 채널을 반납하는 케이블이 등장할 것이다.

4-3
지방 백화점과 지역경제의 적응 과정

다른 나라에도 수도가 지나치게 비대해지는 경향이 있기는 하지만 한국처럼 수도와 수도권에 모든 것이 몰리는 경우는 유례가 없다. 스위스의 수도는 베른이지만 경제적으로는 취리히가 더 영향력이 크다. 오스트레일리아는 시드니와 멜버른의 두 거대 도시 중간 정도에 위치한 캔버라가 수도이다. 인구 40만 명 정도의 정말 작은 도시이다. 일본 도쿄와 도쿄 도 역시 한국처럼 수도와 수도권이 절반을 대변하는 것과는 거리가 멀고, 프랑스 파리도 이 정도는 아니다. 한국은 수도권에 인구의 절반이 살고, 또 그중의 절반이 서울에 산다. 도시 국가를 제외하면 이런 사례는 없다.

이 상황에서 청년 솔로 현상이 심해지면 수도권 집중이 더 심해지는 경향이 생길 것이다. 원거리 출퇴근을 감당할 필요가 없어진 솔로들이 도심으로 향하고, 좀 더 혼자 지내기에 편한 문화 집중 지역으로 삶의 터전을 옮길 것이다. 이건 이미 미국에서도 보았고, 일본에서도 본 일이다. 그러나 한국의 약간 특수한 맥락에서 하나의 현상이 더 얹힌다. 바로 수도권으로 청년 솔로들이 이동하는 현상이다.

두 가지 힘이 있다. 하나는 일자리, 경제, 문화 등 모든 것을 빨아가는 서울의 강력한 흡입력이다. 앞에서 살펴본 것처럼, 비록 그 자체로 어려워질 것이 확실한 방송국이라도 그나마 오래 버틸 방송국은 서울에 있는 방송국들이다. PD가 되고 싶거나 배우가 되고 싶거나, 심지어는 연극을 하고 싶다고 하더라도 일반적인 제조업이나 IT 같은 보편적이고 전국적인 업종이 아닌 것을 선택하고 싶은 사람은 수도권으로 거주지를 옮기는 수밖에 없다. 그리고 청년 솔로들에게는 이런 선택이 더 쉽다. 물론 이 모든 사람을 수도권이 물리적으로 수용할 수 없는 것은 당연하다. 그러나 그 역의 힘이 강력하지 않은 것 역시 당연하지 않은가?

지역 간 이동 현상은 이미 존재한다. 서울 내에서도 강북에 있던 대기업 본사들이 점점 강남으로 옮겨간다. 마찬가지로 사람들을 지방에서 서울로 가게 만드는 '유혹'의 힘 역시 이미 강하게 작용하고 있다. 그 속에서 혼자 살기로 결심한 청년 솔로들이 자신의 고향에 머무르게 만드는 힘보다 중심으로 향하게 하는 힘이 더 커질 수 있다. 가난해진 청년, 그리하여 결혼하지 않겠다고 생각하는 청년들이 서울로 갈 것인가, 아니면 고향에 남아서 살 것인가? 청년들에게도 이를 고민하는 순간이 온다. 자신이 살던 외곽 농촌 지역을 벗어나 인근의 도심 지역으로 옮겨갈 것인가, 아니면 서울을 축으로 하는 서울 부도심 혹은 경기도 주요 도시로 갈 것인가, 그도 아니면 자신의 원래 고향에 남을 것인가를 한 번쯤은 심각하게 고민하게 될 것이다. 서울시 지방공무원 임용시험 날에 KTX 특별 열차편을 배치하지 않을 수 없게 된 것, 이미 우리의 현실 아닌가?

또 다른 하나는 청년 솔로가 만들어낼 저성장 국면으로 인한 지방 소도시들의 장기적 경제 침체다. 원래도 한국의 지방 경제는 특정 지역을 제외하면 국민경제 내의 약한 고리다. 좋을 때도 크게 나아지지 않지만, 불행히도 나빠질 때는 먼저 나빠진다. 일부 성공한 국가공단이 위치한 특정 지역을 제외하면 지방에서 일자리를 만드는 것은 정말 어렵다. 지금과 같은 형태의 저성장은 국가공단보다 지방공단에 더 치명적인 타격을 줄 가능성이 높다. 아무래도 일정 정도의 규모를 바탕으로 직접 수출하는 업체보다는 부품 공급업체나 내수용 산업체가 지방공단의 주축을 이루기 때문이다.

지역에서의 경제 침체가 어느 정도인지 가늠하기 위해서 분석가들이 지표처럼 사용하는 것 중에 하나가 지방 백화점 현황이다. 지방에 있는 백화점이 망하면 상황이 심각하다고 볼 수 있다. 1980년대 후반, 미국 경제가 어려울 때 그런 현상이 있었다. 1990년대 일본의 버블공황 때도 도쿄의 백화점들은 버텼지만 지방의 백화점들은 파산 위기에 처하는 경우가 종종 생겼다. 한국도 IMF 경제위기 때 백화점들이 어려움에 처했고 일부는 망했다. 지방 백화점이 망할 정도면 '정말로 심각하다'고 경험적으로 판단할 수 있다.

백화점이 지방도시에 입점할 때, 일반적으로 기준으로 삼는 인구는 통상 70만 명이다. 포항의 인구는 50만 명 정도인데, 2000년 DJ 시절 롯데백화점 포항점이 오픈했다. 전 세계적으로 드문 경우다. 2000~2008년, 즉 글로벌 금융위기가 오기 직전까지 한국 경제는 괜찮았고 포스코 등 철강 관련 기업들이 위치한 포항의 경제는 다른 도시보다는 형편이 좀 나았다. 롯데에서는 포항점의 성공을 믿었다. 경주 등 인접 도시까지 계산하면 충분히 가능성이 있다는 것이 그들의 판단이었다. 이 판단이 아주 이상한 것은 아니다. 지금까지는 잘 버텨왔다. 대기업과 지방도시의 특수 사례로 포항 경제를 분석할 수 있다. 그러나 2013년 이후로 롯데백화점 포항점이 경영난을 느끼기 시작했다. 전 세계적으로 팽창하던 경제의 속도가 감소한 이유도 있고, 중국이 부상하면서 포항 경제의 주축인 철강 산업이 점점 더 완전경쟁 시장으로 바뀐 이유도 있다. 그리고 여기에 솔로 현상 심화로 지역의 장기적 경제 침체가 더해진다.

롯데백화점 포항점은 양반이다. 포항보다 훨씬 작은 인구 30만 미만인 거제시에 백화점이 생긴 것은 2006년의 일이다. 조선업이 한창 좋았을 때이다. 정말 특수한 상황에서 추진된 일이었다. 그때 오픈한 거제 디큐브백화점은 장기적으로는 어떻게 될까? 그야말로 조선 산업의 미래에 직결된 질문이다. 롯데백화점 포항점이나 거제 디큐브백화점 같은 지방 백화점은 지역경제를 살펴볼 때 일종의 기준점이 된다. 생태학에서는 이를 지표종이라고 부른다. 쉬리가 사는 하천은 깨끗하다고 볼 수 있는데, 이때 쉬리는 하천의 오염도를 알려주는 지표종이다. 지방 백화점은 경제의 지표종이다. 지역경제가 괜찮으면 인구가 70만 미만이라고 하더라도 주변 상황까지 포함해서 복합적인 판단이 이루어진다. 그렇지만 특수한 경기 상황을 염두에 두고 만들어진 지방 백화점들이 장기적 경제 불황을 버티기가 쉽지 않다. 거제나 포항 같은 경우는 누구든 이해할 수 있는 산업단지가 백화점의 배후로 버티고 있던 곳이다. 여기가 어려워졌다면, 다른 도시는 더 어려워졌다고 볼 수 있다.

1990년대 일본에 버블 공황이 오면서 중소도시에 있던 백화점들이 상당한 곤란을 느꼈다. 히로시마 버블이라는 표현이 있듯이, 원자폭탄이 투하된 히로시마에서 투기 현상이 벌어졌고, 부동산 버블이 생겨났다. 1945년 원폭이 터졌을 때, 후쿠야 백화점에서 히로시마 시민들에게 깨끗한 물을 나누어주었다. 결국 버블 공황의 여파로 후쿠야 백화점이 경영난에 봉착했을 때, 히로시마 시민들은 후쿠야 백화점을 망하게 할 수는 없다며 구매 운동을 펼쳤다. 지금 한국의 지방 백화점 중에서 그 정도로 지역 시민과 밀접한 관계를 맺고, 위기 때 도와줄 정도로 시민들이 진정으로 사랑하고 아끼는 곳이 과연 있을지 모르겠다.

망해가던 지방도시가 살아난 대표적인 사례로 독일의 슈투트가르트를 꼽을 수 있다. 탄광을 기반으로 한 공업도시였던 슈투트가르트는 18~19세기에 흥했던 유럽의 많은 공업도시의 몰락과 궤를 같이한다. 그러나 숲을 중심으로 한 생태도시로 극적인 전환에 성공하면서 지금은 CEO 일가들이 가장 머물고 싶어 하는 도시 중 하나가 되었다. 메르세데스-벤츠와 포르쉐 본사가 여기에 있다.

지방도시가 경제적으로 어려워지는 것은 한국에서만 벌어지는 문제는 아니다. 청년 솔로 현상과 경제 장기 침체가 결합되면서 전 세계적으로 지방 소도시, 특히 농촌 지역의 소도시를 어떻게 지켜낼 것인가가 정말 중요한 질문이 되었다. 생태도시, 로컬푸드 운동, 문화 디자인 등이 계속 시도되지만, "이거면 된다"라고 등장한 정책은 아직까지 없다. 어쨌든 청년들이 서울로 혹은 인근 대도시로 이동하는 것은 이미 하나의 세계적 추세가 되어버렸다. 청년들이 빠져나가고 노령화가 진행된 도시는 급속도로 생동감을 잃고 몰락의 길을 걷게 된다.

한때 세계적인 공업도시이자 아시아를 대표했던 일본의 쿠레에 대해서 잠시 살펴보자. 각 지역별로 특별한 노력을 하지 않으면 한국의 많은 도시가 도착하게 될 종착역은 결국 쿠레일 것이다. 조선이 망하고 일본에 강제합병된 물리적 힘이 바로 쿠레에서 나왔다. 청일 전쟁을 승전으로 이끌면서 일본이 한국을 침탈하는 국제적 조건이 만들어진 것 아닌가? 비록 일본을 멸망의 길로 이끌었다고는 하지만 어쨌든 물리적으로 태평양 전쟁을 만들어낸 것 자체는 보통 일이 아니다. 이 물리력의 배경에 쿠레라는 항구 도시가 있었다. 거포 시대의 마지막 함선이자, 일본이 패전의 흐름을 뒤집기 위해서 야심차게 만들었던 전함 야마토가 만들어진 곳이다. 하지만 지금 이 지역의 작은 소도시 중에는 청년들이 빠져나가 연금을 받는 노인들만 남은 곳들이 있다. 이런 식으로는 도저히 도시가 유지될 수가 없다. 어떤 방식으로든 청년들이 거주하거나 이전하고 싶은 곳으로 스스로 전환하지 못하는 도시의 미래는 우울하다.

모든 도시에 획일적 해법을 제시할 수는 없다. 그러나 공단을 만드는 등 굳이 정책적으로 디자인하지 않아도 젊은이들이 일자리를 찾아 지방 도시로 알아서 와주는 시기는 한국에서 끝나간다. 영화 〈로보캅〉(1987)의 배경이 된 자동차의 도시 디트로이트가 2008년 금융위기 때 가장 큰 충격을 받은 도시일 것이다. 그 이후 미국에서는 새로운 산업정책으로 미국 밖으로 나간 공장들이 다시 돌아오도록 많은 노력을 기울였다. 성과는 여전히 미지수이다. 영화 〈디어헌터〉(1978)의 배경이 된 제철소는 펜실베이니아 주 클레어턴에 있다. 한때 젊은 철광 노동자들이 자신의 세단을 타고 사슴 사냥을 다닐 정도로 풍족한 삶을 누렸던 곳이다. 그러나 이렇게 노동자인 아빠가 식구들을 부양하면서 살아가는 형태로 디자인되었던 1960~1970년대의 미국과 유럽의 도시들이 청년 솔로 현상과 함께 전체적으로 위기를 겪고 있다. 이 문제를 풀어낸 슈투트가르트는 모범 사례이지만, 모든 도시가 이러한 전환에 성공할 것이라는 보장은 없다.

지금 한국의 도시들은 전형적으로 공장을 중심으로 도시 설계가 진행된 미국과 비슷하거나, 난개발되는 바람에 노인들 외에는 살고 싶어 하지 않는다. 포항과 거제가 경제적 미래를 확실히 보장할 수 없다면 나머지 도시들은 어떻겠는가? 1970년대에 기본 모습을 형성한 많은 지방의 도시들이 도심의 노후한 건물 문제 등으로 원도심 재구성에 대해 한 번쯤 전체적인 방향을 점검할 때가 되었다. 할아버지들이 주인인 지방 건설사를 위해서 돈을 퍼붓는 방식으로 다시 한 번 지방토건을 일으키려 하면, 부부는 물론이고 빈곤형 솔로들은 버틸 수 없는 지역으로 전락하고 결국 젊은 층은 다 빠져나가고 만다.

도심 재정비가 쉬운 문제는 아니다. 그러나 청년 솔로들이 지내기가 편하고 자신이 보람 있게 할 수 있는 작지만 안정적인 일자리가 있는 곳, 그리고 솔로를 위한 공공임대 등 주거권을 보장해줄 수 있는 곳으로 전환하지 못하는 도시들은 결국 많은 공업도시가 그랬던 것처럼 몰락의 길을 걸을 것이다. 공단의 젊은 아빠를 중심으로 도시를 발전시켜왔거나 혹은 그런 모습으로 가고자 했던 많은 지역에서 지금의 새로운 추세에 대한 적응과 전환이 필요하다.

명문학교와 입시학원 골목으로 중산층을 불러오는 것이 지역의 발전 방향이고, 그게 바로 중산층 도시를 만드는 길이라고 많은 사람이 생각하던 시절이 있었다. 그러나 그렇게 해서 집값을 잔뜩 부풀려놓으면 결국 그 도시의 미래가 될 청년 솔로들은 버티지 못하고 다른 곳으로 이동하게 된다. 누구를 위한 공간인가, 누구와 함께하는 문화인가? 이 질문에 대해서 지방의 소도시들이 고민해야 하는 순간이 다가오고 있다.

4-4
청년 솔로 현상과 함께 다시 생각해보는 경제의 공공성

이명박 정부가 출범하는 과정에서 한국전력을 민영화시키겠다는 이야기가 현장에 파다하게 나돈 적이 있었다. 막상 한전그룹의 6개 발전자회사의 사장과 감사 등 간부 자리에 자신이 신세진 사람들을 앉히고 나니 민영화 이야기는 쏙 들어갔다. 그렇지만 전력처럼 전문적인 결정이 필요한 분야에 '낙하산'들이 밀고 내려오다 보니 결국 단전 사태가 벌어지고야 말았다. 5·18 등 군인들이 격변을 일으키던 과거에도 꺼먹지 않았던 전기였는데, 블랙아웃 직전까지 가는 사태가 벌어졌다.

공공 부문이 공익이 아니라 자기 부처의 개별 이익을 위해 최선을 다하는 일을 '지대추구rent-seeking' 행위라고 한다. 제임스 뷰캐넌James Buchanan 등 공공선택 이론에서 정부 혹은 공기업의 문제점을 지적할 때 종종 사용되는 이론이다. 정부가 아니라 자신의 부처만을 위해서 전체가 아니라 특정 부서나 지위의 이해를 대변하는 행위를 할 때, 바로 그 지위가 만들어내는 이익이라는 면에서 지대라는 은유가 사용된다. 1980년대 이후 민영화의 필요성을 강변할 때 주로 활용된 논의이다. 가격과 품질 혹은 수요와 공급과 같은 간결하고 명확한 변수만으로 경제가 결정되지 않는다. 선거와 그에 따른 정당 구조도 중요하고, 그 외에 수많은 사적이고 은밀한 이권그룹이 경제 결정 과정에 관여한다. 국가를 위해서! 물론 그런 공무원도 아주 없다고 하기는 어렵지만, 많은 공무원은 자기 부처를 '우리 회사'라고 부른다. 국가가 아니라 특정 부처를 위해 일하는 회사원처럼 생각하는 경우가 많다. 물론 그렇지 않은 공무원이나 공직자도 있다. 그러나 그런 사람은 무능하다고 평가되며 점차 한직으로 몰리고 결국에는 계급정년에 걸려 옷을 벗게 된다. 정말로 국가를 최우선 순위에 놓고 살았는데도 공을 세우고 승진할 수 있는 사람은 말 그대로 우리 시대의 이순신이라고 할 수 있다.

경제에서 실패가 발생한다. 일반적으로는 시장의 실패와 조직의 실패로 나누어 접근한다. 시장의 실패는 완전경쟁이 아닌 경우에 주로 발생한다. 2~3개의 대기업이 시장을 나누어 갖는 독과점 현상이 나타났을 때 시장이 최적점에 도달한다는 보장은 전혀 없다. 이와 반대의 의미에서 조직의 실패도 존재한다. 제도학파 혹은 신제도학파에서 주로 하는 이야기다. 정부, 공기업은 물론이고 민간기업도 의사결정은 사람이 내리고, 이를 조직이라고 부른다. 조직이 늘 옳은 선택을 한다는 보장은 없다. 특히 정부 조직의 실패를 줄이기 위해서 정부가 운영하던 사업들을 민간기업에 넘기는 것이 좋다는 것이 민영화 논의이다.

포스코는 IMF 경제위기 이전까지 정부 기업이었다. 외환위기가 닥치자 이런 알짜 기업을 팔아서라도 외화가 들어오게 해야 한다는 주장이 거세져 민간기업으로 전환되었다. 그렇지 않아도 철 생산까지 정부에서 직접 해야 하느냐는 논란이 컸다. 그렇지만 포항제철을 직접 만들었던 박정희에서 전두환을 거쳐 YS까지 포철을 민간기업으로 전환시키고 싶어 한 대통령은 없었다. 포철 매각이 과연 좋은 일이었는지는 여전히 논란거리이다. 포철은 그만큼 알짜 기업이었다. 주식에 외국인 지분이 많이 늘어났다는 점에서 국부 유출 논란도 있었다.

공기업에서 조직의 실패가 벌어질 가능성은 크다. 내부 의사결정 과정을 투명하게 만들기가 쉽지 않고, 조직 자체가 폐쇄적일뿐더러 권한도 막강하기 때문에 견제 세력을 키워내기도 어렵다. 금융 부문의 모피아MOFIA에서 원전의 핵마피아, 심지어는 4대강 사업을 둘러싼 물 마피아, 그리고 교육 마피아가 대표적인 조직 실패의 사례이다. 4대강 사업, 새만금 간척 사업, 공격적인 원전 확대의 사업 주체가 만약 민간기업이었다면 이 사업들이 실행되었을까? 때때로 지나치게 돈만 밝히는 것이 너무 돈 생각을 하지 않는 것보다 사회적으로 좋은 결과를 만들어낼 수도 있다.

그렇다면 조직의 실패를 줄이기 위해서 공공 부문을 무작정 민간기업에 넘기면 개별 경영성과는 물론이고 사회적 효율성도 높아질 것인가? 당연히 그런 보장은 없고, 또 그런 사례도 별로 없다. 이미 고속도로를 통한 육상 교통수단이 확보된 지금, 19세기 후반처럼 철도가 엄청난 부를 가져다줄 것이라고 기대하기는 어렵다. 인터넷으로 통신수단이 이전된 지금, 우체국을 반드시 정부가 운영해야 하느냐는 논란이 일본 정치의 한가운데를 갈랐던 우정국 민영화 논쟁이었다. 어쨌든 민간이 맡은 공공 서비스의 대부분은 가격도 올라가고 품질도 안 좋아졌다. 2001년에 벌어진 로스앤젤레스의 대규모 정전 사태는 대표적인 민영화의 폐해로 기록되었다. 수익성에 급급한 나머지 직접 수익이 되지 않는 송전 설비를 방치해 결국 블랙아웃이 일어나고 말았던 것이다. 뒤집어서 생각해보면, 공기업의 적자는 시민에 대한 정부 지원이기도 하다. 2002년 부산 아시안게임이 끝나고 유지비가 많이 들어가는 경륜장은 공기업으로 전환되었다. 이후 꽤 큰 규모의 흑자가 나기는 했다. 그렇지만 대부분의 부산 시민이 사행성 게임으로 돈을 잃었고 이로써 지방정부가 돈을 번 것인데, 이게 과연 유익한 흑자라고 할 수 있는가? 그렇다고 공공 부문이 마냥 적자 상태를 면치 못하는 상황도 바람직하지 않다. 공기업도 주식회사 등 기업의 형태이기 때문에 계속해서 적자가 누적되면 경영 자체가 곤란해진다. 이용객이 별로 없는 열차 노선의 열차 운행을 중단해야 할까? 점점 학생 수가 줄어드는 초등학교를 폐교해야 할까? 경제성이라는 한 가지 기준만으로 쉽게 결정하기 어려운 질문들이다. 해법도 상당히 복합적이라서 단칼에 벨 수가 없다.

공공성과 민영화는 1980년대 이후 전 세계적으로 굉장히 어려운 경제 질문이 되었다. 그리고 우리에게는 새로운 경제적 흐름이 도래한 1998년 외환위기 이후로 상당히 팽팽한 대치점이 되었다. 경제의 공적 영역을 더 늘려나가는 것이 경제의 발전인가? 아니면 민간 영역에 더 많은 분야를 넘겨주는 것이 발전인가? 그야말로 한 치의 양보도 없는 경제 이념의 최전선이다.

이 흐름에서 청년 솔로 현상이 만들어낼 기계적 변화는 공공성의 약화 쪽이라고 할 수 있다. 지금의 청년들이 노인들에 비해서 민영화를 더 지지한다는 의미가 아니다. 한국토지주택공사, 한국전력공사 등 대부분의 공기업은 장기 계획을 수립하면서 미래를 낙관적으로 보는 경향이 있다. 그래야 택지를 한 필지라도 더 개발하거나 발전소를 하나라도 더 세울 수 있게 된다. 또한 자신들의 현 위치를 보전하는 것은 물론이고 나중에 가게 될 산하기관이나 유관업체 자리를 하나라도 더 늘릴 수 있다. 공무원 몇 사람의 노후 대책을 위해서 특정 산업의 주요 결정이 이루어진다는 게 말이 안 되지만, 정부가 시행하는 많은 사업의 진짜 이유는 그렇다. 고속도로 건설 등 사업의 예산 부풀리기가 벌어지는 것과 유사한 이유이다. 잘못 결정된 정책에 대해서 결재 라인에 있던 사람들이 책임지면 좀 덜하겠지만, 아직은 그렇지 않다. 정책실명제에 대한 논의가 IMF 직후에 잠시 나왔다가 사라진 지금, 미래를 과다 계산한 책임을 물을 방법은 없다. 청년 솔로의 심화와 함께 공기업의 경제적 미래도 불투명해진다.

민간기업이야 청년 솔로로 인한 충격파에 각자 자신의 논리대로 움직이면 그만이다. 먼저 적응에 성공한 회사는 경쟁력이 높아질 것이고, 그렇지 못하고 그 충격파를 제대로 맞은 회사는 상당한 곤란을 겪거나 심지어는 문을 닫을 것이다. 그러나 국민경제 전체로 보면 별일 아니다. 잘될 데는 잘되고 망할 데는 망하는 것, 그게 바로 원론적 의미의 경쟁이다. 기업 손실을 장부 조작으로 숨기는 분식회계가 드러나 2001년 파산한 미국 최대의 에너지 기업인 엔론, 2008년 글로벌 금융위기를 만들어낸 장본인인 리먼 브라더스도 결국 시간이 지나가면 경제사 수업이나 경영학 수업에서 이름이 언급될 것이다. 시장에서 움직이는 민간기업들의 흥망은 그 순간에는 충격적이지만, 시간이 지나면 아무 일도 아닌 것이 된다. 잊힐 것은 잊히고, 그 빈 공간에 새로운 강자가 나타난다.

　그러나 공기업의 적용은 이렇게 간단하지 않다. 전력망이나 가스망과 같은 사회 네트워크는 그 자체로 독과점이나 자연 독점의 성격이 강하다. 일단 그 체계가 흔들리면 다시 안정화될 때까지 상당한 사회적 고통이 뒤따를 수밖에 없다. 일반 상품과는 성격이 현저히 다르다. 일반 상품은 구조조정 과정에서 특정 상품이 품절이면 다시 만들 때까지 기다리면 그만이다. 게다가 아예 생산을 정지해도 사람들은 새로운 구조에 적응한다. 카메라 필름이 결국 생산이 중지되었다. 고가의 필름 카메라를 사용하는 사람들에게는 황망한 일이겠지만, 예견된 일이라 엄청난 파장이 일지는 않았다. 이미 들인 돈이 억울하니 정부가 보상하라거나 혹은 공기업에서 카메라용 필름을 소량으로라도 생산하라고 요구하는 사태는 벌어지지 않았다. 그렇지만 전기는 다르다. 전기가 싼가, 비싼가보다는 제대로 공급되고 있느냐 아니면 끊기느냐의 차이가 훨씬 크다. 1980년대 이후 전 세계를 강타한 민영화 열풍에도 불구하고 아직까지 공공 영역에 남아 있는 분야는 그만큼 사회 필수재이거나 네트워크 효과 때문에 경쟁 시장으로 전환하기 어렵기 때문이다.

　공공성의 또 다른 특징은 비가역성, 즉 뒤로 다시 돌아가기가 아주 어렵다는 점이다. 민영화는 정부가 결정하면 그걸로 상황 종료이지만, 다시 뒤로 돌아가 재공영화를 하려고 하면 국유화라는 무시무시한 이름으로 불린다. 천지개벽할 정도의 사건이 아니라면 말을 꺼내기도 쉽지 않다. 대학 국유화, 프랑스도 68혁명이라는 특수한 여건에서 가능했던 것 아닌가? 서울시의 버스 준공영제와 같은 부분적 정부 참여는 용이하다. 하지만 이는 대통령에 당선될 가능성이 무척이나 높았던 이명박의 서울시장 시절이라는 특수한 정치적 맥락 아래 제한적으로 진행된 일이다. 게다가 한미 FTA와 같은 양자 혹은 다자간 자유무역협정이 빼곡하게 정책 환경을 제약하면서 이미 민간 부문으로 넘어간 영역을 정부가 다시 사들이기는 쉽지 않다. 냉정하게 말하면 지금만큼의 공공성이 당분간은 최대치이고, 줄면 줄었지 여기서 더 늘어나기는 어렵다. 가끔 교황청에서 주장하는 것처럼, WTO 후속 조치인 도하라운드DDA: Doha Development Agenda라는 다자간 무역체계가 성공적으로 출범하면서 FTA를 기반으로 하는 지금의 양자 관계를 전격적으로 해소하는 일이 벌어지기 전에는 다시 구체계로 돌아가기 쉽지 않다. 그 좁은 틈을 뚫고 공공성을 높이는 일이 아주 불가능하지는 않지만, 일단 모피아 혹은 기획통으로 불리는 한국의 고위 경제 관료 중에서 이를 추진하고 싶어 하는 사람을 찾아보기는 힘들다.

4대강 사업과 같은 토건사업부터 원전 규모 확대에 이르는 정책의 흐름은 미래 수요를 부풀려서 더 많은 사업을 하도록 하고, 여기에서 생겨난 이익은 건설이나 플랜트 생산에 참여한 기업들이 챙겨 가고, 남은 부채는 회사채 형태로 결국 국민에게 전가된다. 그리고 이렇게 발생한 회사의 적자 구조는 다시 민영화에 대한 정치적 압박을 만들어낸다. 전체를 민간에 넘기지 않고, 재무 구조를 개선한다는 명목으로 그중에서 돈이 될 분야만 먼저 떼어 대기업에 넘기는 편법도 등장했다. KTX 민영화 과정이 대표적이다. 이러한 과정은 종합적이고 복합적이지만, 그 맨 앞에는 수요 예측이라는 단계가 존재한다. 그리고 청년 솔로 현상은 정부가 사용하는 수요 예측 등 경제성 평가에서 가장 포착하기 어려운 요소이다. 원래도 정부의 예측은 과거에 이미 벌어진 일들에 기반을 둔 보수적인 성격이 있는데, 자신의 사업 규모가 늘어나야 새로운 자리도 생기고 승진도 가능해지는, 소위 지대추구적 성격이 결합되면서 그 예측은 아주 이상해진다. 토건 분야에서 1인 가구의 증가를 장기적인 주택 증가의 근거로 해석한 것이 대표적이다. 주택보급률 수치도 1인 가구를 포함시켜서 더 낮아 보이게 바꾸었다. 발전 분야에서는 아예 이러한 인구의 구성 변화를 제대로 반영하지 않아서 더 많은 전기가 필요한 것처럼 보이는 계획을 세우기도 한다.

정부나 청와대는 민영화를 자신의 성과로 내세우고 싶은 마음이 들 수 있다. 하여간 뭐든 했다고 하면 국민들은 '일을 했다'고 받아들이는 경향이 있으니까. 그렇지만 공기업은 입장이 조금 다를 수 있다. 자기 회사가 없어지는 것인데, 실무자들이 마냥 민영화를 반길 리 없지 않은가?

장기적으로 이 문제를 풀기 위해서는 주요 사업에 대해서 환경영향평가 혹은 사전환경성검토을 의무화했던 것처럼, 정책적 결정에 대한 세대영향평가 같은 것을 도입하는 것이 맞다. 물론 환경영향평가가 도입되었다고 관련 문제가 완벽하게 해결된 것은 아니다. 그러나 무의미했다고 보기도 어렵다. 일정 규모 이상의 사업에 대해서 세대별로 어떠한 변화가 예상되는지 측정하고, 청년 솔로 현상 등 앞으로 벌어질 개연성이 높아지는 현실을 계획에 반영하는 것은 앞으로의 정책들을 훨씬 더 사실적이고 합리적으로 만들어줄 것이다. 예측도 어렵고 일반화시키기는 더욱 어려운 변화에 부딪히고 있는 것은 사실이지만, 각 기관이 자의적으로 해석하게 맡겨두기보다는 좀 더 체계적으로 검토하게 만들면 지금보다는 나은 대답이 나오기는 할 것이다.

이러한 시각에서 국민연금을 비롯한 각종 기금들에 대한 전체적인 검토가 필요하다. 현재 한국의 연금 시스템은 현 세대가 윗 세대를 부양하도록 되어 있다. 즉, 일단 윗 세대가 연금을 받아 가고 현 세대가 채워넣는 방식이다. 그렇지만 이 구조에 대한 적절한 해법을 찾지 못하면 다음 세대는 아예 연금 체계에서 빠져나가고 싶어질 것이다. 이제 한국 사회는 공적인 것을 유지할 것인가, 아니면 붕괴할 것인가라는 질문 앞에 서게 된다. 어렵지만 해법이 필요하다. 극단적으로는 자기가 낸 돈을 자기가 받아 가는 형태로의 전환도 논의 테이블에 올라갈 필요가 있다. 제도가 사람에 맞추어야지, 사람이 제도에 무작정 맞추고 있을 수는 없는 일 아닌가? 그냥 내버려두면 청년, 특히 빈곤층 청년들은 국민연금에서 이탈하고, 결국은 전체 시스템이 붕괴하는 아주 황망한 결과가 벌어질 수도 있다. 주식 시장 등 연기금의 효율적 운용으로 수익률을 높여서 시스템을 유지할 수 있다는 발상은 이순신과 아인슈타인 그리고 마리 퀴리만으로 구성된 국민경제 시스템을 이야기하는 것과 같다. 현실적으로 불가능한 이야기이다. 한국의 연금 제도는 은퇴 후에 연금만으로 소박하게 살아갈 수 있는 삶과는 애초에 거리가 멀도록 디자인되어 있다. 출발부터 약점을 가진 디자인인데, 여기에 청년 솔로의 충격까지 한꺼번에 얹히면 정말로 수습이 어렵다. 이 문제에 대해서 다양한 가능성을 열어놓고, 다시 한 번 리부팅한다는 생각으로 논의해보지 않으면 언젠가 우리 모두가 곤란해질 것이다.

4-5
공존과 다양성 그리고 창조

청년 솔로에 대한 작업을 하면서 청년들에게 받은 질문이 있다. 솔로 혹은 솔로계급의 정치세력화를 생각해볼 수 없겠느냐는 것이다. 참 가슴 아픈 질문이다. 솔로도 하나의 계급일까? 다분히 정서적 표현을 넘어서서 정치적 실체로 넘어가면 질문은 아주 어려워진다.

2012년 총선, 안철수의 청춘 콘서트의 실무를 진행했던 청년들을 중심으로 청년당이 설립된 적이 있다. 그해 총선은 야당의 완패였고, 청년당

역시 유의미한 결과를 얻지 못했다. 당시 마찬가지로 소수파였던 진보신당은 2% 미만의 득표로 「정당법」상 규정에 의하여 당이 해체되었고, 나중에 노동당이라는 이름으로 재창당했다. 같은 이유로 해체된 녹색당은 '녹색당 더하기'라는 가칭으로 「정당법」 해당 규정에 대해 위헌 소송을 했고 결국 승소했다. 노동당, 녹색당, 진보당 등은 정권을 잡거나 유의미한 정치 세력으로 당장 움직이지는 못하더라도 최소한의 자기 모습은 유지한다. 앞으로도 꽤 오랫동안 그럴 것이다. 그렇지만 2012년 총선에 나섰던 소수 정당 청년당은 사라졌다. 아마도 다시 돌아오기 어려울 것이다. 청년은 계급적 성격을 가질 수는 있을지언정, 그 자체로 안정적인 계급이 아니기 때문이다.

tvN 예능 프로그램 〈꽃보다 누나〉 마지막회에서 제작진은 배우 윤여정에게 인생에 대해 물었고, 그녀는 "나도 67살이 처음이야"라고 답했다. 누구나 청년인 적이 있지만, 아무도 영원히 청년일 수는 없다. 시간이 지나도 성별이 바뀌지 않는 남성당, 여성당도 정치 세력으로 독립하기 어려운데, 그보다 가변적인 청년당이 지속적으로 성립될 수 있을까? 스위스에 농민당이 있었지만, 나중에 결국 극우파 정당으로 통합되었다. 흔히 농민이 당을 만들면 급진적이거나 생태적일 것이라고 생각하지만, 우리가 본 현실은 그와는 좀 달랐다. 만약 남성당이 만들어진다면 성매매에 대한 제약조건들을 없애는 공약을 내걸 가능성이 높다. 여성당이라면? '무궁화의 꽃'이 아니기를 희망한다. 그렇지만 이런 주체들로 모두가 공유할 통합된 가치를 만들기 어렵기 때문에 지속적인 정당으로 성립되기가 어렵다.

청년이라는 주체도 자체적으로 정당을 유지하기 어려운 상황에서, 청년 솔로라는 매우 특별한 정체성을 바탕으로 정당을 만들기는 거의 불가능할 것이다. 설령 한국에 사는 사람 모두가 청년 솔로 문제의 해결에 대해서 동의하거나 심지어 소망한다고 하더라도, 솔로계급이 독자적인 정당이 될 가능성은 거의 없어 보인다.

이 시점에서 왜 20세기에 들어오면서 노동자들이 자신들의 정당을 만들려고 했는지에 대해서 한번쯤 생각해볼 필요가 있다. 영국에서는 노동당, 프랑스에서는 사회당, 독일에서는 사민당이라는 이름으로 각 국가의 맥락에 따라서 조금씩 양상을 달리해가며 노동자들은 자신들만의 정당을 만들기 위해서 노력했다. 어쨌든 21세기로 넘어온 지금, 이러한 정당을 흔히 사회민주주의당, 줄여서 사민당으로 부른다. 생산, 유통은 물론 금융까지 경제의 전 부문을 자본가들이 장악하고 있는 상황에서, 노동자들이 뭔가 해볼 수 있는 방법은 자신들의 정당을 만들어 국가의 의사결정을 정책적으로 바꾸는 것 아니겠는가? 18세기에 대대적인 시민혁명이 일어났지만, 노동자의 투표권 획득은 그보다 100년이 더 지난 시점에서야 가능했다. 정당을 통해 정치세력화를 하고 투표로써 자신의 운명을 개선하겠다는 노동자들의 요구는 100여 년 전에 벌어진 최대의 논쟁 중 하나였다. 정당을 만들어 정치세력화를 하는 것은 노동자들이 자신을 위해서 할 수 있는 최선이었다. 그렇지만 한국에서는 아직 노동자도 제대로 정치세력화되지 않았다.

한국에서 노동자는 노동자를 위해서 투표하지 않는다. 흔히 계급투표라고 부르는 현상이 한국에서 나타나지 않는 이유에 대한 설명은 여러 가지가 있다. 3대 노동자, 즉 할아버지, 아버지가 노동자이고 아들이 노동자가 되면 그때, 그 아들이 계급투표를 한다는 설명이 있다. 1960년대 산업화와 함께 본격적으로 대규모 노동자를 배출한 한국 사회는 3대 노동자가 등장하기에는 아직 노동자 재생산의 역사가 짧다. 산업혁명부터 거슬러 올라간 유럽의 자본주의 국가들에서도 인터내셔널 등 노동자들의 목소리가 본격화하기 시작한 것은 19세기 중후반의 일이다. 그러나 이 설명을 한국에 기계적으로 적용하기에는 좀 무리가 있다. 정규직 해체의 속도는 너무 빠르고, 별다른 저항이 없다면 단기 비정규직과 파견직을 중심으로 하는 노동 과정의 기형적 해체는 수년 내에 완성될 것이다. 이 상태에서 3대 노동자의 등장과 그에 따른 계급투표를 기대하는 것은 너무 긴 시간에 대한 희망이고 실현도 불투명하다.

한국은 경제적으로 대기업 특히 수출형 대기업의 힘이 점점 강해지고, 그 외의 세력들은 점점 약해질 것이다. 정치권력 역시 경제의 힘에 따라서 왜곡된다. 68혁명 이후 등장한 새로운 좌파의 흐름을 신좌파라고 부른다. 낙태권을 놓고 68혁명의 대열에 합류했던 여성들이 한 축이고, 세계적으로 새로운 트렌드를 형성한 생태주의가 또 다른 중요한 축이다. 노동자라는 전통적 좌파 혹은 구좌파의 흐름에 새로운 약자 그룹들이 신좌파라는 이름으로 합류했다. 그리고 21세기로 넘어오면서 외국인 2세, 미국의 경우는 유색인종의 문제가 새로운 경제 문제이자 사회 문제로 발생한다. 이러한 세계적 흐름에 비추어보면 한국의 정치 구도의 변화는 기형적이라고 할 수도 있고, 경제적 규모에 비하면 아직 정체되어 있다고도 할수 있다.

이런 일련의 흐름에서 보면, 한국 정치는 좌우 혹은 오래된 가치를 중심으로 결집한 보수와 새로운 가치를 내세우는 진보 사이의 갈등보다는 지역 간 갈등과 세대 간 갈등이 혼재된 양상이 강화되고 있다. 한국은 점점 할아버지들의 나라로 가고 있다. 아빠들의 시대에서 아들딸의 시대로 가는 다른 나라의 현실과는 거리가 멀다. 청년들도 제대로 대변되지 않는 상황에서, 그들 중 또 일부 그룹인 청년 솔로의 정치세력화는 어려울 것이다. 청년 솔로가 동일한 경제적 이해관계를 공유하는 계급적 속성을 가질 수는 있지만, 노동계급처럼 자신들만의 목소리를 담아낼 그릇을 만들기는 어렵다. 결국 청년 솔로는 한국 경제 구조 속에서 영원한 약자로 남을 것이다.

눈을 들어 우리가 사는 세상을 한번 보자. 한국은 정말 잔인한 사회다. 2000년대 들어오면서 승자독식에 대한 내면화가 더 강해지면서 약자들을 보살펴야 한다는 흐름보다는 가진 사람이 더 갖는 것이 당연하다는 잔인한 이념을 체화해가는 사회이다. 이렇게 시간이 지나면 할아버지들이 청년 솔로들을 구박하는 단계를 넘어 사회의 적으로 규정하는 사태로 나아갈 수도 있다. 기혼자와 미혼자 사이에는 동일한 정부 예산을 놓고 경쟁하는 상황이 전개될 수도 있다.

예를 들어보자. 스웨덴처럼 솔로들을 위한 임대주택을 만드는 계획을 정부가 수립한다고 가정해보자. 누가 가장 반대하겠는가? 임대주택이 절실하게 필요한 젊은 부모들 아니겠는가? 사회적 경제의 일환으로 협동조합 형태의 주택조합에서 청년 솔로 주택 사업을 추진하기 전에는 무자식자와 유자식자는 경제적 이해를 둘러싼 갈등관계를 넘어 사회적 적대관계로 전환될 가능성이 높다. 그리고 미혼자들에게 경제적 불이익을 주어 결혼과 출산을 유도해야 한다는 '아빠 경제학'이 더욱 강화될 것이다. 어떤 경우에도 무자식자는 사회적 약자로 내몰린다.

무자식자와 유자식자를 갈등하게 하는 것, 이건 큰 눈으로 보면 자본주의의 통치술의 일환이다. 계급으로 뭉치게 하기보다는 계층에 의해서 서로 갈등하게 하고 약해진 개별 주체를 각개격파하는 것, 그건 자본의 통치술이다. 물론, 알고도 당한다. 노동자들을 관리직급과 피관리직급으로 나누고, 그들 사이에 봉건적 위계구조를 만들어낸다. 그것으로도 모자라 정규직, 비정규직, 파견직 그리고 실업자, 끊임없이 찢고 나눈다. 무자식자를 피해자가 아니라 가해자로 전환시키는 이데올로기는 자본의 통치술이라는 눈으로 볼 때 충분히 등장할 가능성이 있다. 피해자를 가해자로 둔갑시키는 것은 우리가 지역 갈등, 젠더 갈등, 용산 참사와 같은 구체적인 현장에서 일찍이 보아온 장면이 아닌가? '지역개발의 피해자라는 같은 편에 서 있던' 아들이 아버지를 죽였다는 황당한 죄목으로 감옥에 갇히는 일, 이런 것들이 피해자를 가해자로 치환하는 사례 아닌가?

다양성이라는 용어는 이런 구조에서 빛을 발한다. 다르다는 이유로 부당하게 차별하지 말자는 것은 자본주의에서의 계급을 점점 계층과 직업군 혹은 연령별로 분화해나가는 자본의 통치술에 대한 피지배자의 최소한의 방어 장치이다. 그리고 다양한 것들에 대한 이해, 공존과 관용 등 이윤 극대화에 따른 최적 행위와는 배치되는 개념들이 후기 자본주의에서 중요한 사회적 가치로 등장하고 있다. 이러한 다양성이 그냥 입으로만 떠드는 것에서 끝나지 않기 위한 기본적인 사회 장치들을 많은 자본주의 국가가 갖추어나가는 중이다.

형식적으로는 보편적 존재인 시민이 가진 수동적 권리인 인권과 좀 더 공격적인 생존권 — 한국의 헌법상 개념으로는 행복추구권 — 같은 것들이 다양성을 제도적으로 혹은 경제적으로 뒷받침하기 위한 장치들이다. 스웨덴에서는 제도화된 '동일 노동, 동일 임금의 원칙' 역시 기본적으로는 다양성을 보완하기 위한 경제 장치이다. 같은 일을 할 때 임금으로 차별하지 말라는 것은 경제적 원칙이라기보다 사회적 원칙이지만 분명히 경제적 효과가 있다. 그리고 동시에 약간의 차이로도 누군가를 무시하고 싶은 프로이트식의 '작은 차이의 나르시시즘'을 완화시켜주는 문화적 효과도 있다. 경제적으로 차별하고 부의 차이를 이유로 문화적으로도 차별하고 싶은 것이 인간이라는 존재의 야비한 속성이기도 하다.

이 책을 쓰면서 진행한 인터뷰에서 가장 살벌하다고 느낀 것은 전업주부와 소위 직장 맘 사이의 갈등이다. 두 개의 집단은 서로에게 상당한 피해의식을 가지고 있는 듯하다. 어린이집에 대한 정부 보조로 인해 전업주부가 느꼈던 상실감을 보완하기 위해 보편적 육아 지원으로 넘어가는 과정의 한가운데에 그러한 갈등이 있다. 선진국에서는 보지 못했던 독특한 사례 하나가 자녀의 초등학교 취학을 즈음해서 워킹맘들이 가능한 경우 육아 휴가를 사용하거나 아예 직장을 그만두는 현상이다. 아이가 초등학교에 들어갈 때면 사실상 직접적인 육아 부담은 더는 나이인데, 한국에서는 그때부터 교육 부담이 본격화되기 시작한다. 코칭맘, 헬리콥터맘 등 취업 여성들이 느끼는 전업주부에 대한 상대적 박탈감이 폭발하는 시기가 초등학교 입학 시기라고 할 수 있다. 이 문제를 사회적으로 해결해야지 육아 휴직을 연장해서 자녀의 초등학교 입학기에 워킹맘들이 쉴 수 있게 하는 것은 영 아니라는 생각이 들었다.

청년 솔로 현상이 본격화되면, 30~40대 솔로와 부모 사이의 갈등이 지금의 전업주부와 워킹맘 사이의 갈등과 유사한 형태의 양상을 보일 것이다. 보육정책이 실시되면 솔로들이 반발할 것이고, 솔로들을 위한 주거 조건 개선 등 새로운 정책이 시행되면 이번에는 부모들이 반대할 것이다. 월급이나 복지 등 성과를 나누어주는 회사 안에서도 솔로와 부부 사이에 갈등이 일어날 여지가 있다. 이 과정에서 누군가의 성공이나 행복을 서로 축복하기보다는 '남의 불행은 나의 행복'이라고 생각하는 일종의 제로섬 게임 이데올로기가 작동한다. 그리고 사회적 갈등의 골은 점점 깊어갈 것이다.

박근혜 정부에서는 창조라는 개념을 벤처육성정책 정도로 가볍게 이해하지만, 진화경제학의 틀에서 이해된 창조는 차이에 의한 갈등 요소를 가장 적극적으로 긍정 요소로 활용하는 방식이다. 잠깐 고등학교 생물시간에 배운 내용을 환기해보자. 진화가 시작되는 첫 번째 출발점은 바로 뮤턴트mutant, 즉 돌연변이의 등장이다. 유전되는 성격을 가진 이 뮤턴트들이 기존의 종에 비해서 생존 확률을 높이면서 진화가 진행된다. 진화경제학에서는 기업 등의 경제 조직 내에서 유전자의 역할을 하는 것을 루틴routine이라고 부른다. 조직 내에 존재하는 일종의 행위 패턴이라고 할 수 있다. 좋은 루틴을 가진 기업과 그렇지 않은 기업이 경쟁하고, 루틴은 조직의 행동을 결정하는 집단적 기업의 역할을 한다. 의사결정 방식에서 업무를 처리하는 과정을 루틴이라는 개념으로 이해할 수 있다. 그렇다면 루틴의 돌연변이는 어디에서 나오는가? 물론 아주 머리 좋고 천재적인 영웅이 갑자기 등장해서 기적적인 방식으로 '창조'를 해낸다고 할 수도 있다. 좋게 이야기하면 슘페터식의 '기업가 정신' 같은 것이다. 나쁘게 이야기하면 한국의 재벌 창립자들이 바로 창조주적인 영웅적 활동으로 모든 것을 만들어냈다고 할 수도 있다. 그렇지만 이런 영웅적 존재의 설정은 문학적이기는 하지만 별로 과학적이지는 않다. 뮤턴트를 조금 더 적극적으로 해석해보면, 그것은 바로 이질성을 가진 존재이다. 획일적, 즉 유니폼을 입은 듯한 동일한 것들의 반복 속에서 다른 코드를 가진 뮤턴트가 등장하기는 매우 어렵다. 그렇기 때문에 매우 적극적으로 이질적인 것을 유전자 코드 안에 집어넣는 노력을 하지 않으면 뮤턴트가 등장하기가 힘들다. 같은 것, 익숙한 것들로 주변이 채워지면 정리정돈이 된 듯해서 마음은 편하겠지만, 변화에 너무 취약해서 역동적인 구조에서는 개체가 살아가기 어렵게 만든다.

잠시 눈을 감고 생각해보자. 지구상의 많은 생명체는 동일한 유전자로 계속해서 후손을 이어나가다가 환경 변화에 적응하지 못하고 멸종하는 대신, 자신과는 다른 유전자 조합으로 획일성을 일부러 망가뜨리는 것을 선택했다. 물이 담긴 조용한 항아리를 일부러 휘저어서 일순간에 위아래를 뒤섞는 것과 같다. 그게 바로 자신과 다른 조합의 유전자를 가진 파트너를 만나는 일이고, 우리는 이를 점잖게 유성생식이라고 부른다. 일상적으로는 섹스라고 부른다. 이질적인 것들의 결합을 통해서 뮤턴트가 좀 더 등장하기 쉽게 하면서 생명은 점점 복잡한 고등 생명체로 진화해왔다.

이런 관점에서 보면, 창조는 다양성을 경제적 이론으로 뒷받침해주는 21세기적 설명틀이라고 할 수 있다. 최고를 모아놓는 것으로 최고가 될 수 있다면, 명문대생 중에서도 입학 점수가 높은 과의 졸업생만으로 조직을 가득 채우는 게 나을 수도 있다. 그러나 진화론적으로 그렇게 구성된 조직은 퇴행한다. 획일적인 조직이 변화하는 상황에 맞춰 새로운 적응을 하기가 어려울 것이라는 건 너무 뻔하지 않은가? 다양성에 대해서 사회적 관용을 이야기하는 것보다 창조를 이야기하는 것은 좀 더 적극적인 일이다. 리처드 플로리다의 『도시와 창조계급』에서 게이라는 용어가 주었던 충격에 대해서 다시 한 번 환기해보자. 게이가 싫을 수도 있고, 자기 자식이 게이가 될 수 있다는 것에 공포감을 느낄 수도 있다. 그러나 게이를 관용하는 사회가 더 창조적이라는 플로리다의 말은 생각해볼 여지가 충분하다. 게이가 이성애자보다 창조적이라는 말이 아니다. 그러나 보수적인 사람들이 싫어하는 게이들도 공포감을 느끼지 않고 지낼 수 있는 지역에 더 창조적인 사람들이 모인다는 것이다. 다양성에 대해서 관용이라는 개념이 윤리학적인 지지라면 창조 개념은 경제학적인 지지인 셈이다.

공기업이든 민간기업이든 조직의 눈으로 살펴보자. 사람들은 보통 결혼 전에 입사해 평사원과 대리 직급 사이의 어느 시점에 결혼을 하고, 자연스럽게 출산을 하게 된다. 그리고 나이를 먹어가면서 동료들 간 경쟁은 더 강해지고, 부모가 된 직원은 회사에서 나가지 않으려고 발버둥 치게 된다. 솔로 시대가 온다는 것은 앞으로 중간 간부급에서도 부모가 된 직원과 그렇지 않은 직원이 공존한다는 걸 의미한다. 아주 특별한 경우를 제외하면, 결혼하지 않은 구성원은 차장, 부장, 실장 순으로 좁아지는 문 앞에서 먼저 탈락하는 게 지금까지의 흐름이었다. 그야말로 아빠들의 시대였다.

이러한 흐름 속에서 여성과 솔로를 도태시키지 말자고 하는 게 바로 다양성이라는 단어의 함의이다. 그리고 온갖 말도 되지 않는 이유로 여성이나 솔로처럼 아빠들의 눈에 거슬리는 사람들을 조직에서 밀쳐내지 말자고 하는 게 관용이다. 이렇게 하다 보면 조직 내에 경제적으로 좋은 일이 생긴다는 것이 창조라는 단어가 뜻하는 바이다. 구조조정의 시기가 오면 부양가족이 많은 순서대로 회사에 남고 그렇지 않은 사람은 떠났다. 그게 우리가 지나온 아빠들의 시대다. 그 자리의 일부를 여성들을 위해서 남겨두자고 제안하는 게 페미니즘이고, 남자든 여자든 솔로들에게도 남겨놓자는 게 솔로계급에 대한 이야기이다. 그냥 봐주자는 소리가 아니라, 그러는 편이 장기적으로 경제에 도움이 된다는 것이 창조와 진화라는 말에 담긴 숨겨진 메시지이다.

청년이 결혼하지 않고 솔로로 살아가고 늙어가는 것을 일종의 결핍으로 간주하던 시대가 있었다. 그러나 지금의 20대를 기준으로 하면 그 비율이 절반이 될지 혹은 그 이상이 될지 가늠하기도 어려운 시대이다. 솔로로서의 삶은 결핍이 아니라 또 다른 삶의 패턴이다. 청년의 속성, 부모의 속성 그리고 나이를 먹어가는 솔로들의 속성이 적절히 결합되면서 새로운 루틴을 만들고 예기치 못한 뮤턴트들이 등장할 수 있게 하는 것, 그게 우리 경제가 가야 할 다음 단계의 진화라고 생각한다. 좋든 싫든, 이미 우리는 이 길 위에 서 있다.

전통적인 가족은 사회의 한쪽에서 계속 유지될 것이고, 또 그만한 크기의 솔로계급이 살아갈 것이다. 유자식자와 무자식자는 삶이 만들어내는 두 가지 다른 양상이지, 옳고 그름의 판단과는 전혀 상관없다. 한국 사회가 한 번도 제대로 만나보지 못했던 이질적 집단과의 조우인 셈이다. 솔직히 한국의 보수는 노동계급을 그냥 때려잡으면 된다고 하면서 수십 년을 버텨왔다. 그리고 노동자를 옹호하는 정치인이나 정치집단 혹은 대통령을 '빨갱이'라고 지목하면서 살아왔다. 그러나 무자식자, 솔로계급이라는 이 이질성을 갖는 집단에 대해서는 지금까지처럼 대처하면 안 된다. 도덕적으로도 올바르지 않고, 경제적으로도 올바르지 않다. 게다가 결혼하지 않고 출산하지 않는다고 해서 '빨갱이'라고 부를 방법은 없다.

4-6
고독과의 싸움

고독에 관한 정의는 경제학에 없다. 노동에 관한 정의도 없다. 교과서적으로 이야기하면, [W = 24시간 - L]이다. W는 노동인데, 이는 하루 24시간에서 L, 즉 레저에 들어가는 시간을 뺀 것으로 정의된다. 노는 시간 말고는 일하는 시간이라는 동어반복 외에는 아무것도 아니다. 경제학이 형식적으로 많은 것을 정의하고 그 위에서 수학적 논리를 끌어나가는 것 같지만, 사실 기본적인 것이 정의되지 않은 경우도 많다. 자본주의를 이야기할 때 빼놓을 수 없는 개념인 시장도 제대로 정의되어 있지 않다. 거래가 벌어지는 장소는 분명히 아니고, 거래 그 자체도 아니다. 그러다 보니 이명박이 대통령 후보 시절에 시장경제를 활성화시키겠다고 한 발언을 재래시장의 할머니들은 자신들 잘살게 해주는 거라고 생각했다는 웃지 못할 이야기마저 나오는 것 아닌가. 이런 경제학에서 고독과 같은 아주 고급스러운 철학적이고 문학적인 개념은 다루기 어렵다.

1인 가구, 싱글턴singleton, 솔로 등 유사하게 사용되는 이 개념들은 결국 전통적인 가족과 관련되어 있다. 1인 가구라는 범주에는 직장의 위치 때문에 떨어져 사는 주말부부까지 포괄적으로 포함된다. 반면에 솔로는 부모와 같이 살지만 현재 애인이 없는 청년들까지 포괄한다. 1인 가구는 가족 틀 내에 있지만 혼자 사는 것이고, 솔로는 가족 안에 살아도 혼자인 것이다. 어쨌든 솔로 대부분이 겪는 문제는 고독이다. 셰어하우스 형태로 솔로들이 같이 살거나 일종의 연대가구를 형성하면 양상이 조금 다를 수 있다. 어떻게 보면 고독은 솔로들에게만 벌어지는 현상이 아니라 21세기를 살아가는 우리 모두에게 다 해당되는 일일 수도 있다. 호숫가에서 혼자 오랜 시간을 보낸 헨리 데이비드 소로Henry David Thoreau의 『월든』과 같은 사색의 시간을 견뎌낼 수 있는 사람이 얼마나 될까?

　　고독이라는 현상은 굉장히 현대적인 사유이고, 그야말로 공동체의 해체가 진행된 후기 자본주의 현상이라고 할 수 있다. 마르크스의 둘째 딸 로라Laura와 결혼하여 마르크스의 사위가 된 폴 라파르그Paul Lafargue는 노동의 권리라는 개념이 한참 유행일 때 이에 반발하여 1880년 감옥에서 『게으름의 권리』를 집필했다. 자본주의가 만들어낸 노동에 대한 신성시에 반발하여 하루 3시간만 일하는 사회를 역설했다. 부부가 같이 일해야 겨우 가족을 형성할 수 있게 된 새로운 시대상에 대한 비판도 이 책에 나오며, 무엇보다도 당시로서는 생소했던 게으름과 유희에 대해서 중요한 단초를 제공했다. 그렇지만 불행히도 라파르그는 노년에 마르크스의 딸이자 자신의 아내였던 로라와 동반 자살했다.

　　노동을 줄이고 빈 시간에 노는 것이 더 행복한 것이라는 생각은 20세기 초반에야 본격적으로 등장한다. 네덜란드 철학자 요한 하위징가Johan Hui-zinga의 기념비적인 저술인 『호모 루덴스』가 출간된 것은 1938년의 일이다. 노동이 아닌 시간을 여가, 유희로 보기 시작한 것이 대체적으로 이 시기이다. 케인스의 시대를 거치면서 노동하지 않는 시간을 유희 혹은 여가로 볼 것이냐, 아니면 고독으로 볼 것이냐, 이런 질문들이 본격화되었다고 할 수 있다. 유럽에서의 개인주의의 확산 혹은 핵가족의 약화, 이 사이에서 고독이 사회적 등장을 준비하고 있다.

그렇지만 고독이 국가정책의 한가운데로 들어온 것은 2003년 여름의 일이다. 유럽을 덮친 폭염은 프랑스에서만 1만 5,000명 이상의 사상자를 냈다. 그리고 사상자의 상당수가 독거노인이었다. 보수 쪽의 자크 시라크 정권에서 이때 행정부처인 노동부에 연대solidarité라는 말을 추가했다(현재 이 개념은 '사회적 대화'로 바뀌었다). 혼자 사는 노인, 그야말로 빈곤형 고령 1인 가구의 취약한 현실이 놀라운 규모의 사망 사건으로 바뀌면서 고독은 개인의 일에서 국가의 일로 바뀌었다. 연금을 받으면서 로레알 화장품을 사용하고 가끔 샤넬 브랜드를 소비하고 아침에 카페에서 책을 읽으면서 시간을 보내는 여유로운 유럽 중산층 할머니의 이미지가 한 번에 깨져 나갔다. 잘 정비된 연금과 최소한의 주거권이 보장된 유럽 중산층의 노년의 고독은 멋스럽게 보였고, 철학적인 느낌마저 들게 했다. 그렇지만 2003년의 기록적 폭염과 함께 고독사라는 고령화 문제의 중심으로 국가가 끌려들어 왔다.

유럽과 일본의 대응은 좀 양상을 달리한다. 유럽은 사회적 연대를 강화하고, 지역 공동체 등 다양한 유형의 공동체의 특성을 강화하는 방식의 해법을 모색했다. 일본은 그에 비하면 상대적으로 국가주의적인 해법을 우선했다. 정부의 공적 서비스를 강화해서 노인들이 사는 집집마다 비상 버튼을 달아주고, 신호가 오면 공무원들이 언제든 뛰어가는 걸로 대처했다. 개개인의 정치적 자유를 약간만 양보해주면 정부가 모든 문제를 해결해주겠다는 자민당 장기집권의 영향이라고 할 수 있다. 사회적 연대를 강화하든 아니면 국가의 역할을 획기적으로 늘리든, 이제 고독은 더 이상 개인 영역의 일이 아니게 되었다.

질환으로만 따지면 치매 등 온갖 종류의 노인성 질환이 우리를 기다리고 있다. 혼자 살든 혼자 살지 않든, 우아한 노년을 보내는 것은 쉽지 않다. 어떻게 보면 살아가면서 개인이 마주칠 일을 사적인 일로 간주하여 가족 내에서 해결하도록 했던 것이 지금까지의 흐름이었다. 그러나 이제 고독은 공공의 일이 되었고 국가의 일이 되었다.

청년 솔로로 잠시 눈을 돌려보자. 20대에 사회로 나오면서 본격적인 고독이 시작된다. 그리고 그 고독이 점점 더 커지다가 직장에서 은퇴하면 진짜 고독이 시작되고, 여성의 경우는 가임기가 끝나는 시점에 한 번 더 고독의 시간이 찾아온다. 물론 돈을 쓰면 빈 공간을 조금 더 수월하게 채울 수 있을 것 같지만, 그렇게 간단하게 끝날 일은 아니다.

고독한 청년 솔로의 문제가 일본에서는 히키코모리라는 용어로 이미 전면화된 적이 있다. 고독과 마주하는 방식 중에서는 가장 슬픈 것이다. 그렇다면 한국에는 이런 현상이 없을까? 없는 게 아니라 사회학이나 인류학 등 인문학의 기초 현장 연구에 대한 지원이 일본에 비해서 약하기 때문에 드러나지 않은 것뿐이라는 게 내 생각이다. 오랜 기간 취업에 실패하고 너무 오랫동안 집에 있다 보니 사회부적응 상태인 사람들이 예상보다 많았다. 흔히 집 안에만 있는 히키코모리는 부모가 개인적으로 문제를 해결하기 어려운 저소득층에서나 나타나는 인간 유형일 것이라고 생각한다. 그렇지만 실제 내가 만나보거나 취재한 사람의 상당수는 중산층 혹은 그 이상의 상황이었다. 먹고살 만하다고 생각되는 집안 환경을 가졌어도 간절히 원했던 직장에 입사하는 것에 실패한 20대들 중에는 사회부적응자가 많아 보였다. 경쟁에서 밀려난 상실감과 고독이 결합된 그들은 마음의 병이 깊었다. 30대 중반~40대 초반의 사회부적응 솔로들이 어떻게 자신의 방을 박차고 나올지 혹은 그들이 어떻게 다시 친구들을 만나서 대화를 시작할지 정말로 길이 보이지 않았다.

가장 극단적인 어떤 30대 여성의 사례를 보자. 집안은 아주 부자이고 부모가 사준 비싼 아파트에 혼자 산다. 내로라하는 대학을 졸업했고, 짧지만 유학 경험도 있다. 모든 취업준비생이 원하는 대기업에서 근무하다가 진학과 재취업을 고민하면서 직장을 그만두고 한동안 외국에 체류했다. 일반적인 싱글족에 비해서도 경제력 등 외형적 조건은 상당히 좋은 편이다. 그러나 그녀는 지금 우울증을 넘어 상당히 심각한 강박증을 앓고 있다. 그러는 동안 가족과도 사이가 틀어져서 거의 만나지 않는다. 주변에서 도와주고 싶어 하지만, 도울 수 있는 방법이 별로 없다. 사실상 사회적으로 방치되어 있다. 고독이 우울증과 결합되면 정말로 무서워진다. 돈, 학력, 외모에 대한 이야기를 많이 하지만, 사실 완벽하게 갖춘 사람들을 찾아서 조사해보면 외형적 조건은 무의미하다는 것을 느낀다. 돈으로 풀 수 있는 문제가 아니다.

마음의 병이 깊어진 청년들과 생협이 함께하는 간단한 급식 봉사활동을 구상했던 적이 있다. 누군가 만나고, 자신이 움직여서 잠시라도 행복한 모습을 보이는 사람이 있으면 도움이 될까 싶어서였다. 물론 현실적으로는 불가능하다. 장치를 만들고 프로그램을 디자인할 수는 있지만, 거기까지 스스로 오는 사람은 사실 이미 도움이 필요 없는 사람이다. 오래된 사회부적응자의 부모나 식구 입장에서는 돈이 문제가 아니라 시민단체나 생협과 같은 곳에서 간단한 봉사만이라도 할 수 있으면 그야말로 최선일 것이다. 그러나 쉽지가 않다. 대학 혹은 대학원을 졸업한 사람들이 지금

혼자 고독과 싸우고 있다.

청년 솔로들이 앞으로 맞닥뜨릴 가장 큰 적은 가난도 핍박도 아니고, 바로 고독이 아닐까 싶다. 그리고 고독은 후기 자본주의 언저리에서 갈 길을 잃은 한국 자본주의가 겪어야 할 가장 큰 집단적 적응일 것이다. 고독을 돈으로 해결하는 것은 청년 솔로들을 모두 길거리에 나앉게 만드는 일이다. 공동체를 강화해서 그 안에서 크고 작은 관계망을 만드는 것, 그건 방향은 맞다. 그러나 대기업과 공무원이라는 두 축만으로 자신의 미래를 상상하는 데 익숙한 청년들이 지역과 현장에서 공동체의 중요성을 실제로 받아들이기는 쉽지 않다. 일종의 문화 문제이기 때문이다.

설, 추석에 가족이 모이는 것만이 지금 우리가 손에 쥐고 있는 거의 유일한 공동체이다. 실체는 끊임없이 해체되어가지만 명절은 우리가 지켜야 할 미풍양속이라는 할아버지들의 주장과, 식구들을 별로 만나고 싶지 않다는 청년들의 현실이 지금 팽팽하게 맞서고 있다. 설과 추석에는 국가와 가족이라는 두 축으로 사회를 재구성한 유신 경제의 원형이 남아 있다. 전통 명절에 의한 민족 대이동이라고 하지만, 다들 고향으로 찾아가야 하는 지금과 같은 상황이 조선시대에 있었겠는가, 아니면 일제시대에 있었겠는가? 새마을 운동으로 농촌을 해체하면서 부족한 노동력을 서울 등 공업지구로 내보내면서 명절에나마 집단적으로 고향을 찾는 풍경이 생겨난 것 아닌가? 공적인 것은 국가의 몫으로, 사적인 것은 가족의 몫으로, 유신 이후로 개인에게 필요한 것들의 책임을 이원적으로 분류하는 핵심 기능을 한 것이 설과 추석 아닌가? 한편으로는 국가주의를 강화시키면서 또 다른 한편으로는 최후의 안전장치로 가족주의를 강화시킨 것이 군사정권이 한국에서 한 일이다.

국가와 가족만이 실체로 남는 사이에 지역 공동체는 이미 지방토호들의 놀이터가 되어버렸다. 호남, 영남이 지방토호들의 소왕국이 되어버렸다는 점에서 무슨 차이가 있겠는가? 대혁명 이후로 국가와 가족 외에 시민사회라는 또 다른 사회적 축을 만든 유럽과는 달리, 한국은 시민의 영역이라는 것 자체가 제대로 형성되지 않았다. 한국의 설이나 추석에 해당하는 크리스마스를 맞아 유럽에서는 12월부터 동네에 크리스마스 장터가 열린다. 가족이라는 혈연 공동체와 함께 지역이라는 또 다른 공동체가 일종의 시민사회 영역으로서 함께 움직이는 사례이다. 우리에게는 시민적 속성을 가진 지역 공동체가 없다. 예전의 것은 잃어버렸고, 새로운 것은 아직 오지 않았다. 고향에 내려간 사람들, 그들은 크리스마스 시장과 같은 지역 공동체가 살아 있는 사회가 아니라 철저하게 고립된 가족이라는 폐쇄적 집단을 만날 뿐이다.

할아버지들이 최고로 편하도록 설정된 이 기이하고도 실체 없는 명절에 청년 솔로들이 마음이 편하게 지내면서 고독을 줄일 수 있다고 하면 오히려 이상하다. 그나마 남자면 조금 낫다. 여자들은 전 부치기부터 갖은 집안일을 해도 힘들고 안 하면 무언의 압력 때문에 더 힘들다. 결국에는 명절 모임도 선산 등 집안 재산을 나눌 수 있는 집안이나 아주 특별하게 화목한 집안을 제외하면 핵가족 단위로 줄어들 가능성이 아주 높다. 청년 솔로들은 점차 명절이라는 명목으로 움직이는 가족 행사에 참여하지 않게 되고, 시간이 지나가면서 명절 모임은 할아버지들과 아빠들의 습관적인 행사가 될 것이다. 무엇보다도 지금의 청년 솔로들이 누군가의 도움이 절실한 노인이 되었을 때, 지금의 그 어른들은 남아 있지 않을 것이다. 그리고 그때까지도 설이나 추석에 전국으로 흩어진 가족들이 지금처럼 만날지도 불투명하다. 이렇게 개인들이 끊임없이 파편화되면서 기존의 전통을 명분으로 한 가족 유지 장치들이 점차 무력화된 시기에 '솔로들에게 고독이란 무엇일까?' 질문해보지 않을 수 없다.

출산과 육아 그리고 교육으로 20년을 정신없이 보내고, 그다음에는 결혼시킨다고 출혈해온 집안의 어른으로서 명절 때 잠시 손 놓고 대접받는 것, 그것이 지금까지의 균형이었다. 너무하지 않느냐고 잠시 반론하려 다가도, 생각해보면 지금의 부모가 고작 1년에 며칠 정도 대접받을 자격이 없는 것은 아니라고 수긍할 수밖에 없다. 그렇기는 하지만 이 제도는 지속 가능하지 않다. 같은 방식으로 사이클이 돌아가기 어렵기 때문이다.

국가가 개인의 고독을 해결해주는 데 한계가 있기도 하고, 모든 부분을 정부가 맡는 게 바람직하지 않은 면도 있다. 인간의 고유한 삶이 모두 정부의 통제 아래로 들어가는 게 꼭 좋은 것만은 아니다. 그렇다고 가족이 그 책임과 역할을 다 맡아야 하는가? 그렇게 할 힘도 없고, 가능성도 없다. 부모라고 천년만년 사는 것도 아니다. 그럼 거대한 실버타운을 한 자리씩 분양받아서? 그것도 아니다. 우리는 지금 경제적으로 빈곤해서 결혼하기 어려운 사람들에 대해서 이야기하는 중이다.

좀 미안한 이야기지만, 현재로서는 개나 고양이 같은 반려동물 외에는 일상의 고독과 싸워나가는 더 쉬운 방법이 없다. 소비로 자신의 존재를 증명해보이고, 별로 확실치도 않지만 많은 감정을 쏟아부어야 하는 경제적 인정투쟁으로 나아가는 것보다 훨씬 유의미하고 저렴하기도 하다. 물론 더 좋은 품종을, 그리고 더 예쁘게 키우라는 식의 마케팅이 잘 활용하는 자기 인정 논리로 빠지면 답 없다. 그러나 요즘의 반려동물 문화는 더 좋고 더 비싼 동물을 돈을 주고 사는 것이 아닌 버려진 동물을 입양하는 방향으로 가고 있다. 그리고 한 발 더 나아가서 장애 동물을 입양하는 방향으로 조금씩 나아가는 중이다. 아프고 병든 동물을 입양하는 것이 유행이라는 사실을 이해할 수 있겠는가? 상업적 경쟁 논리와는 반대 방향이지만, 사실 상업 논리로 고독과 싸워 이기기는 어렵다. 지갑에 구멍이 뚫린 것처럼 돈이 새어나갈 뿐이다.

우리가 전체적으로 이 흐름에 적응하는 것은, 국가와 가족이 아닌 또 다른 실체를 만드는 것이라고 생각한다. 일본 영화 〈카모메 식당〉(2006) 은 우연히 만나서 핀란드의 한 작은 식당에 정착한 세 명의 중년 여성에 대한 이야기를 다루고 있다. 물론 그들은 솔로이다. 아름답기는 하지만 현실에서 일어나기는 아주 어려운 이야기이다. 그래서 영화이고 소설이 다. 그러나 우리의 고민을 풀어줄 힌트는 이 영화 안에 있다.

솔로계급으로 살아가는 것, 다른 불편함보다도 고독과의 싸움이 가장 큰 문제로 보인다. 돈이 있든 돈이 없든 고독은 처리하기 쉬운 변수가 아 니다. 우리가 봐온 어떤 자본주의 단계도 이 문제를 제대로 푼 경우는 없 다. 그런데 안 그래도 OECD 최고 수준의 자살률을 자랑하는 한국은 청년 솔로의 문제까지 겹치면 정말로 '밤새 안녕', 그래야 할지도 모른다. 청년 솔로들은 국가와 가정이라는 이 전통적인 틀 외에 수많은 문화적 실체를 만들어내면서 고독과 싸우는 수밖에 없을 것 같다.

이 절을 접기 전에, 한마디만 하자. 1세기 전, 많은 사람은 지금쯤이면 일도 3시간만 하고 노동의 어려움보다는 놀이와 유희를 더 누리면서 지낼 것이라고 생각했다. 그러나 현실적으로 비정규직 일자리가 너무 많아졌 고, 아주 열악한 일자리라도 써달라고 해야 하는 상황이 되었다. 폴 라파 르그는 부부가 같이 일을 해야 아이를 키울 수 있는 미래가 오는 거 아니 냐고 분통을 터뜨렸지만, 지금은 부부가 같이 일해도 아이를 키울 수 없어 솔로를 선택하는 시대가 되었다. 그리하여 우리 모두는 본질적으로 외로 운 존재가 되었다. 만약 우리 시대에 다시 한 번 『자본론』급의 책이 나온 다고 하면, 그것은 '고독론'이 될 것이다.

4-7
공격보다 방어가 우선이다

"그건 도덕적이지 않잖아요." 이제는 별로 인기가 없어진 정치인이지만, 2012년 대선 캠페인 한가운데에 있던 김두관의 입에서 나왔던 말이다. 부산 저축은행 사태 때, 5,000만 원 이상을 예금한 사람들은 보호금액을 초과하기 때문에 돈을 돌려받을 길이 없었다. 그래서 그 이상 지급할 수 있도록 예외 조치를 취해달라고 대선 후보들에게 요구했다. 표가 필요한 사람들은 당연히 이 요구를 들어주는 쉬운 방법을 선택했다. 김두관 캠프에서도 이미 다른 주요 후보들이 예외 조치에 동의하는 입장이니 피해자들의 요구를 들어주자고 김두관에게 말했다.

김두관은 이 요구를 조심스럽지만 단호하게 거부했다. 피해자 본인들이 들으면 펄쩍 뛸 이야기겠지만, 어떤 이유로든 5,000만 원 이상을 은행에 저축해둔 사람들이 이자를 조금 더 받겠다는 것까지 국가가 나서서 우선적으로 도와주어야 하겠느냐는 게 이 사태에 대한 김두관의 입장이었다. 이 사태를 어떻게 보느냐가 저축이라는 아주 사적이며 장기적인 행위를 생각하는 출발점이 될 수 있다.

이 책을 읽는 독자 여러분 중에 5,000만 원을 예금한 사람이 있을까? 트렌드에 민감하게 반응하고 다른 사람과 전혀 다르지 않게 행동하고 있었다면, 아마 이 정도 규모의 예금을 가지고 있지 않을 것 같다. 당시 5,000만 원 이상의 돈을 가진 사람을 서민이라고 불렀고, 그 돈은 그들이 피땀 흘려 번 것이라고 했다. 그렇다면 예금 대신 오히려 학자금 대출 등 부채가 있을 확률이 더 높은 지금의 청춘들은 서민 이하란 말인가?

부도 직전에 회사채의 위험을 제대로 알려주지 않고 판매했던 동양증권 사태는 '불완전 판매'라는 단어를 유행시켰다. 1인당 평균 4,106만 원을 사용했다. 나는 개인적으로 회사채를 사는 복잡한 거래를 하지는 않는데, 4,000만 원이 넘는 돈을 어쩌면 저렇게 허망한 데 넣어둘 수가 있을까, 깜짝 놀랐다. 부산 저축은행이나 동양증권 회사채는 조금 극단적인 사건이다.

2008년 글로벌 금융위기가 한창일 때, 20대 직장인들과 연구를 위해 모인 적이 있다. 사색이 된 그들이 꺼낸 이야기는 자신들이 가입한 펀드가 급락했다는 것이었다. 도대체 20대 직장인들이 무슨 돈으로 펀드를 들었을까? 그들은 펀드는 저축이 아니냐고 되물었다. 적립식 펀드는 저축이 아니다. 돈을 지불하는 방식만 다르지, 펀드는 펀드일 뿐이다.

항상소득 가설이나 평생소득 가설은 의미는 조금씩 다르지만 족보 있는 개념이다. 물론 정규직이라면 자신이 평생 얼마를 벌지 어느 정도 가늠할 수 있겠지만, 지금의 청년들의 평생소득을 알기는 아주 어렵다. 투자 역시 족보 있는 개념이다. 위험과 수익률은 역의 관계이다. 두 가지를 같이 고려하면 모든 투자 활동은 평균 수익률에 수렴한다. 장기적으로 그 사회에는 자연적으로 결정되는 자연이자율이 있다는 『국부론』 이야기까지 거슬러 올라가는 진짜 오래된 개념이다. 반면에 재테크는 족보 없는 개념이다. 財テク(자이데쿠)라는 일본말에서 온 것인데, 비정상적으로 호황을 누리던 1980년대 일본 경제의 산물이다. 소니는 1998년 CBS 레코드사를 인수했고, 1989년에는 콜롬비아픽처스를 인수한다. 일본은 세계를 사들일 듯이 움직였고, 그런 분위기 속에서 일본의 농민들이 미국 채권을 사는 일마저 벌어졌다. 물론 1990년, 1991년의 버블 공황과 함께 일본에서 재테크의 시대는 끝이 난다.

한국에는 이러한 재테크 붐이 2000년대 들어와 IMF 경제위기 회복기에 일본과 마찬가지로 토건과 함께 부동산 붐이 오면서 퍼져갔다. 평생소득과 같은 정상적인 경제학 개념보다는 "너도 돈 벌 수 있다"는 기이한 논리가 움직였다. 물론 확률 게임이라서 돈을 버는 게 불가능하지는 않다. 그러나 포트폴리오 투자 같은 재테크로는 체계적으로 위험 분산 등을 하기 어려운 개인은 돈을 벌기 정말로 쉽지 않다. 오랜 기간 데이터를 모으고 체계적으로 분석하면 경마는 확률 게임이라기보다 전략 게임의 성격임을 알 수 있다. 그렇지만 경마에서는 최소한 주기적으로 거의 대부분이 돈을 잃게 되는 외환위기나 금융위기가 존재하지 않는다. 상위 2%, 1%라는 말이 사용되다가 2008년 글로벌 금융위기 때는 상위 0.1%라는 말이 나왔다. 리먼 브라더스의 위기를 미리 알고 돈을 뺄 수 있었던 사람들이 그 정도라는 의미이다. 한국의 저축은행 사태는 더 황당하다. 이미 문제가 터져버렸지만 일부 특권층은 사태 이후에도 돈을 인출해갈 수 있었다는 거 아닌가? 정보 외에도 힘이 있어야 하는 상황이다.

좀 야박한 말이지만, 지금의 20대들이 솔로로 늙어가는 나이가 되었을 때, 솔직히 사회안전망이 지금보다 나아졌을 것이라는 보장은 별로 없다. 외국인 노동자들의 증가로 경제활동인구 자체가 공식적으로 줄어들지는 않는다고 하더라도 공적 연금 등 많은 안전장치가 인구구조와 연동되어 있기 때문에 삶이 점점 어려워질 가능성이 많다. 그렇다고 갑자기 한국에서 급격한 혁명이 일어나 경제 체계가 완전히 전환될 가능성도 낮다. 많이 가봐야 유럽식 사민주의 정도일 것이다. 결국 본인이 가진 돈 외에는 자신을 지켜줄 수 없는 순간이 온다. 그렇다면 재테크? 경제의 장기 침체 속에서 증권이든 채권이든 엄청나게 큰돈을 가져다줄 확률은 높지 않다. 주기적으로 찾아오는 경제위기로 있는 돈이라도 까먹지 않으면 다행이다. 주식 등 유가증권에 간접 투자하는 펀드 역시 전체적으로 경제활동이 위축되면 고수익이 나올 수가 없다. 옵션 등 파생상품형 디자인으로 수익률을 지나치게 높이면 위험이 기하급수적으로 높아진다.

보험을 가입할 것인가, 말 것인가? 자동차 보험이 의무보험이듯이, 목적에 적합한 보험은 드는 편이 좋다. 확률은 낮지만 여행자 보험은 드는 편이 낫다. 그러나 재테크 목적으로 보험을 들 필요는 없다. 은행과 달리 한국의 보험은 자신이 낸 비용의 20~25% 정도를 사업비 명목으로 보험사에서 가져간다. 공제조합 형태의 유럽의 보험은 보험금에서 나오는 이자로 사업비를 충당하는 경우가 많은데, 한국은 이중으로 사업비를 가져가는 실정이다. 물론 그렇다고 해서 보험에 가입하지 않아 생긴 여윳돈을 저축하지 않고 써버릴 거라면 차라리 보험을 드는 편이 나을 수도 있다. 보험이 일종의 강제 저축일 수도 있기 때문이다. 자신이 생각하는 보험이 필요하다면 그만큼의 돈을 적금 형태로 저축하는 것이 장기적으로 보면 가장 합리적이다. 자신에게 충분한 돈이 있으면 적금이 보험보다 낫다. 한국에서 보험은 부자들이 상속세를 피해서 자식에게 돈을 물려주기 위해서 활용하는 상품이다. 가난한 솔로, 일단은 해당 사항 없다.

2000년대 이후 마케팅 사회가 강화되면서 '자신에게 투자하라'는 말이 유행한 적이 있다. 특히 성형수술이나 외모 관리, 패션 영역에서의 마케팅을 그렇게 했다. 한 패션몰 여론조사에 의하면, 패스트패션족이라고 불리는 사람들은 평균 연령 21.8세이며 연간 78벌의 옷을 산다. 이 정도면 투자라기보다는 중독에 가깝다. 상징적 자본이라는 표현, 그리고 이후에 매력 자본이라는 말을 사용하면서 외모 등 보이는 것에 돈을 쓰는 것이 좋다는 마케팅이 움직였다. 캐서린 하킴Catherine Hakim의 『매력 자본』에 나오는 분석은 대체로 타당하다. 성별에 따라서 매력 자본이 작동하는 방식이 다르다는 이야기 역시 흥미롭다. 그러나 보드리야르의 상징적 자본이든, 캐서린 하킴의 매력 자본이든, 그저 성형수술하고 돈 많이 쓰라는 목적으로 쓰인 저서들이 아니다. 그럼에도 마케팅 흐름에서는 사람들의 주머니를 열게 하는 방식으로 이런 텍스트들이 많이 활용되었다.

'돈을 모아봐야 어차피 적은 돈이라서 소용없다'와 같은 말이 앞으로 청년 솔로들의 주머니를 노리면서 점점 퍼질 것이다. 그러나 진짜 인간의 매력이 통장에서 나오게 되는 시기가 온다면 어쩔 것인가? 돈 자체가 매력이 아니라, 돈을 모아서 가지고 있을 수 있는 능력이 매력인 것이다. 쉽게 돈을 쓰고 통 크게 선물할 줄 아는 사람은 광고회사가 가장 선호하는 인간형이다. 그러나 배우자로서는 전혀 매력 없다. 경제의 회전률이 높고 고성장 시기일 때는, 자신이 지불한 돈이 어떻게든 자신에게 돌아올 가능성이 높다. 그러나 장기 불황 시기에는 공격보다 수비가 훨씬 더 중요한 전략이다. 매력의 작동 방식도 시기와 상황에 따라서 변하게 된다. 지금은 얼굴이 작은 사람을 아름답다고 한다. TV가 본격화되면서 스크린에 적합한 모습을 사회적 미로 만들어낸 것이다. 그러나 1970년대 이전까지는 큰 얼굴을 미덕으로 생각하는 경향이 있었다. 얼굴이 작은 사람은 '단두'로 불리면서 놀림감이 되곤 했다. 상황은 많은 것을 변하게 한다.

반신반의하는 여러분에게 방송작가 강서재의 『나는 남자보다 적금통장이 좋다』(2004)를 권하고 싶다. 혼자 사는 방송작가가 3년 동안 1억 원을 모은 이야기이다. 청년 솔로들이 실제로 얼마라도 돈을 모으는 데 성공하는 거의 유일한 방법은 증권이나 펀드 혹은 보험 같은 게 아니라 정기적금을 드는 것이다. 일정한 돈을 모으는 데는 더 많은 돈을 벌어들이는 법과 덜 쓰는 법이 있다. 공격과 방어라는 표현을 쓴다면, 공격에는 위험이 따르지만 방어에는 위험이 크게 따르지는 않는다. 다만 불편함이 따른다. 덜 쓰는 것이 분명히 사는 것을 불편하게 만들기는 한다. 그리고 그렇게 한다고 해봐야 결국에는 자신이 평생 벌어들일 수 있는 돈의 한계를 넘지는 못한다. 이 이야기를 했던 프랑코 모딜리아니 Franco Modigliani는 노벨경제학상을 탔다. 사람이 돈을 벌 때도 있고 못 벌 때도 있지만, 어쨌든 이 전체 소득을 염두에 두고 개별적 소비를 한다는 이야기에는 노벨상이 나간다. 그러나 "그 돈으로 어떻게 사느냐"고 말하면서 재테크를 강변하는 이야기가 노벨상을 탈 가능성은 전혀 없다.

케인스 이후로 경제학자들은 사람들이 더 많이 소비해야 한다고 강조하는 경향이 있다. '소비가 미덕이다'라는 표현이 그것이다. 정상적인 국민경제 자체를 생각한다면 그 말이 맞다. 그러나 그건 국민경제 전체의 운용에 대해서 살펴볼 경제학자나 경제관료들이 할 고민이지, 개개인이 해야 할 고민은 아니다. 누군가는 돈을 좀 써야 하는 것이 국민경제의 틀에서는 당연한 이야기지만, 기본적인 생존의 가능성도 보장받지 못해서 솔로로 남은 사람들이 걱정할 일은 아니다. 정확히 말하면, 수조 원 씩 현금을 쌓아놓고 있는 대기업이 돈을 써야지 마이너스 통장 없이는 그 달 넘기기도 어려운 사람들이 고민할 일은 아니다.

'남들도 그렇게', 그런 일상적인 표현이 한국의 대중을 움직여왔다. 획일성이 강한 한국에서는 그런 경향이 정말 강하다. 점차 한국에서 결혼은 이를 계기로 1억~1억 5,000만 원 정도의 돈을 사전 상속할 수 있는 계층에게 허용된 특권과 같은 일이 될 것이다. 물론 그렇지 않은 경우라도 결혼을 전혀 못 한다고 생각하지는 않는다. 자신이 직접 그런 상황을 만들 수도 있다. 그리고 드물겠지만, 두 사람의 사랑이 1억 원 이상의 가치가 있는 경우도 있다. 여전히 수저 하나 들고 결혼하는 경우가 전혀 없지는 않다. 젊은 20대 활동가들의 사랑과 결혼을 보면서 축복해준 적도 여러 번 있다. 그렇지만 평균적인 경우는 아니고, 쉽게 보기도 어렵다.

결혼에서 멀어진 많은 솔로의 노년이 그리 만만해 보이지는 않는다. 그러나 토끼를 노리는 수많은 늑대가 숲에 잔뜩 있는 비정한 생태계처럼, 이들의 얼마 안 되는 돈까지 노리는 것이 재테크와 마케팅 그리고 대부업체들이다. 『88만 원 세대』를 쓸 때까지만 해도 대부업체는 지금과 같이 극성은 아니었고, 사회적으로 20대에게 문제가 될 것이라고 생각했던 것은 '불법' 다단계업체였다. 청년 솔로들에게 할 이야기를 요약하면, 좀 더 적극적으로 움직여서 행복해지라는 것 아니겠는가? 그러나 행복이 이렇게 오지는 않을 거라는 게 너무 뻔하지 않은가? 슬프게도 경제가 나빠질수록 더 어려운 사람들의 돈을 털어내려는 흐름은 더 강해진다. 이미 알고 있겠지만, 부자들의 돈은 지갑에서 쉽게 나오지 않는다. 결국 더 약한 사람들에게서 손해분을 벌충하려는 것이 자본주의 시스템의 기본 속성이다. 장기적 경제위기의 순간에는 공격보다는 방어가 우선이다. 그리고 경제적 약자일수록, 가난할수록 방어가 더욱 중요해진다.

요령이라고 하기도 어렵지만, 어쨌든 기본적으로 삶을 꾸리는 경제 원칙에 대한 작은 조언으로 청년 솔로들에 대한 길고 길었던 분석을 마치려고 한다.

아마 여러분이 돈을 약간, 정말 아주 약간이라도 모아서 가진다면, 이제 은행은 이자율이 낮아 넣어두기 아깝다는 이야기들을 할 것이다. 일본과 한국은 1998년 IMF 경제위기 때도 세계 1, 2위를 다툴 정도로 저축률이 높았던 나라이다. 저금리라고 하더라도 한국은 3% 내외의 정기예금 이자율 정도는 유지했다. 일본은 그 기간에 제로 금리 상태였고, 물가 상승률을 감안하면 마이너스 금리였다. 그럼에도 일본은 한국과 같이 극적으로 저축률이 떨어지지는 않았다. 아주 오래된 경제학의 경구대로라면, 국민 저축률이 높아지고 그 돈이 기업에 들어가면서 투자가 늘어나는 것,

이게 원론적 방식 아닌가? 물론 상대적으로 수익률이 낮으면 아쉽기는 하지만, 그만큼 위험률도 낮아진다는 것을 기억하면 좋겠다. 솔직히 말하면, 1억 원 미만의 돈은 이자율을 따질 정도의 금액은 아니다. 이자율을 조금 더 준다고 언제 어떻게 될지 모르는 불안한 금융기관으로 옮기는 것보다는 그냥 흔하게 이름 아는 제1금융권에 있는 게 더 속 편하다. 길게 보면 그게 더 낫다. 그래도 조심할 점이 있다. 제1금융권이라도 당신의 저축액이 일정 금액 이상이 되면 은행에서 틈틈이 좀 더 수익률 높은 펀드 상품으로 옮기는 게 낫다고 연락이 오기 시작할 것이다. 이때 절대적으로 이런 권유를 무시하는 것이 좋다. 은행 직원의 실적 향상을 위해서 자신의 미래를 위험에 빠트릴 필요가 없다.

자, 이제 나도 여러분도 한국의 청년 솔로에 대한 이야기를 덮을 때가 되었다. 경제학자로서, 앞으로 길고 긴 경제위기의 터널을 헤쳐나가야 할 여러분에게, 그리고 언제 끝날지 혹은 안 끝날지도 모르는 솔로의 삶을 살아야 하는 여러분에게 딱 한마디의 짧은 말을 남기고 싶다.

무슨 수를 써서라도 통장 안에 1년 치 생활비를 가지고 있을 수 있는 삶을 평생 살 수 있기를 바란다. 만약 그게 어렵다면, 될 때까지라도 한동안 공격보다는 방어에 힘써서 빠른 시일 내에 그 상황에 도달하길 바란다.

1년 치 생활비가 큰돈이어서가 아니다. 1년, 365일, 이는 그저 상징적 수치일 뿐이다. 인간이라는 종은 될 수만 있다면 자기 죽을 때까지, 자기가 되면 자기 자식들까지 그리고 3대가 쓸 돈까지 만들어놓고 싶어 하는 속성이 있다. 오죽하면 '부자 3대 못 간다'는 속담이 있겠는가? 왜 한국의 어지간한 대기업과 개인이 소유하다시피 한 학교법인 등의 기관들이 3대 세습을 완성시키려고 난리를 치겠는가? 이런 상황인데도 평범한 사람들이 1년 치 생활비 정도라도 가지고 있겠다는 것이 "될 법이나 한 소리냐"

라고 코웃음 치는 것은 이상하다. 누구도 그 정도의 경제적 권리는 있다.

재테크와 마케팅, 모두 경제학적 기반은 약하더라도 심리적인 영향력은 강한 '기법'에 해당한다. 그들이 끊임없이 만들어내는 불안에서 최소한으로 자신을 지키기 위한 최저의 기반이 1년 치 생활비일 것이다. 설령 그 돈으로 어느 날 카메라를 죽도록 사고 싶다거나 무조건 배낭여행을 가야겠다고 생각하면, 그렇게 해도 좋을 것이다. 그러나 그 전에 꼭 한 번 자신의 1년 치 생활비를 먼저 모을 것을 권유하고 싶다. 방어라고 해서 아무것도 안 사고, 꼭 필요한 것도 안 하면서 지내라는 이야기는 아니다. 유저들 사이에서 오두막이라고 불리는 캐논 카메라든 라이카든 꼭 사서 사진작가가 되어야겠다면 사는 게 맞다. 일생일대의 전환점이 왔다고 생각할 때, 그때 자신의 모든 돈을 써도 좋다. 그러나 재테크라고 하는 것은 하지 말길 바란다. 적금으로 모은 돈, 필요할 때는 꼭 써야 하는 돈, 그렇게 자기가 번 돈을 자기가 쓰는 것이라는 걸 기억하길 바란다. 사교육비용을 제외하면 이론적으로는 혼자 사는 것보다는 같이 사는 것이 돈이 덜 든다. 1인 가구의 가구주로 혼자 살아가는 것은 사람이 살아가는 것 중 가장 높은 고비용 구조 중 하나이다.

맺음말

1.

한국의 전래동화인 『흥부전』과 찰스 디킨스Charles Dickens의 『크리스마스 캐럴』은 기이할 정도로 유사한 구조를 가지고 있다. 기본 구성에서 차이가 있다면 스크루지 영감은 솔로이고, 놀부는 기혼자라는 점 아니겠는가? 억지로 차이점을 찾자면, 스크루지에게는 귀신이 찾아가 그가 스스로 곳간을 열어놓게 한 것이고, 놀부는 박씨를 물고 온 제비를 등장시켰다는 것 정도이다. 어쨌든 무자식자와 유자식자 사이의 갈등을 그렸다는 점에서 놀라울 정도로 같다. 디킨스의 『크리스마스 캐럴』은 1843년으로 정확한 출간일이 알려져 있다. 안동 김 씨와 풍양 조 씨가 조선의 힘을 차지하기 위해서 정면 격돌하던 헌종 때 서양에서 이 책이 나왔다. 『흥부전』이 이야기로 형성된 것은 그보다 좀 더 빠른 18세기가 아닐까 추정된다. 어쨌든 자식이 없는 부자와 자식이 아주 많은 가난한 사람이 충돌하고 갈등하고 그 안에서 깨달음을 얻는 이야기이다.

이런 설화 구조를 통해서 그 시기 유럽과 한국이 똑같이 자본주의의 출범을 만들고 있었다고 억지를 부릴 생각은 없다. 그러나 그 유사함에 대해서 놀란 적이 있기는 하다. 아기가 많은 사람들은 가난하고, 아기가 없는 사람들은 돈이 많다는 이 시기의 세상 인식이 왜 이렇게 비슷할까, 그런 생각을 종종 해봤다.

2.

디킨스의 『크리스마스 캐럴』은 『인구론』의 맬서스, 정확히 젊은 시절의 맬서스에 대한 신랄한 반론이다. 사람들의 사랑이 너무 많은 아기를 만들어내고, 그것으로 인해서 세상이 어려워질 것이라는 맬서스의 이야기에 디킨스는 '아니다, 결국 사랑으로 인해 부자들이 주머니를 열 수도 있고, 그게 세상을 풍부하게 해줄 것이다', 그렇게 우화적 소설로 답한 것 아닌가? (물론 경제학자로서의 후기 맬서스는 부자들의 소비를 진작해야 한다는, 백화점 건립의 이데올로그이자 케인스의 선구자 같은 책을 썼다. 그렇지만 맬서스의 노년이 이랬다는 사실을 기억하는 사람은 거의 없는 듯하다.)

많은 사람이 소설 『크리스마스 캐럴』을 유령에 이끌린 어느 부자가 회개하는 스토리 정도로 생각하지만, 당대에는 『인구론』에 대한 격렬한 반론과 같은 것이었다. 적당히 사랑하고 절제 좀 하라는 이야기와 사랑만이 우리를 구원하리라는 또 다른 이야기가 19세기 중반에 정면으로 충돌한 것이다.

3.

21세기가 되면서 이제 상황은 역전되었다. 혼자 사는 스크루지는 너무 가난해서 자신이 귀신의 도움을 받기 전에는 거들떠보지도 않고 경멸했던 동생 내외에게 경제적으로 손을 벌려야 하는 처지가 된 셈이다. 아기 없이 부모 재산으로 살아가던 놀부 부부가, 어쨌든 큰돈을 벌어서 많은 자식을 낳은 홍부보다 가난하다는 게 상상이 가는가? 하여간 그런 걸 상상하지 않으면 안 되는 시기를 우리가 살고 있다. 돈이 없는 홍부, 지금의 예술가들은 상상하기 너무 어렵지 않은가? 그때는 아주 자연스러웠을지 모르지만, 홍부와 같이 가난하지만 아주 많은 자식을 둔 사람을 지금 상상하기는 어렵다.

4.

학교에 학생들이 도시락을 싸 가는 대신, 학교가 밥을 먹일 것인가, 어떻게 먹일 것인가, 그리고 누구 돈으로 먹일 것인가로 한국 사회가 크게 움직인 적이 있다. 간단히 말하면, 부자는 돈 내고 먹으라고 하는 사람들과 고작 그게 얼마나 한다고 밥 먹으면서 학생들끼리 서로 눈치 보게 할 것이냐, 그런 논쟁이었다. 이때는 차별 없이 밥 먹이자는 편이 완승했다. 그리고 밥 먹이는 방법을 중심으로 좌우가 갈렸다.

　한국의 우파는 이때 진짜 웃겼다. 학교 급식이 결정적으로 발전한 계기는 제2차 세계대전이었다. 전후, 잘 먹지 못해 발육이 부진한 군사들로는 전쟁에서 유리할 게 없다고 생각한 보수주의자들이 미래의 군인인 청소년들을 일단 잘 먹여서 잘 키우자면서 시작된 게 현대적 학교 급식이다. 좌파의 복지 차원에서의 접근보다 먼저 미래의 국방력으로 청소년을 보는 시각에서의 학교 급식 논의가 제2차 세계대전 이후 급진전되었다. 사실 원칙적으로 보면, 무상급식은 보수들이 반대할 만한 사안은 아니었다. 돈이 문제? 장난하나 싶게 그 당시는 4대강 사업, 22조 원을 이야기하던 시기였다.

학교 급식이 학교에서 학생들이 밥 먹는 궁극의 모습일까? 좀 더 사회가 나아가면 손학규가 말했던 '저녁이 있는 삶'을 지나 '점심이 있는 삶'의 단계를 만난다. 생태적이든 인간적 이유든, 사람들은 직장 근처에서 살기를 바란다. 부모와 자녀가 직장에서 멀지 않은 곳에 살게 되는 단계가 되면, 이제는 학교 급식이 아니라 집에서 식구들이 모여 점심을 먹는 상황이 된다. 물론 아직 우리는 그 단계와는 거리가 좀 멀기는 하다. 그러나 그 상태가 정말로 생태적이다. 직장과 학교 근처의 집, 한국과 같은 토건경제에서는 아직 상상하기 어렵다.

자, 생각해보자. 지금 청년 솔로들에게 자녀들의 학교 급식 문제가 얼마나 마음에 와 닿을까? 상식이 있는 청년이라면 학교 급식이 옳다고는 말할 것이다. 그러나 그게 정말로 가슴으로 느껴지는 자신의 문제일 것인가? 그러거나 말거나, 아니겠는가?

프랑스 대혁명 때, 아기들에게 줄 일용식인 바게트를 달라며 파리에서 20km 떨어진 베르사유 궁으로 떠난 어머니들로부터 바로 지금 우리가 살고 있는 근대가 만들어졌다. 그 절박함이 역사를 만든 셈이다. 지금의 청년 솔로들이 논리적 혹은 이성적으로 학교 급식을 지지할 수는 있다. 그러나 아이에게 먹을 것을 주는 것을 자신의 문제로 여기고 베르사유로 떠난 파리의 어머니와 같은 절박함을 지금의 청년 솔로들이 느낄 수 있겠는가?

5.

청년 솔로가 계급인가 아닌가? 이것은 미래의 일이기 때문에 아직은 잘 모르겠다. 계급이 될 수도 있고, 계급이 되지 않을 수도 있다. 혼외 출산이 대세인 스웨덴의 경우를 보면, 결혼을 했느냐 안 했느냐는 사회적으로 아무 일도 아닐 수 있다. 계급은 스스로 규정하는 경우도 있지만 사회에 의해서 규정되는 경우도 있다. 사회 전체적으로 청년들에게 '결혼해라'라고 외치고, 결혼하지 않은 청년 솔로들에게 심리적·정서적 굴욕감만이 아니라 경제적 불이익까지 준다고 하면 그들은 정말로 계급이 된다.

이 책을 쓰는 내내 처음에 가졌던 작업가설, 만약에 내가 지금 여대생이라면 어떠한 선택을 할 것인가라는 질문에 대해서 생각했다. 마지막 절을 덮었을 때, 나의 생각은 더 강해져 있었다. 현실의 나는 결혼 9년 만에 태어난 아기를 돌보면서 밤에 잠깐 자료들을 분석하며 글을 썼다. 그리고 둘째 아이의 출산을 기다리고 있다. 그렇지만 내가 지금 이 시대의 여대생이라면, 나는 결혼하지도 않을 것 같고, 출산을 하지도 않을 것 같다. 물론 세상을 전부 내던져도 좋을 강렬한 사랑을 만난다면, 이 모든 경제적 분석이나 맥락 분석은 순식간에 무의미해진다. 사랑이란 그런 것이다. 모를 일이다. 그러나 그런 예외적인 경우가 아니라면, 나는 결혼하지 않을 것이고, 그냥 솔로로 남아서 살아갈 것 같다.

일단은 돈이 너무 많이 들어간다. 아마 내가 지금의 여대생이라고 하더라도 나는 여전히 좌파로 살아갈 것인데, 내가 계산해본 평생소득으로 나 혼자 버티기에도 빠듯할 듯하다. 사상을 지킬 것이냐, 결혼을 포기할 것이냐, 정말 그런 존재론적 질문에 부딪힐 가능성이 높다. 나는 사상을 선택할 것 같다. 그래서 지금 나는 사상을 지키기 위해서 내 직업을 포기하고, 집에서 아기 키우며 사는 삶을 선택했다.

결혼과 육아를 위해서 내가 사상을 포기할 것 같지는 않다. 솔로는 사상은 아니다. 그리고 그 자체로 사회적 가치인 것도 아니다. 솔로는 결과이며 과정이다. 많은 사람이 언젠가는 솔로가 될 수도 있고, 일시적으로 솔로가 될 수도 있다. 그리고 솔로라고 해서 영원히 1인 가구의 세대주로 살라는 법도 없다. 늦게라도 결혼을 할 수도 있고, 자신의 동료들 혹은 같은 처지의 친구들과 같이 살아갈 수도 있다. 그래서 솔로라는 개념은 언제나 임시적 개념이다.

6.

긴장이 높아지면 그 긴장을 낮추기 위한 방식으로 사회는 진화한다. 그리고 그 긴장을 낮추는 데 실패한 사회는 밑에서부터 붕괴한다. 지금 한국이 맞닥뜨린 청년 솔로 현상은 이전 시대를 거치면서 긴장도를 지나치게 높인 결과이다. 긴장도가 경제적으로도 너무 높아졌고, 생태적으로도 너무 높아졌다.

제임스 러브록James Lovelock의 책『가이아』는 지구가 그 스스로 항상성을 지키는 거대한 자기조절적 메커니즘이라는 이론 위에 서 있다. 지구보다 태양에 가까운 금성 그리고 먼 화성이 지구에 비하여 지나치게 덥거나 지나치게 추운 것을 생명체가 개입한 온실가스 등 대기의 발생과 흡수의 메커니즘으로 설명한다.

경제에도 그렇게 스스로 긴장을 낮추기 위한 메커니즘이 있을까? 넓게 보면 인구를 둘러싼 지금의 메커니즘은 자본주의 그 자체로는 해소할 수 없는 내부적 모순이라고 볼 수 있다. 마르크시스트 일부에서 소위 에코마르크시즘 등의 이름으로 생태 문제를 자본주의의 2차 모순이라고 부른 적이 있다. 환경에 대한 비용이 점점 높아지면서 이윤율이 떨어진다는 의미에서 그렇게 불렀다. 솔로 현상도 자본주의 시스템의 활성도를 떨어뜨리고 긴장도를 떨어뜨리고, 궁극적으로 이윤율을 낮춘다는 면에서 자본주의 3차 모순이라고 부를 수도 있을 것이다. 케인스 이후의 수정 자본주의가 다시 한 번 수정을 필요로 한다는 점에서 논리적으로는 유사하다.

시장이 균형을 만들어줄 것이라는 시각에서 솔로 현상은 중요한 도전이다. 시장이 초기 형성기를 지나 충분히 발달하고, 그래서 발전국가가 되었을 때 비로소 발생하는 현상이다. 국가와 문화의 힘을 빌려 이 문제를 완화시킨 프랑스나, 비록 솔로 현상을 줄이지는 못했지만 비혼모 등 혼외 출산을 적극적으로 포용한 스웨덴이나, 시장이 그 자체로 해법을 만들어낸 경우는 아직 없다. 한국 경제의 원형을 제공한 일본이나 미국 모두 아직 이 문제를 해결할 수 있는 길 위에 있다고 하기에는 좀 거리가 멀다. 시장을 활성화해서 성장률을 인위적으로 높이려는 시도는 있지만, 두 나라 모두 솔로 현상은 추세적으로 점점 심각해질 뿐이다. 환경 문제와 관련해서는 배출권 거래제 등 시장에 맡겨두면 결국 해결될 것이라는 명백하게 하나의 흐름을 형성하는 주장들이 있다. 그렇지만 솔로 문제에 대해서는 그냥 내버려두면 시장이 경제적 메커니즘을 움직여서 알아서 해결될 것이라는 주장은 거의 없다. 그냥 두고, 경제 주체의 합리성과 가격만으로 알아서 조정되도록 기다린다면? 청년들의 솔로 현상은 더 빨리, 더 깊게 일반화될 것이다.

결혼하지도 출산하지도 않는 사람들이 늘어나면 경제의 긴장도는 결국은 줄어들 것이다. 집도 남아돌 것이고, 학교도 남아돌 것이고, 궁극적으로는 공장도 남아돌 것이다. 그리고 생태적으로도 많은 부문에 재조정이 생겨나면서, 좋든 싫든 생태적 사회로 전환할 가능성이 훨씬 높아진다. 그렇지만 지금의 한국 자본주의가 이러한 전환 과정을 버텨낼 수 있을지, 그것을 확신하기는 어렵다. 한국에서는 좌파들도 경직되어 있지만, 우파들도 엄청나게 경직되어 있다. 겪어보지 않은 질문을 우리 모델로 해쳐나가 본 경험과 자신감이 없다. 하던 대로 그냥 한다, 그러면 이 전환 과정이 어쩔 수 없이 매우 고통스러울 것이다.

7.

엄청나게 노력하면 한국도 프랑스가 출산율을 높인 것처럼 남녀가 마음껏 사랑하고 더 많은 아기가 태어나는 상태가 될 수도 있다. 쉽지는 않을 것이다. 이 문제를 '결혼해라' 혹은 '아기를 좀 더 낳아라'라는 캠페인 이상으로 생각하는 정치 권력자가 많지 않다. 게다가 이 문제를 구조적으로 해결하고자 하는 대규모의 흐름이 생겨날 가능성도 높아 보이지는 않는다. 아마도 유능한 여성은 남성을 무시하고, 무기력함을 느낀 많은 남성은 여성을 혐오하며, 그렇게 청춘의 열정들은 소모될 것이다. 얼굴도 한 번 본 적 없이 집안에서 정해주던 대로 결혼하던 유교적 질서의 조선 사회가 아닌 다음에야, 자신을 존중해주지 않을 사람을 파트너로 받아들일 이유가 없지 않은가?

커다란 충격파는 결국은 오고야 말 것이다. 애니메이션 〈에반게리온〉에 나오는 세컨드 임팩트처럼 지구의 축을 흔들 정도의 거대한 충격에도 불구하고 주인공들은 살아남는다. 그리고 또 지지고 볶고, 싸우고, 사랑하고, 그리고 다시 출동한다. 아마 우리의 미래도 그와 많이 다르지 않을 것이다. 이유도 없이 공격해오는 사도를 피해서 지하에 견고한 요새를 만들지만, 종국에는 그 요새도 언젠가는 뒤집어지게 된다. 그렇다고 모두가 전멸하는 것은 아니다. 역사는 계속 이어질 것이다.

이 와중에 내가 한 가지를 바란다면, 지독할 정도의 지금의 중앙형 시스템이 이런 충격과 혼동 속에서 분산형 시스템으로 전환되는 것이다. 솔로가 아니라 비혼, 아직 결혼하지 않은 미혼이 아니라 비혼으로 스스로를 규정하는 사람들이 좀 더 홀가분한 마음으로, 서울이 아닌 곳, 대기업이 아닌 곳, 공무원이 아닌 곳, 그렇지만 자기의 꿈이 있는 곳으로 분산될 수 있기를 바란다. 그러면 위기를 지난 이 시스템에 희망이 있을 수 있다. 그러나 비혼이 아니라 '비자발적 솔로'라고 스스로를 생각하며 중앙형 시스템의 코어, 그 핵심으로 모두 들어가려고 하면 이 중앙형 시스템은 더욱 공고해진다. 서울만 살고, 맨 앞의 대기업들만 살고, 공무원만 살아남는다. 원심력은 사라지고 구심력만 남은 시스템은 결국 붕괴한다.

그러나 분산형 시스템으로 전환하는 힘은 최소한 한국 사회에서 내재적으로는 없다. 솔로 현상이 강화될수록 중앙으로 향하려는 힘이 강해지고, 그래서 점점 강력한 중앙형 시스템으로 나아가는 힘도 강해진다. 그래서 결국 희망일 뿐이다. 그래서 그것은 선택이다. 실존적 선택이라는 말이 더 어울릴 것 같다. 해야 할 논리적 이유는 없지만, 그래도 선택하는 것은 실존이기 때문이다. 실존은 생존이 아니다.

8.

자크 데리다Jacques Derrida가 해체라는 용어를 이야기했다. 데리다는 교수 임용 시험을 3번이나 떨어졌고, 데카르트 전공자이며 보수적 프랑스 철학의 적자인 장 뤽 마리옹Jean-Luc Marion에게 파리 10대학 임용에서 밀렸다. 그의 철학은 프랑스에서도 크게 인정받지 못하고, 미국을 거쳐 다시 역수입되었다. 우리에게 해체라는 개념은 일본을 거쳐서 들어왔다. 데리다는 '만들다construire'와 '파괴하다dètruire'라는 두 가지 개념을 합쳐 해체dè construire라는 용어를 만들었다. 너무나 견고하게 완성된 고전철학을 파괴하지 않으면 우리 시대에 맞는 새로운 철학을 만들 수 없다는 것이 해체의 의미이다. 그리고 이러한 언어들 위에 탈근대, 즉 포스트모던에 대한 후기구조주의 철학이 얹힌다.

그렇지만 경제 단계상 우리는 여전히 뭔가 열심히 건설하고 있는 동안에 탈근대 철학이 같이 유행을 했다. 청산, 단계, 해소 따위의 용어들을 사용하지만 실제로 우리에게 청산된 것은 없다. 이승만 시절의 유행에서, 박정희의 향수, 여기에 전두환의 용맹성을 거쳐 민주당 정권의 근거 없는 자신감까지, 그냥 더해지기만 했다. 해소된 것도 없고, 청산된 것도 없이 이 모든 것을 시스템 안에 다 얹고 지금까지 왔다. 그야말로 아말감 중의 아말감이라고 해도 과언이 아니다. 일본이 총독부 통치 시절에 식민지 피지배자들에게 강요했던 식민지 근대화론을 그 나라의 정통 보수라고 자부하는 사람들이 자신들의 근본이념으로 채택하는 경우는 세계적으로도 별로 없다. 다른 나라 사람들은 거의 기억하지 못하지만 프랑스 보수들은 스스로를 골Gaule족이라고 부르며, 민족적 특징 위에 자신들의 정체성을 세운다. 대개 정통 보수들은 민족주의적 성향을 가진다. 한국에서의 복합성은 이 많은 것이 전도되거나 혼합되거나, 때로는 치환되어 있다.

어쨌든 한국은 복잡한 시스템이다. 시민혁명 이후, 시민들이 공화국을 만들고, 그 속에서 자본주의가 꽃피우고, 그걸 다시 뒤집어야겠다는 전복의 사상이 나온 유럽과 한국은 다르다. 다른 게 어쩌면 당연할 수도 있다. 한국식이라고 대충 얼버무리고 넘어왔지만, 그 결과 시스템 유지가 어려워질 정도의 저출산 시대를 맞았다.

이 상태에서 진짜로 해체를 격발시킨 것이 바로 청년 솔로 현상일지도 모른다.

9.

수십 년 동안 당연하다고 생각했던 설날과 추석 같은 명절들이 해체되고 있다. 당연한 권력으로 알았던 TV의 힘도 해체되고 있다. 학벌사회의 한 극한으로 흐르던 대학은 물론, 전 세계에 유례없이 주식회사로까지 갔던 사교육의 힘도 위기를 만났다.

청년 솔로들이 비혼이라고 스스로를 생각하게 될 때, 이 사회적·경제적 힘이 어느 정도의 해체를 만들어낼지 지금으로서는 가늠하기도 어렵다. 혁명이 밖으로 에너지가 뛰어나오는 전복의 힘이라면, 솔로는 내부로 에너지의 충격파가 적중되는 해체의 힘이다. 이 안에서 안전한 것은 아무것도 없고, 안정적인 것은 정말로 아무것도 없다.

데리다의 원래 생각을 지금 시점에서 생각해본다면, 해체 그 후에 새로운 무엇인가가 만들어질 것인가. 그것은 명확하지 않다. 박정희를 되살려서 만들려고 했던 할아버지들의 유토피아, 그러나 솔로 현상 앞에서 할아버지들이 호통치는 것 외에 무엇을 할 수 있겠는가? 왕국은 결국 해체될 것이다. 대대로 충성할 다음 세대의 노예들이 태어나지 않는데, 어떻게 왕국이 유지되겠는가?

이 거대한 충격 앞에서, 해체는 도도히 진행될 것이지만 사람들은 담담할 수밖에 없다. 솔로 현상은 아주 천천히 그리고 직접적 충격 없이 진행되는 절벽의 풍식 작용 같은 것이라서 아무런 집단적 반응을 만들어내지는 않는다. 그래서 진짜 해체 과정이기도 하다. 5년, 10년 후에 돌아보면 변화가 감지되는 자연의 생태적 전이 과정과도 같다.

그렇다면 개인들은 어떻게 해야 하는가?

"새 계명을 너희에게 주노니 서로 사랑하라. 내가 너희를 사랑한 것 같이 너희도 서로 사랑하라."*

* 요한복음 13장 34절.

지은이 **우 석 훈**

　한국생태경제연구회, 초록정치연대 등 그가 주로 활동하는 단체들을 살펴보면 그가 어떤 경향을 가진 사람이었는가를 잘 알 수 있다. 그는 주로 환경과 경제 이 두 가지 주제에 주목한 글을 저술해왔다. 어떤 정파나 집단의 이해에도 구속당하지 않고, 경제와 사회, 문화의 영역을 넘나들며 누구보다 왕성한 글쓰기를 계속해오고 있다.

　그의 사유의 기초를 이루는 것은 모든 살아 있는 것이 겪는 고통에 대한 연민이다. 비정규직과 청년실업 문제 등 젊은 세대가 마주친 불안한 삶과 빈곤의 문제에 대해 한국과 일본을 오가며 강의하고 인터뷰하는 등 20대 당사자 운동의 방향과 연대 가능성을 고민하고 있다.

　인생의 4분의 1을 독일과 프랑스, 영국, 스위스에서 지냈고, 유엔기후변화협약의 정책분과 의장과 기술이전분과 이사를 마지막으로 국제협상 테이블과 공직에서 은퇴했다. 그 시절에 만들어낸 작품 가운데 가장 유명한 것은 이한동 총리 시절의 「기후변화협약 2차 종합대책」이다. 현재는 타이거 픽처스 자문을 맡고 있다.

　지은 책으로는 『88만 원 세대』, 『촌놈들의 제국주의』, 『괴물의 탄생』, 『생태요괴전』, 『생태페다고지』, 『디버블링』, 『나와 너의 사회과학』, 『모피아』, 『시민의 정부 시민의 경제』, 『아날로그 사랑법』, 『내릴 수 없는 배』, 『불황 10년』 등 다수가 있다.

그린이 **김 선 정**

　1977년 서울에서 태어나 계원예술고등학교를 거쳐 성신여자대학교 서양화를 전공했다. 애니메이션 〈마리 이야기〉, 〈오늘이〉, 〈천년여우 여우비〉 등에서 배경을 그렸으며, 책 『시민의 정부 시민의 경제: 우리가 함께 만들어야 할 대한민국의 미래』, 『한번은 독해져라: 흔들리는 당신을 위한 김진애 박사의 인생 10강』 삽화를 그렸다.
홈페이지 http://underani.com　　이메일 underani@naver.com

청년지성 총서 1
한울 아카데미 1726

솔로계급의 경제학
무자식자 전성시대의 새로운 균형을 위하여

ⓒ 우석훈, 2014

지은이 ╷ 우석훈
펴낸이 ╷ 김종수
펴낸곳 ╷ 도서출판 한울

편집책임 ╷ 최규선
편집 ╷ 서성진
일러스트 ╷ 김선정

초판 1쇄 인쇄 ╷ 2014년 9월 15일
초판 1쇄 발행 ╷ 2014년 9월 29일

주소 ╷ 413-120 경기도 파주시 광인사길 153 한울시소빌딩 3층
전화 ╷ 031-955-0655
팩스 ╷ 031-955-0656
홈페이지 ╷ www.hanulbooks.co.kr
등록 ╷ 제406-2003-000051호

Printed in Korea.
ISBN 978-89-460-5726-5 03300

* 책값은 겉표지에 표시되어 있습니다.